D1704697

HERRSCHAFTSWISSEN

OBERRHEINISCHE STUDIEN

Herausgegeben von der
Arbeitsgemeinschaft für geschichtliche
Landeskunde am Oberrhein e. V.

Band 37

HERRSCHAFTSWISSEN

BIBLIOTHEKS- UND ARCHIVBAUTEN IM ALTEN REICH

Herausgegeben von
Konrad Krimm und Ludger Syré

*Gewidmet dem Andenken an
Bibliotheksdirektor Dr. Ulrich Weber
1921–2017*

Gedruckt mit freundlicher Unterstützung
des Ministeriums für Wissenschaft, Forschung und Kunst Baden-Württemberg,
der Stadt Karlsruhe und
dank eines Vermächtnisses von Bibliotheksdirektor Dr. Ulrich Weber (†)

Für die Verlagsgruppe Patmos ist Nachhaltigkeit ein wichtiger Maßstab ihres Handelns. Wir achten daher auf den Einsatz umweltschonender Ressourcen und Materialien.

Bibliografische Information der Deutschen Nationalbibliothek
Die Deutsche Nationalbibliothek verzeichnet diese Publikation in der Deutschen Nationalbibliografie; detaillierte bibliografische Daten sind im Internet über http://dnb.d-nb.de abrufbar.

Alle Rechte vorbehalten
© 2018 Jan Thorbecke Verlag
ein Unternehmen der Verlagsgruppe Patmos
in der Schwabenverlag AG, Ostfildern
www.thorbecke.de

Umschlaggestaltung: Finken & Bumiller, Stuttgart
Umschlagabbildung: Schloss Altdorf bei Ettenheim, Bibliothekssaal, erbaut wohl vor 1790
Satz und Repro: Schwabenverlag AG, Ostfildern
Druck: Memminger MedienCentrum, Memmingen
Hergestellt in Deutschland
ISBN 978-3-7995-7839-4

Inhalt

Vorwort 7

Bibliotheken

Erich Franz
    Der Altdorfer Bibliotheksbau und das Werk Pierre Michel d'Ixnards ... 13

Julian Hanschke
    Archiv- und Schreibräume, Kunstkammern und Bibliotheken
    auf dem Heidelberger Schloss 23

Ludger Syré
    Kurpfälzische Pracht und badische Bescheidenheit?
    Die Hofbibliotheken in Mannheim und Karlsruhe 49

Hans-Otto Mühleisen
    Voneinander gelernt? Ein vergleichender Blick auf die Bildprogramme
    der Klosterbibliotheken von Wiblingen, St. Peter auf dem Schwarzwald,
    Bad Schussenried und ein Exkurs zu Weissenau 69

Wolfgang Wiese
    »Wissen ist Macht« – Bücherschränke als Herrschaftssymbole 105

Archive

Konrad Krimm
    Klosterarchive. Versuch einer Typologie 133

Lea Dirks
    Der Archivraum in Schloss Weikersheim 165

Andreas Wilts
   Ein solid- und von anderen abgesondertes Gebäu.
   Das Fürstlich Fürstenbergische Archiv in Donaueschingen
   als wegweisender Archivbau des 18. Jahrhunderts 181

Rouven Pons
   Sicherheit in schwerer Zeit.
   Der Bau des Dillenburger Archivs 1764–1766 203

Joachim Kemper
   der stat briefe mit laden zu ordenen. Beispiele reichsstädtischer
   Archivbauten und Archiveinrichtungen 227

Walter Liehner
   Pfennigturm am Rathaus und Stadtkanzlei. Zwei Archivbauten
   aus reichsstädtischer Zeit in Überlingen 237

Abkürzungen 259
Bildnachweis 261
Orts- und Personenregister 265
Mitarbeiter 271

Vorwort

Gemeinsam mit der Badischen Bibliotheksgesellschaft richtete die Arbeitsgemeinschaft für geschichtliche Landeskunde am Oberrhein 2015 im Schloss Altdorf eine Tagung aus, die sich mit der architektonischen »Hülle« von Büchern und Archivalien befasste, mit dem Bau von Bibliotheken und Archiven in der Zeit vor 1800. Beides ist eher ungewöhnlich: Sich nicht den Buch- und Archivbeständen selbst zu widmen, als dem ungleich Wichtigeren – und zwei Institutionen zusammen zu betrachten, die nach Entstehung, Funktion und öffentlicher Wahrnehmung oft so verschiedene Wege gegangen sind und gehen.

Indessen haben wir längst gelernt, auf die Zeichenhaftigkeit auch von Gebäuden zu achten, Bauprogramme zu »lesen«. Und in einer Zeit, in der zur Herrschaft wesentlich Zeichen dieser Herrschaft gehörten, in der Herrschaft ohne Zeichen gar nicht denkbar war, geraten Bibliotheks- und Archivräume beim Blick von heute zurück auf alteuropäische Regelwelten in sehr viel größere Nähe zueinander. Damit soll nicht gesagt sein, dass die Neuzeit – lassen wir sie um 1800 beginnen – eine Zeit ohne architektonische Herrschaftszeichen sei. Die großen Bibliotheks- und Archivbauten des 19. Jahrhunderts wurden auf der Altdorfer Tagung nur deswegen nicht thematisiert, weil damit der Zeitrahmen der Tagung gesprengt worden wäre. In der Bautradition sind auch sie Herrschaftszeichen öffentlichen Bauens, und selbst ein scheinbar so funktionaler, moderner Zweckbau wie der Erweiterungsbau des Generallandesarchivs Karlsruhe von 2008 ist in seiner Außengestalt als unbedingter Solitär Herrschaftsdemonstration des Staates als Bauherrn par excellence, in diesem Sinn durchaus verwandt mit dem Hauptbau von 1905, der seinerseits wieder in neoabsolutistischem Gestus mitten in einem Villenviertel an die Bauformen des barocken Schlossbaus angeknüpft hatte.

Die Bibliotheks- und Archivbauten der Frühen Neuzeit – um sie geht es hier vor allem – repräsentierten also Herrschaft im weitesten Sinn. Die Skala des Zeichenhaften konnte dabei vom prunkvollen Repräsentationsbau bis zum bescheidensten, fast nur noch funktionalen Behältnis reichen, sie konnte die »Außenhaut« miteinbeziehen oder sich auf den Innenraum beschränken, im Überraschungs- und Überwältigungseffekt hier umso wirksamer. Im Südwesten dürfte die Mannheimer Schlossbibliothek das eine Ende dieses breiten Spektrums vertreten haben: Gleichberechtigt mit der Schlosskirche, mit ihr zusammen äußerstes, prunkvolles Entrée der Cour d'honneur, war sie im Pathos der Aufklärung als »Tempel der Weisheit« zum Gegenstück des »Tempels des Glaubens« stilisiert worden (*Ludger Syré*). Die Klosterbibliotheken verlegten ihr triumphales ikonologisches Programm stets ins Innere (*Hans-Otto Mühleisen*); hier lassen sich die Interpretationsmuster auch mit einigen wenigen Archivinnenräumen vergleichen, die wie in Salem oder vor allem in Fischingen ausladende Herrschaftssymbolik über den schriftlichen Rechtstiteln dieser Herrschaft ausbreiteten (*Konrad Krimm*).

Aber auch im weniger spektakulären »Mittelfeld« unserer gedachten Skala besaßen eher nüchterne Zweckbauten immer noch Zeichencharakter. Der Überlinger »Pfennigturm« schützte mit seinen dicken Mauern die Kasse und das Archiv der Reichsstadt, war also zunächst reiner Zweckbau; fortifikatorisch aber überdimensioniert und optisch stark herausgehoben, sollte auch er ganz offensichtlich die Stärke und die Bedeutung der reichsstädtischen Herrschaft, des Vororts der Bodensee-Städte demonstrieren (*Walter Liehner*). In der fürstenbergischen Residenz Donaueschingen unterstrich schon die Addierung von Verwaltungsgebäuden in einer Bauflucht die Präsenz und die Bedeutung eben dieser herrschaftlichen Verwaltung (*Andreas Wilts*), und in den vielfach zersplitterten Territorien des Hauses Nassau sollte bereits die Existenz eines eigenen Archivgebäudes die immer noch zentral gedachte Funktion des alten Residenzortes Dillenburg beweisen und über die durchaus widrigen Zeitläufte hinweg »retten« (*Rouven Pons*).

Selbst der in aller klassizistischen Schönheit doch bescheidene Bibliothekssaal der Freiherren von Türckheim in Altdorf, der von außen als solcher nicht wahrnehmbar ist, bedeutete Bauen der Herrschaft für die Herrschaft, nicht für den Buchbesitz der Familie (*Erich Franz*); ein eigener, neuer Schlossflügel sollte im Oberstock wohl vor allem das juristische Wissen bewahren und griffbereit halten, während im Erdgeschoss ein Archivraum die Beweismittel für diese reichsritterschaftliche und damit reichsunmittelbare Herrschaft zu sichern hatte.

Dieser auch räumliche Zusammenhang von Bibliothek und Archiv war nicht zwingend, begegnet aber auch nicht selten: so eindrucksvoll im Heidelberger Schloss, in dem der Urkundenschatz – zuerst wohl verbunden mit Hofkaplan und Schlosskapelle – und der Bücherbestand schließlich unter den Gewölben des »Bibliotheksbaus« neben der fürstlichen Kanzlei im »Ruprechtsbau« zusammengeführt wurden (*Julian Hanschke*). In den Klöstern, in denen das Skriptorium die gemeinsame Zelle von Bibliothek und Archiv bildete, konnten die Funktionen auseinanderdriften und in der immer stärkeren Trennung von Konvent und Prälaten auch konkurrieren.

Gemeinsam war Bibliotheken und Archiven aus der Zeit des Alten Reichs schließlich auch, dass in ihrer Ausstattung die Grenzen zwischen nur funktionalen Behältnissen und repräsentativen Schaumöbeln fließend blieben. Auch wenn – wie oft in den Reichsstädten – ältere Räume für das Archiv adaptiert werden mussten, erhielten sie Einrichtungen, die nicht erst heute als »alt« nostalgisch beeindrucken, sondern die eben auch für die Zeitgenossen Würdeformeln sein sollten, sei es, dass man wie im hohenlohischen Schloss Weikersheim nach und nach einem Gesamtkonzept folgte (*Lea Dirks*) oder dass man im barocken Rathaus von Speyer einen wirklichen Schauraum für das reichsstädtische Archiv einrichtete (*Joachim Kemper*). Das mag zunächst verwundern; das Archiv war ja bis fast ins 19. Jahrhundert kein Ort für Besucher, sondern ein Arkanbereich, den man ängstlich vor fremden Augen hütete. Mobiliar für Gäste, Lesepulte und -tische, kostbare Schränke und dergleichen erwartet man eher in Bibliotheken in ihrer Doppelfunktion als Arbeits- und Schauraum (*Wolfgang Wiese*). Der eher hermetische Eindruck konnte für manche Archive selbst des späten 18. Jahrhunderts noch durchaus zutreffen. Der erste Bau des Generallandesarchivs am Karlsruher Zirkel von 1782 war bei aller behäbig-repräsentativen Außenwirkung im Inneren von nüchternster Sparsamkeit und übertriebener Enge geprägt; Schaueffekte irgendwelcher Art waren nicht eingeplant. Aber das galt nicht überall. In Klöstern wie Fischingen, in Reichsstädten wie Speyer, in Residenzarchiven wie dem in Donaueschingen wollte sich Herrschaft als Herrschaft zeigen, auch in ihren Archiven, nicht nur in den Bibliotheken. Die Bibliothek war freilich fast immer der repräsentativere Ort – selbst im sparsamen Karlsruhe gab es in der eher mühsam in einem Schlossnebengebäude untergebrachten Hofbibliothek einen Kuppelsaal.

Wir danken der Badischen Bibliotheksgesellschaft für die freundliche Kooperation bei der Altdorfer Tagung, wir danken vor allem auch dem Hausherrn, Hans-Eberhard Freiherr von Türckheim, für die nun schon wiederholte Gastfreundschaft und nicht ermüdende Hilfe. Und nicht zuletzt ist den Autorinnen und Autoren dieses Bandes zu danken – denen, die in Altdorf referiert und diskutiert haben, und vor allem auch denen, die sich noch nachträglich dazu bereit erklärt haben, unser Thema mit neuen Beiträgen zu bereichern und zu erweitern (Julian Hanschke, Lea Dirks, Rouven Pons und Walter Liehner); Ludger Syré hat freundlicherweise die Redaktion mitgetragen.

Einer der Karlsruher Bibliothekare, der sich Zeit seines Lebens auch mit Bibliotheksgeschichte und intensiv mit der Geschichte seines eigenen Hauses beschäftigt hat, war Ulrich Weber, Bibliotheksdirektor in der Badischen Landesbibliothek. Auf seinen Forschungen zur Entstehung der Hofbibliothek im Karlsruher Schloss baut auch der Beitrag in unserem Band auf. Ulrich Weber gehörte zugleich 1960 zu den Gründungsmitgliedern der Arbeitsgemeinschaft für geschichtliche Landeskunde am Oberrhein. Sein immenses Wissen, sein Liebe auch zur Landesgeschichte und seine Freude, an den Diskussionen der Arbeitsgemeinschaft teilnehmen zu können, sind den Älteren unter uns sehr gegenwärtig. In seinem Vermächtnis bestimmte er für die Aufgaben der Arbeitsgemeinschaft eine bedeutende Summe; durch sie konnte der vorliegende Band in seiner besonderen Bildqualität, die das Thema erfordert, finanziert werden. Seinem Andenken widmen wir diesen Band in Dankbarkeit.

Prof. Dr. Konrad Krimm
Vorsitzender der Arbeitsgemeinschaft
für geschichtliche Landeskunde am Oberrhein

Bibliotheken

Der Altdorfer Bibliotheksbau
und das Werk Pierre Michel d'Ixnards

VON ERICH FRANZ

Die Bibliothek im Altdorfer Schloss

Das Schloss Altdorf ist ein zweigeschossiges Gebäude mit rechteckigem Grundriss, an dessen Schmalseiten sich jeweils ein kurzer, etwas zurückspringender Flügel mit lediglich einer Fensterachse anschließt. Der Hauptbau liegt im Westen eines schmalen, langgezogenen Schlossparks. Im Süden des Hauptbaus schließt sich zum Garten hin im rechten Winkel ein ebenfalls zweigeschossiger Flügelbau an, der im Obergeschoss den großen und klar gestalteten Bibliothekssaal enthält *(Abb. 1)*. Über geraden Buchregalen aus Holz verläuft ein ebenfalls gerades Gebälk aus weißem Stuck, das in den Ecken rechtwinklig umbricht. Der glatte Architrav ist mit schmalen Konsolen geschmückt, die über den vertikalen Trennwänden der Regale sitzen. Dazwischen sind am Architrav als stuckierte Dekorationen abwechselnd eine Girlande und eine Draperie aufgehängt. Es sind die am meisten gebräuchlichen Dekorationsmotive des Klassizismus, die additiv hinzugefügt erscheinen – ohne bewegten Übergang von der Fläche zur plastischen Dekoration. Über einem weit vorkragenden Gesims mit Konsolen sind in den Achsen der Regalwände Stuck-Vasen aufgestellt. Dem geraden Verlauf des Gebälks entspricht der rechteckige Deckenspiegel über einer hohen, schmucklosen Kehle. In der Mitte, wo der Kronleuchter aufgehängt war, sitzt ein ovales Ornament, das außen wieder von Girlanden eingefasst ist.

An einer Schmalseite des Bibliothekssaals befindet sich in der Mitte die Eingangstür. Sie wird von zwei Vollsäulen gerahmt, über denen das Gebälk vorgekröpft ist. Die Kapitelle sind ungewöhnlich: Ihr Körper besteht aus einer Trommel mit Kanneluren und darüber einem Wulstkörper mit Eierstabfries. An die Trommel sind starr und additiv vier schlichte Eckkonsolen angefügt, die untereinander durch Tuchgehänge verbunden werden.

Vor allem diese Kapitellform, die jeden organischen Übergang vermeidet, eröffnet eine direkte Beziehung zum frühklassizistischen Architekten Pierre Michel d'Ixnard (1723–1795)[1]. Er hatte das Kapitell in einem Anbau an das ehemalige Jesuitenkolleg in Colmar verwendet, das nach der Vertreibung der Jesuiten im Jahr 1765 zum »Collège

---

[1] Alle Angaben zu Werk und Biografie dieses Architekten stammen aus E. FRANZ, Pierre Michel d'Ixnard 1723–1795. Leben und Werk, Weißenhorn 1985.

Abb. 1   Bibliothekssaal des Schlosses Altdorf bei Ettenheim

royal« umbenannt worden war. D'Ixnard errichtete dort 1785–1787 einen Anbau als eines seiner letzten Werke[2]; d'Ixnard war damals um die 65 Jahre alt. Über einem »Übungs- und Theatersaal« befindet sich ein prachtvoller Bibliothekssaal mit innen umlaufender, freistehender Säulenstellung und Kapitellen, die wie in Altdorf an Konsolen aufgehängte Tuchgehänge zeigen *(Abb. 2)*. Die Säulen trennen einen inneren Raumbereich von den Umgängen mit Bücherregalen.

1791, also vier Jahre nach Beendigung der Colmarer Bibliothek, veröffentlichte d'Ixnard ein Stichwerk unter dem Titel »Recueil d'Architecture«. Unter den 34 großformatigen Tafeln zeigt eine den »Aufriss einer neuen Architekturordnung, komponiert und ausgeführt am Collège Royal von Colmar«. D'Ixnard präsentiert dieses Kapitell also als eigene Erfindung. Eine zweite Tafel stellt die Eingangstür zur Colmarer Bibliothek mit zwei flankierenden Säulen dar *(Abb. 3)*[3]. Hier zeigt sich eine deutliche Nähe zur Architektur der Altdorfer Bibliothek.

---

[2]   Franz (wie Anm. 1), S. 195–197.
[3]   P. M. D'Ixnard, Recueil d'Architecture, Straßburg 1791, Taf. 19, abgebildet in der Faksimilereproduktion des Tafelwerks in Franz (wie Anm. 1), S. 288.

Abb. 2   Colmar, Bibliothekssaal im Anbau an das Collège Royal, heute Lycée Bartholdi, errichtet von d'Ixnard 1785–1787

Zum Erbauer der Altdorfer Bibliothek, Johann Freiherr von Türckheim, hatte d'Ixnard eine persönliche Beziehung. 1782 wurde d'Ixnard in Straßburg mit einem Erweiterungsbau des Zunfthauses der Kaufleute »Zum Spiegel« (Tribu des marchands »Au Miroir«) beauftragt[4]. Die Kaufmannszunft war die vornehmste in Straßburg und ihr Zunfthaus der eleganteste Treffpunkt der Stadt. Die Verhandlungen führte Johann Freiherr von Türckheim, Ammeister der Stadt Straßburg und Schöffe bei der Zunft »Zum Spiegel«. Einen Monat nach Vertragsabschluss im Juli 1782 schlug d'Ixnard eine Erweiterung des Auftrags vor: Durch Verengung des Hofes plante er mehr Platz für die Räume in den Obergeschossen, außerdem eine Wohnung über dem bereits bestehenden Konzertsaal im ersten Obergeschoss. D'Ixnard übernahm die Mehrkosten und konnte dafür selber in die Wohnung über dem Konzertsaal einziehen. Statt des Honorars von 12 000 livres (knapp 20 % der Bausumme) bat d'Ixnard nach Fertigstellung im Jahr 1785 um eine Leibrente. Als das abgelehnt wurde, übernahm Freiherr von Türckheim selbst die Zahlung dieser Rente.

---

[4]   FRANZ (wie Anm. 1), S. 192–194.

Abb. 3   Pierre Michel d'Ixnard, Eingangstür der Bibliothek des Collège Royal, Colmar

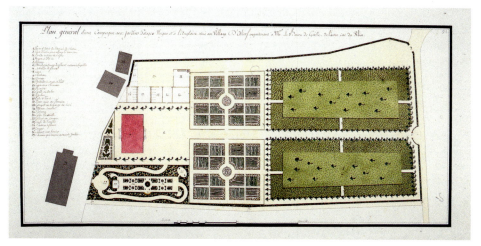

Abb. 4   Pierre Michel d'Ixnard, Generalplan eines Landhauses mit Gärten, Obstgarten, Gemüsegarten und Englischem Garten, gelegen im Dorf Altdorf, dem Herrn Baron von Gail gehörig, auf der anderen Seite des Rheins, vor 1783

Eine weitere Verbindung zu Freiherrn von Türckheim bestand über das Herrenhaus mit Garten des Freiherrn von Gail in Altdorf, das 1783 in den Besitz des Johann Freiherrn von Türckheim kam und wohin er 1791 während der französischen Revolution emigrieren musste[5]. Nach Auskunft eines Sammelbandes im Württembergischen Landesmuseum Stuttgart mit sorgfältig gezeichneten Plänen von d'Ixnards Bauten und Planungen auf 102 Blättern hatte der französische Architekt für den Vorbesitzer, Baron von Gail, Folgendes geplant: »Generalplan eines Landstücks [*Campagne*] mit Gärten, Obstgarten, Gemüsegarten und Englischem Garten, gelegen im Dorf Altdorf, dem Herrn Baron von Gail gehörig, auf der anderen Seite des Rheins« *(Abb. 4)*[6]. Auf dem Plan zeigt der Hauptbau, der offenbar bereits existierte, weil d'Ixnard ihn nicht als Teil seiner Planung erwähnt, einen schlicht rechteckigen Grundriss ohne die einachsigen Flügel. Ein kleines Gartenstück mit geschwungenen Wegen (*à l'Angloise*) liegt etwa an der Stelle, wo später der Bibliotheksflügel errichtet wurde.

All diese Umstände könnten eine Beteiligung d'Ixnards auch bei der Neueinrichtung der Bibliothek im Schloss Altdorf nahelegen. Als Bauunterlage existiert lediglich die Beschreibung eines badischen Werkmeisters Roth aus dem Jahr 1790[7]. Aufgeführt werden der Bibliotheksflügel und zwei kurze Anbauten an den Hauptflügel. Sie verbinden ihn mit den Wirtschaftsgebäuden, die der von Gail'sche Plan im Norden zeigt, und mit dem Bibliotheksbau im Süden. Das Ensemble muss also 1790 vorhanden gewesen sein.

---

[5]   Hans Freiherr von Türckheim zu Altdorf, »Die Freiherren von Türckheim zu Altdorf«, unveröff. Ms. (1929) in Schloss Altdorf.
[6]   Diese sowie alle weiteren Übersetzungen aus dem Französischen vom Verfasser.
[7]   Erwähnt in Mss. zur Familiengeschichte (wie Anm. 5).

Um die Frage nach einer möglichen Autorschaft d'Ixnards für den Bibliotheksbau zu beurteilen, sei ein kurzer Blick auf die Laufbahn dieses Architekten und seine wichtigsten Bauten geworfen. Es sei aber bereits vorweggenommen, dass stilistische wie auch historische Gründe gegen d'Ixnards Autorschaft sprechen.

Der Architekt Pierre Michel d'Ixnard

Pierre Michel d'Ixnard hieß ursprünglich nur Pierre Michel – Michel war der Familienname[8]. Geboren ist er 1723 in Nîmes in Südfrankreich, wo er wie sein Vater das Schreinerhandwerk lernte und mit 20 Jahren in die »Corporation des menuisiers« (die Schreinerzunft) aufgenommen wurde. 1751–1755 (also mit 28–32 Jahren) lebte dieser Pierre Michel in einem kleinen Ort südwestlich von Avignon. Seine Frau hatte den in Südfrankreich verbreiteten Mädchennamen Isnard. Frau und Sohn Jean Pierre sind auch weiterhin in jenem Ort Cadenet nachweisbar. Der Sohn meldete sich nach d'Ixnards Tod 1795 in Straßburg als Erbe; zuvor hatte dieser seine Familie (Frau und Sohn) in Deutschland immer erfolgreich verheimlicht.

Seit 1755 muss dieser Schreiner Pierre Michel in Paris im Baubereich tätig gewesen sein. Im Juni 1763 traf er in Stuttgart ein – als Zeichner und Mitarbeiter des Pariser Architekten und Bühnendekorateurs Jean Servandoni, der mit Ausstattungen für Oper und Ballett anlässlich des Geburtstags des Herzogs von Württemberg am 11. Februar 1764 beauftragt war. Von Stuttgart aus gelang es diesem Pierre Michel, sich beim Fürsten Joseph Wilhelm von Hohenzollern-Hechingen einen Auftrag zu verschaffen: Ab 1764 stattete er einige Zimmer im Hechinger Schloss neu aus (nicht erhalten). Er nannte sich nun »Michel Dixnard«. Das »x« wurde nicht ausgesprochen; in den Handwerkerrechnungen wird er z. B. als *Mrs. Dimar* oder *Mußir Diner* bezeichnet. Ab 1767 unterschrieb er *D'ixnard*. Im gestochenen Recueil d'Architecture von 1791 steht *d'Ixnard*. Viele französische Architekten führten im Namen einen – ebenfalls nicht immer berechtigten – Adelspartikel[9].

1767 verschaffte d'Ixnard sich zwei weitere kleine Aufträge in Oberschwaben, eine Umplanung des bereits im Bau befindlichen Schlosses Königseggwald, Kreis Ravensburg, mit großzügigem Treppenhaus, und einige schmucklose Gebäudeflügel des Damenstifts in Bad Buchau.

Es ist erstaunlich, dass d'Ixnard nach diesen bescheidenen Arbeiten im Oktober 1768 den Vertrag zur Neuerrichtung der riesigen Klosterkirche in St. Blasien im Schwarzwald abschließen konnte. Am 23. Juli 1768 waren Kloster und Klosterkirche niedergebrannt. Bereits in d'Ixnards ersten Plänen von 1768/69 wird seine nachdrückliche Vermeidung jeglicher barocker Verschleifung deutlich: Der Kirchenraum ist eine

---

[8] Zu d'Ixnards Biografie s. FRANZ (wie Anm. 1), S. 14–17.
[9] Vgl. M. GALLET, Demeures parisiennes. L'époque de Louis XVI. Paris 1964, S. 27, und die Liste französischer Architekten in Deutschland bei P. DU COLOMBIER, L'Architecture française en Allemagne au XVIIIe siècle, Paris 1956, S. 91, die alle einen Namen führen, der mit einem häufig auch berechtigten Adelspartikel geschmückt war. Louis-Rémy de la Fosse hieß eigentlich Le Rouge und Nicolas Alexandre Salins de Montfort zunächst nur Salins.

einzige große Rotunde mit Freisäulen, die in gleichmäßiger Abfolge eine Kuppel tragen. Ein ungestörter Kreis bildet den Grundriss. Der Portalbau wird von einer geraden Reihe dorischer Freisäulen gebildet und von zwei massiven blockhaften Türmen flankiert. Ein langgestreckter, gerader Chor ist an die Rotunde übergangslos angefügt; auch hier sind es Freisäulen, die das Tonnengewölbe mit halbrundem Querschnitt tragen.

Die eindrucksvollen Pläne machten sofort großen Eindruck. Sie sind von französischen professionellen Architekturzeichnern mit der Feder gezeichnet und sorgfältig farbig laviert. In Frankreich wären eine solche Blockhaftigkeit der Bauteile und eine so harte Kontrastierung flächiger und plastischer Elemente – ohne ihre formale Egalisierung – undenkbar gewesen. Im spätbarocken Umfeld in Süddeutschland musste die Gestaltung aus starren Einzelelementen sogar noch befremdlicher gewirkt haben. Doch Fürstabt Martin II. Gerbert, der in Italien Bauwerke des Altertums und auch Johann Joachim Winkelmann kennen gelernt hatte, war von den Plänen beeindruckt und setzte die Verpflichtung von d'Ixnard gegen zahlreiche Widerstände durch. Auch die grundsätzliche Anlehnung der Rotunde an das römische Pantheon (Sa. Maria Rotonda) und des Chors an die Schlosskapelle in Versailles verfehlten ihre Wirkung nicht.

In die großen architektonischen Formationen fügte d'Ixnard Fenster, Vasen, Tuchgehänge und andere ornamentale Motive ein, für deren Detailbildungen er in all seinen Bauten auf die neuesten architektonischen Stichwerke von Jean-François de Neufforge und Jean-Charles Delafosse zurückgriff[10]. Deren frühklassizistischer Stil mit deutlich abgesetzten Girlanden (Festons), Tüchern, Vasen, Rechtecktafeln und gleichmäßigen Ornamentbändern trägt zur additiven und rational erfassbaren Wirkung der Bauten bei.

D'Ixnard war mehrfach in Paris, um seine Pläne für St. Blasien überprüfen zu lassen. Als man 1772 mit dem Ausbau der Rotunde begann, war die Statik der Kuppel verbessert worden und die Portalvorhalle wurde ebenfalls zu ihrer Stabilisierung von den Türmen eingefasst. Zwischen 1774 und 1777 zog man für die Fertigstellung des Kuppelraums den Architekten Nicolas de Pigage aus Mannheim zu Rate, doch stand ihre Gestalt bereits fest. Für Vorhalle und Ausstattung konnte d'Ixnard wieder seine eigenen Pläne einbringen.

Die klare, unbarocke Getrenntheit der Formen entsprach dem Ideal der Aufklärung, wie später der Berliner Schriftsteller Friedrich Nicolai nach seinem Besuch in St. Blasien von 1781 bestätigte: *Alles ist einfach, alles in richtigen edlen Verhältnissen und großen Massen [...]; der Schmuck ist sparsam, und selbst simpel und edel. [...] Die hohe Simplicität, welche in allen Theilen des Inneren der Kirche und des Chores zu St. Blasien herrscht, macht sie, ich wiederhole es nochmals, zu einer der schönsten Kirchen in der Welt, und in Deutschland ist ihr keine zu vergleichen*[11].

Parallel zum Kirchenneubau in St. Blasien konnte d'Ixnard mit weltlichen Aufträgen seinen Ruhm vermehren – besonders mit dem Palais Sickingen in Freiburg im

---

[10] FRANZ (wie Anm. 1), S. 230–235.
[11] F. NICOLAI, Beschreibung einer Reise durch Deutschland und die Schweiz im Jahr 1781, Bd. 12, Berlin/Stettin 1796, S. 106, 111.

Breisgau mit klarer, weitgehend ungegliederter Fassade und eindrucksvollem Treppenhaus (errichtet 1769–1772; das Innere 1944 zerstört). In der Deutschordensresidenz in Ellingen südlich von Nürnberg richtete d'Ixnard 1773–1775 zahlreiche Zimmer neu ein.

Das wichtigste Gebäude, das d'Ixnard in den 70er Jahren plante, ist die Stiftskirche in Buchau. Aus einer Reparatur, beschlossen 1773, wurde ein weitgehender Neubau, errichtet von 1774 bis 1776. Der gesamte Raum hat eine kastenartige Grundform. Weder die Übergänge vom Langhaus zum Chor noch von den Wänden zur Decke sind durch Kurvaturen verschliffen. Die Wände des Mittelschiffs sind bis auf schmale Pfeiler weit zu den Seitenschiffen und Emporen geöffnet. Die Decke liegt flach über einem geraden Gebälk. Die Brüstungen der Emporen sind einzeln in die hohen Rechtecköffnungen der Wand eingehängt; das Flechtband der Brüstungen und die Konsolen findet man wieder bei Neufforge. Unter den Emporen sind die geraden Decken in flache Rechteckfelder eingeteilt. Es wechselt sich jeweils ein oval zentrierter Abschnitt mit einem Zwischenfeld ab, das von zwei Pilastern mit Kapitellen getragen wird, an denen Draperien aufgehängt sind. Hier, in den Seitenschiffen der Buchauer Kirche, ist d'Ixnards additive Unterscheidung von flächigen Abschnitten und aufgesetzten plastischen Bildungen besonders delikat eingesetzt.

Im November 1777 wurde d'Ixnard für einen großen Schlossneubau des Kurfürsten von Trier in Koblenz verpflichtet. D'Ixnard war der Aufgabe offenbar nicht gewachsen – auch nicht den Angriffen des bisherigen Hofarchitekten Johannes Seiz aus Trier. Im Dezember 1779 wurde d'Ixnard mit einer beträchtlichen Abfindungssumme entlassen. Der Bau wurde dann wesentlich bescheidener – ausgehend vom teilweise errichteten Erdgeschoss des Haupttraktes – durch einen Architekten der französischen Akademie, Antoine François Peyre le jeune, vollendet.

D'Ixnard ließ sich nach seiner Entlassung in Koblenz 1779 in Straßburg nieder, wo er noch kleinere Aufträge realisierte: die Stift- und Pfarrkirche in Hechingen (an der Schwäbischen Alb), Wohnhäuser in Straßburg, den Theater- und Bibliotheksbau in Colmar und ganz spät, 1790/91, also bereits während der französischen Revolution, eine Pfarrkirche in Epfig im Elsass. Die Pfarrkirche in Hechingen ist eine einfache Saalkirche ohne Seitenschiffe. Während der Ausführung wurde d'Ixnard durch einen anderen Architekten ersetzt, der Einsparungen erreichen sollte. Leider hat er eine hohe Deckenkehle eingeführt und damit durch ihre Rundung den Übergang von der Innenwand zum Deckenspiegel verschliffen. In der 1790/91 errichteten Pfarrkirche in Epfig ist von d'Ixnards strenger Flächengestaltung fast nichts mehr zu spüren.

1791 ließ d'Ixnard das großformatige Stichwerk »Recueil d'Architecture« mit 34 Tafeln seiner Bauten herstellen. Er veröffentlichte darin seine realisierten und geplanten Gebäude in teilweise idealisierter Form. D'Ixnard widmete das Stichwerk seinem größten Förderer, Fürstabt Gerbert von St. Blasien. Die Herausgabe des Stichwerkes, das mitten in den Revolutionsjahren erschien, scheint ein vollständiger Misserfolg gewesen zu sein. Als man im Jahre 1793 von d'Ixnard eine Zwangsanleihe über 30.000 livres eintreiben wollte, versuchte er sich zu wehren mit einer Darstellung seiner finanziellen Verhältnisse, in der er auch seine Verluste bei der Herausgabe des Stichwerkes schilderte (typisch ist d'Ixnards unbeholfene Orthografie, die weitgehend von der Aussprache ausgeht): *J'ai fait graver un ouvrage d'architecture. le papier, l'impretion, mon pris tout mon avoir. l'anai 400 Exemplaires grands imfolio dont je n'anait pas peut vendre un seul. je les offre si on les veu*[12].1795 starb d'Ixnard in Straßburg mit 72 Jahren.

Stammt die Altdorfer Bibliothek von d'Ixnard?

Kehren wir noch einmal zum Bibliotheksraum in Schloss Altdorf zurück. Wie gesagt, sprechen einige Gründe für d'Ixnard: die Säulenordnung mit den Draperien, der klare rechteckige Gesamtraum. Dennoch ist die Gestaltung sehr unterschiedlich zu seinen sonstigen Werken. Das kräftige Gebälk hat keinen klaren Bezug zu den dünnen Streben der Bücherregale. Die Vasen sind auf dem Gebälk lediglich unverbunden aufgestellt. Die Deckenkehle trennt mit ihrer weichen Rundung das Gebälk von der Decke. Auch die Bibliothek des Colmarer Collège Royal hat im Unterschied zu d'Ixnards früheren Bauten eine gerundete Deckenkehle. Mit ihrer Einteilung in Rechteckfelder bildet sie jedoch eine getrennte Zone zwischen Säulenstellung und Deckenspiegel. Schließlich stimmen in Altdorf die Proportionen von Säulen und Gebälk nicht. Der Säulenschaft ist zu dünn und lang, das Kapitell zu klein und das Gesims zu groß und schwer.

Außer diesen stilistisch begründeten Zweifeln spricht gegen d'Ixnards direkte Autorschaft auch die Tatsache, dass er den Altdorfer Bibliothekssaal nicht in den Stuttgarter Sammelband aufgenommen hat, in dem er auch kleinere Anlagen wiedergegeben hat, darunter die späte, erst 1790/91 errichtete Kirche in Epfig.

D'Ixnard war 1788–1790 in Straßburg für die Elsässische Provinzverwaltung und 1790 für das Hôtel du Gouvernement als Architekt tätig. Schon deshalb konnte er während der Revolutionswirren keinen Auftrag seines langjährigen Förderers Freiherrn von Türckheim annehmen. Dieser hatte 1783 das Allod von Altdorf erworben und musste 1791 ins rechtsrheinische Gebiet emigrieren. So war dem Freiherrn, als er gegen 1790 die Bibliothek in Altdorf errichten ließ, nichts anderes übrig geblieben, als die Stiche des von ihm geschätzten Architekten, insbesondere jene der Colmarer Bibliothek, einem hiesigen Bauführer als Anregung zu geben.

---

[12] Straßburg, Archives départementales du Bas-Rhin, 50. L 10, Nr. 79.

Archiv- und Schreibräume, Kunstkammern und Bibliotheken auf dem Heidelberger Schloss

VON JULIAN HANSCHKE

Die Baugeschichte des Heidelberger Schlosses war zwischen 2010 und 2015 Gegenstand eines größeren Forschungsprojektes am Institut für Baugeschichte in Karlsruhe, dessen Ergebnisse 2016 in einer neuen Monographie über Schloss Heidelberg publiziert wurden. Im Rahmen des Projektes wurden die Einzelbauten des Heidelberger Schlosses bauarchäologisch untersucht und die sehr umfangreich vorliegenden historischen Schrift- und Bildquellen im Kontext der Baugeschichte analysiert. Einen besonderen Schwerpunkt der Arbeit bildete die Visualisierung unterschiedlicher Bauzustände des Heidelberger Schlosses in der Zeit zwischen dem mittleren 16. Jahrhundert und der Zerstörung im Jahre 1689 während des Pfälzischen Erbfolgekrieges *(Abb. 1f.)*. Neben einigen Rekonstruktionen, welche die städtebauliche Entwicklung des Schlosses veranschaulichen, wurden darüber hinaus einzelne herausragende Innenräume auf der Grundlage noch vorhandener Baubefunde digital rekonstruiert. Die graphische »Wiederherstellung« ausgewählter Interieurs des Heidelberger Schlosses wirft dabei u. a. die Frage nach der Nutzungsgeschichte einzelner Gebäudekomplexe auf.

Der nachfolgende Beitrag beschäftigt sich mit einem besonderen Teilaspekt in der Geschichte des Heidelberger Schlosses, nämlich der Frage, in welchen Gebäudeteilen und Interieurs Sammlungs- und Archivräume sowie Bibliotheken existiert haben. Nach den unten folgenden Quellen ist das Schlossarchiv zumindest für die Zeit des hohen und späten Mittelalters im baulichen Kontext der Schlosskapelle zu lokalisieren.

Die Heidelberger Schlosskapelle

Bereits in der Anfangszeit des Heidelberger Schlosses bestand den Quellen nach eine Schlosskapelle an der Stelle des Friedrichsbaus. Ebenso wie die Schlosskapelle im heutigen Friedrichsbau war diese zweigeschossig disponiert; es handelte sich um den gängigen Typus einer Emporenkirche, wie er seit dem 12. Jahrhundert vielerorts im Burgenbau und später noch an frühneuzeitlichen Residenzen anzutreffen ist. Erwähnungen einer Emporenkirche auf Schloss Heidelberg finden sich in verschiedenen Quellen. So überliefert bereits die sogenannte Vita Eberardi[1] einen Burgkaplan (*Buchardus, sacerdos*

---

[1] Vgl. J. HANSCHKE, Schloss Heidelberg. Architektur und Baugeschichte, Heidelberg 2016, S. 12; Th. STEINMETZ, Burgen und Stadt Heidelberg im Spiegel früher urkundlicher Quellen,

Abb. 1   Schloss Heidelberg, Ansicht von Norden, 2016

castri) und eine Obere Kapelle. Hierzu heißt es: *superiorem capellam, ubi Palatina Comitissa seorsim semper orare consueverat* (die Kapelle, in der die Pfalzgräfin zu beten pflegte). Die Bezeichnung Obere Kapelle scheint nach dem Wortlaut der Quelle auf eine Emporenanlage hinzudeuten. Da auch für das Spätmittelalter eine Emporenkapelle als Vorgänger der ebenfalls doppelgeschossigen Schlosskapelle im Friedrichsbau urkundlich beglaubigt ist (Erwähnung einer *porkirchen* in den Versen des Peter Harer; Erwähnung der baufälligen Schlosskapelle anstelle des späteren Friedrichsbaus im »Thesaurus Picturarum« des Marcus zum Lamm), wird wohl auch schon für die Zeit um 1180–1220 ein zweigeschossiger Sakralbau an diesem Ort zu vermuten sein. Die gegenteilige Auffassung, dass der in der Vita Eberardi erwähnte Kapellenbau nicht auf der unteren Burg Heidelberg (anstelle des heutigen Schlosses), sondern auf der oberen Burg Heidelberg anstelle der heutigen »Molkenkur« lokalisiert werden muss, erscheint unter Berücksichtigung der schriftlichen Überlieferung des Spätmittelalters und der frühen Neuzeit fragwürdig, zumal sich die sonstigen Überlieferungen einer Schlosskapelle immer auf das untere Schloss beziehen und anscheinend keine weiteren Nachrichten über einen et-

in: Forschungen zu Burgen und Schlössern 10 (2007), S. 159–168, hier S. 159; F. SCHNEIDER, Die Vita Eberardi de Commeda (auch de Stalecke genannt) als rheinische Geschichtsquelle für die zweite Hälfte des 12. Jahrhunderts, in: ZGO 110 (1962), S. 48–72, hier S. 48f.; W. SEIDENSPINNER/M. BENNER, Heidelberg (Archäologischer Stadtkataster Baden-Württemberg 32,1), Stuttgart 2006, S. 40.

Abb. 2   Rekonstruktion des Bauzustandes um 1683, Ansicht von Nordwesten

waigen Kapellenbau auf der oberen Burg Heidelberg vorliegen. Daneben ist es nicht zuletzt – unabhängig von der in ihrer Interpretation nicht ganz eindeutigen Passage in der Vita Eberardi – wahrscheinlich, dass bereits um 1200 eine Burgkapelle in der unteren Burg Heidelberg existiert hat. Allein die Größe der unteren Heidelberger Burganlage von 80 x 90 Metern, die Ausstattung mit repräsentativen Bauten sowie insbesondere der Status einer Fürstenburg setzen dies voraus. Dass die Schlosskapelle in der Zeit um 1200 bereits zweigeschossig ausgebildet war, ist darüber hinaus nicht nur aufgrund der späteren schriftlichen Überlieferung einer Emporenkirche zu vermuten. Im Vergleich mit anderen herausragenden Burgen, wie beispielsweise der Nürnberger Reichsburg oder der Burg Vianden in Luxemburg, ist zu konstatieren, dass auch die Heidelberger Burgkapelle der Zeit um 1200 bereits eine anspruchsvolle architektonische Ausgestaltung besaß[2].

Überlieferung eines Archivraumes und einer Schatzkammer im baulichen Zusammenhang der Schlosskapelle

Einen konkreten Hinweis auf den Standort des Schlossarchivs an der Stelle des heutigen Friedrichsbaus überliefert eine Mitteilung von 1601. In diesem Jahr musste *das gantze*

---

[2]   Doppelkapellen gab es u.a. auch in Braunschweig, in der Burg Dankwarderode, in der Bischofspfalz in Köln, in der Reichsburg Nürnberg und in der Kaiserpfalz zu Goslar, wobei die bauliche Gestalt oftmals nicht unerheblich differierte. Die Heidelberger Kapelle dürfte in ihrer baulichen Gestalt der Schlosskapelle auf Burg Trausnitz bei Landshut zu vergleichen gewesen sein, vgl. HANSCHKE (wie Anm. 1), S. 214–216.

Abb. 3   Sebastian Münster, Panorama von Heidelberg, Schloss Heidelberg, Holzschnitt, um 1548. Vorgängerbau des Friedrichsbaus grau markiert

archivum wegen des newenbawes transportirt werden³. Mit dem *newen baw* war (wie auch die weiter unten zitierte Passage aus dem »Thesaurus Picturarum« belegt) der Vorgänger des Friedrichsbaus gemeint, welcher wenige Jahr zuvor noch um ein neues Wohngeschoss aufgestockt worden war *(Abb. 3 f.)*. 1601 kam es zu massiven Bauschäden, da die alte Schlosskapelle unter dem Gewicht der Wohngeschosse darüber zu kollabieren drohte. Schließlich entschied man sich, das schadhafte Bauwerk völlig abzubrechen und den heutigen Friedrichsbau zu errichten. Der Erbauung des Friedrichsbaus ging 1601 die vollständige Niederlegung der alten baufälligen Schlosskapelle voraus. Diese Vorgänge sind im »Thesaurus Picturarum« des Marcus zum Lamm detailliert geschildert: *ANNO MDCI. Nachdem alhie zu Heydelberg in der Hofcapellen eine große dicke starcke eisene Stang entzwei gebrochen, undt die* **Capel mit dem Newen Baw** *darauff sich dermaßen gesenckt, das man sich des Einfallens undt dannenhero entstehender großer Gefahr besorgen müssen, zum Theil weil derselb Oberbaw gar zue schwer, unndt dan zum Theil auch das Fundament zu schwach unndt nit genungsam versehen gewesen, wie ingleichem die große dicke Balcken, so tragen undt heben sollen, meistentheils verfaulet gewesen, hatt man anfangs eine Zeit lang beratschlagt, wie der Sachen zu thun, alda gleichwol widerwertige Meinungen sich gefunden, etlicher die es nit für gar geferlich, unndt abzubrechen nöttig gehalten, undt dan anderer, die es für eine hohe undt die eußerste Not-*

---

³   M. Huffschmid, Zur Geschichte des Heidelberger Schlosses von seiner Erbauung bis zum Ende des 16. Jahrhunderts, in: Neues Archiv für die Geschichte der Stadt Heidelberg und der Kurpfalz 3 (1895/1898), S. 1–86, S. 174–187, hier S. 50, Anm. 2. Zitat nach dem Verhör des Kanzleiregistrators Heberer vom 24. Juli 1623, vgl. E. Winkelmann, Urkundenbuch der Universität Heidelberg. Regesten, Bd. 1, Heidelberg 1886, S. 381 n. 243.

Abb. 4   Unbekannter Künstler, Stadtansicht von *Heydelbergh*, Schloss Heidelberg, aquarellierte Federzeichnung, um 1580. Vorgängerbau des Friedrichsbaus grau markiert

turfft geachtet, gestalt es sich dan hernacher im Abbrechen mehr als genungsam, unndt das es hohe Zeit damit gewesen, augenscheinlich befunden.

Ist derowegen vor gut angesehen worden, das Ire Churfürstl. Gn. mitt der Hofhaltung, bis das obgemelt Gebew abgebrochen, unndt widerunnb uffzubawen angefangen, ghen Alzei ins Gaw verrücken, unndt alda sich verhalten solte, Auch die Anstellung gemacht gewesen, das uff den 31. Martij solche Translation der Hofhaltung eigentlich vorgenommen werden sollen[4].

Aus dieser und der anfangs genannten Quelle geht demnach hervor, dass sich im baulichen Kontext der Schlosskapelle bis 1601 das Schlossarchiv und wohl eine oder mehrere herrschaftliche Wohnungen befunden haben. Vermutlich bestand diese Konstellation von völlig unterschiedlichen Funktionen auch schon in wesentlich früherer Zeit.

Die älteste bislang bekannte Überlieferung eines Archivraumes bzw. Briefgewölbes auf der Burg Heidelberg enthält eine Urkunde von 1391: *uz diesem brieve sal man ein kortz nota machen off den sin, als dieser briev sagt, wann der briev sal in dem gewelbe sin*[5]. Es handelte sich demnach um einen gewölbten und damit wohl feuersicheren Archivraum, der als Urkundenkammer Verwendung fand. Als Wächter des Briefgewölbes fungierte ein Kaplan[6]. So erklärte König Ruprecht in seinem Testament, ein früheres *lige*

---

[4]   Thesaurus Picturarum, Band 2, Fol. 158, Textauszüge in den Mittheilungen zur Geschichte des Heidelberger Schlosses 1886, S. 5–7.
[5]   Zitiert nach HUFFSCHMID (wie Anm. 3), S. 16, vgl. GLA 67/ 466, fol. 49v., A. KOCH/J. WILLE, Regesten der Pfalzgrafen am Rhein 1214–1400, Innsbruck 1894, S. XVI. Anm. 4.
[6]   HUFFSCHMID (wie Anm. 3), S. 16, 45.

in seinem gewolbe zu Heydelberg, als herr Ulrich, sein capplann, der sins gewolbes wartt, woll wisse. Nach derselben Quelle befanden sich im Briefgewölbe auch Verträge *alle brieve und gemechte, dy [...] in dem gewolbe zu Heydelberg ligent.* Aus einer späteren Quelle wird deutlich, dass im Briefgewölbe nicht nur wichtige staatliche Dokumente lagerten, sondern der Raum auch als Schatzkammer genutzt wurde. So bestimmte Ludwig III. im Jahre 1429, daß sein Silbergeschirr *in unserm gewelbe off unser burge zu Heidelberg, da unser und unserer furstendumes und herreschafft brieffe inneliegen, durch unsern gewelbewerter desselben gewelbes in einem schrancke* verwahrt werde[7]. Die folgende Passage lässt vermuten, dass der Raum in der Nähe der Schlosskirche lag: *In anno 1580 hatt Pfaltzgraf Ludwig Churfurst mein gnedigster Herr mit Theobalden Wentz Cantzley=Registratoren auß seiner Churf. Gn. gewölbin bei irem gemach an der kirchen die gulden Bull, in einem futral verwart, uberliefert mit bevelch, die selb in das gewonlich brief gewölb zulegen, welches beschehen*[8]. Die Quelle teilt darüber hinaus den Standort der fürstlichen Wohnung in der Nähe der Kapelle mit. Demnach war die spätere Disposition des Friedrichsbaus mit einem fürstlichen Wohngeschoss über der Kapelle offenbar an den zuvor hier bestehenden baulichen und funktionalen Gegebenheiten orientiert. Ein zusätzliches Indiz für die Lokalisierung der fürstlichen Wohnung in dem Baukomplex bildet ein Schreiben Ottheinrichs an die kurfürstlichen Räte vom 24. Juni 1547, nach welchem Ottheinrich künftig zwei Gemächer über dem Bad bewohnte. *Sovil die gemach belangen, geben wir euch an sein Lieb ze bringen, gnediger mainung zu erkennen, das wir die zway undern gemach ob dem bad zu hof einnemen undt die andern aufs fürderlichist reumen*[9]. Nach einer anderen Quelle von 1544 befand sich das Bad unmittelbar neben der Kapelle: *in dem gewelb neben der Cappellen jm husz uberm bade des schlosz zu Heidlberg*[10]. Die Anlage eines Bades in unmittelbarer Nähe der Kirche mutet kurios an, andererseits bestätigt die Quelle, dass der Gebäudekomplex zwischen Frauenzimmerbau und Gläsernem Saalbau vielfältige Funktionen besaß.

Wahrscheinlich war in der Nähe der Schlosskirche, wohl in der Sakristei derselben, auch der Kirchenschatz untergebracht. Bereits Huffschmid hat einen Anbau an die Kapelle vermutet, in welchem »das Archiv, die Bibliothek und die Schatzkammer bestanden«[11]. Im Jahr 1411 wird der bis dahin vermutlich in der Schlosskapelle aufbewahrte Kirchenschatz, darunter Reliquien aus dem Besitz der Witwe König Ruprechts, vom Schloss in die Heiliggeistkirche übertragen[12]. 1436 wird zudem noch eine *liberye* auf dem Schloss genannt, vgl. die Äußerung im Testament Ludwigs III. von 1436[13], leider jedoch ohne nähere Standortangaben, so dass die Lage der Bibliothek im Schloss offen bleiben muss.

---

[7] Ebd. S. 17f.
[8] Ebd. S. 33.
[9] H. Rott, Zu den Kunstbestrebungen des Pfalzgrafen Ott Heinrichs, in: Mitteilungen zur Geschichte des Heidelberger Schlosses 6 (1912), S. 192–240, hier S. 203. München, ehemaliges Reichsarchiv Pfalz Neuburg Relig. Nr. 26, Fol. 229.
[10] M. Rosenberg, Quellen zur Geschichte des Heidelberger Schlosses, Heidelberg 1882, S. 139; Huffschmid (wie Anm. 3), S. 27.
[11] Huffschmid (wie Anm. 3), S. 48.
[12] Ebd. S. 17.
[13] Ebd. S. 18.

Die Heidelberger Schlosskapelle in der älteren bildlichen Überlieferung

Die berühmte Ansicht der Stadt Heidelberg von Sebastian Münster aus der Zeit um 1548 *(Abb. 3)* überliefert eine erste topographisch nachvollziehbare Darstellung des Heidelberger Schlosses vor dem Ausbau zum Renaissanceschloss. Aus der Ansicht von Münster geht hervor, wie das östliche Nachbargebäude des Frauenzimmerbaus, das nach mehreren Umbauten im Jahre 1601 zugunsten des Friedrichsbaus abgebrochen wurde, ausgesehen hat. Demnach standen hier zwei traufständig positionierte, in einer Flucht liegende Gebäude, von welchen das östliche anhand des Torbogens als innerer Torbau an der Nordseite des Schlosses identifiziert werden kann (in diesem Punkte entsprach die nördliche Erschließung des Schlosshofes der heutigen, vgl. die Torhalle unter der östlichsten Fassadenachse des Friedrichsbaus, *Abb. 1*). Das nach seiner flüchtig dargestellten Befensterung offenbar dreigeschossige Gebäude war an der Ostseite mit einem abgetreppten Giebel und an der Stadtseite mit einem Erker versehen.

Die unmittelbar nach Westen folgende Schlosskapelle besaß nach Münster ebenfalls einen abgetreppten Giebel, der als Brandmauer zum benachbarten Torbau fungierte. Weiter rechts gibt Münster einen risalitartig nach vorne tretenden Anbau wieder, der von einem Fachwerkgiebel mit Krüppelwalm bekrönt wurde. Der Verzicht auf repräsentative Fensteröffnungen an der Nordfassade folgte wohl der wehrtechnischen Konzeption der Randhausburg, bei der die Gebäude unmittelbar auf der Burgmauer errichtet waren und nach außen auf größere Fenster verzichtet wurde, da sie ein Sicherheitsrisiko im Verteidigungsfall darstellten. Lediglich der weiter rechts abgebildete Turm mit dem hohen Spitzhelm ließ die Funktion des Bauwerks als Sakralbau erahnen. Offenbar war schon zu dieser Zeit über der Kirche ein Wohngeschoss – ähnlich wie beim späteren Friedrichsbau – errichtet worden. In dem risalitartigen Anbau vermutete Huffschmid die Sakristei und die angegliederten oben genannten Gewölbe der Bibliothek und des Archivs. Alternativ kommen als Standort für das Archiv jedoch auch die Obergeschosse des Torbaus in Frage. In späterer Zeit wurde das Dach des Torbaus in eine von Balustraden umsäumte Plattform umgewandelt, vgl. die Federzeichnung des Schlosses aus der Zeit um 1580 mit dem Titel *Heydelberg* im Kurpfälzischen Museum *(Abb. 4)*. Letzteres setzt aus bautechnischen Gründen die Ausstattung des darunter gelegenen Geschosses mit steinernen Gewölben voraus. Auch die Aufstockung über der Kapelle mit dem fürstlichen Wohngeschoss war um diese Zeit erneuert worden, denn das Bild zeigt nunmehr einen prächtigen vorderen Treppengiebel über dem Anbau der Kirche.

In Bezug auf die Baugestalt der Schlosskirche liefert auch die Chronik des Michel Beheim einige aufschlussreiche Hinweise. Beheim erwähnt, dass die Kapelle um 1467 umgebaut worden war. An baulichen Details nennt Beheim die Gewölbe der Kirche, die (wohl zum Hof gerichteten) Fenster und eine Orgel:

> *wan er im schloß zu Heydelbergk*
> *die kapell mit zierlichem rat*
> *so von nuwen gebuwen hat*
> *mit allerhandlei zirde*
> *und hochgelopter wirde,*
> *so dan zimlichen hoert an ein*

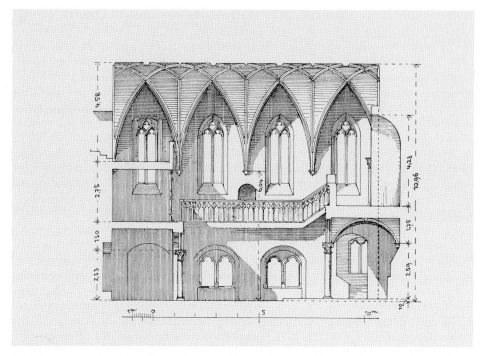

Abb. 5   Emporenkapelle auf Burg Trausnitz, Vergleichsbeispiel für den Vorgänger des Friedrichsbaus

> *lobriche capellen vil rein,*
> *daz noch hut zu tag wol ist schin*
> *mit gebun, gewelb, stulen vin,*
> *rilichen venstern claren,*
> *schoen orgeln und altaren,*
> *und ließ die wyhen inn den ern*
> *Maria gots muter des hern.*
> *Die capell was vollenbracht gar*
> *anno thusent vierhundert jar*
> *darnach sechtzig und siben*
> *hat man die zitt geschrieben*[14].

Als Vergleichsbeispiel für die alte Heidelberger Schlosskapelle lässt sich die Kapelle von Burg Trausnitz in Landshut *(Abb. 5)* anführen, welche mit ihrer kastenförmigen Grundstruktur, den schlichten zweibahnigen Maßwerken des frühen 15. Jahrhunderts, dem westlichen, einhüftig verlängerten Emporenbau und dem nur vierjochigen Gewölbe wohl

---

[14]   Zit. nach HUFFSCHMID (wie Anm. 3), S. 20f.

Abb. 6 Innenansicht des Gläsernen Saalbaus, Blick nach Osten

einige wesentliche Grundzüge mit der beschriebenen alten Heidelberger Hofkapelle teilt. Wie die romanischen Fenster im Untergeschoss erkennen lassen, handelte es sich auch hier um einen spätgotischen Umbau einer im Kern noch romanischen Kapelle, die überdies noch nachträglich mit einem profan genutzten Obergeschoss überbaut worden war.

Bibliothek und Gemäldegalerie im Gläsernen Saalbau

Ab 1549 ließ Kurfürst Friedrich II. einen neuen prachtvollen Palast in der Nordostecke des Schlosshofes errichten *(Abb. 6)*. Nach den Mitteilungen des Hubertus Thomas Leodius, dem Biographen Friedrichs II., sollte in diesem Bau auch eine Bibliothek untergebracht werden: *Da der Bruder* [Ludwig V.] *gestorben und er an die Chur kam, fieng er viel größere Gebäude* [als jener] *an, sonderlich an dem alten Ort Jettenbühl, allda er einen großen Bau aufführte.... Er ließ auch eine sehr schöne und sehr große Cammer bauen zum Brauch und Behaltniß der Bibliothek. Derwegen er denn auch die Spitze des nächsten Thurmes, welche sein Bruder aufgerichtet, wieder abtragen ließ. Als nun dieses* [zweite] *Gebäude verfertiget, ward er andern Raths und verordnete es an Statt der Librarey zur Rechenkammer, auf den Thurm aber verschaffte er eine große und stattliche*

Abb. 7 Rekonstruktionsversuch zum Raumvolumen des Gläsernen Saales (Kassettendecke in struktureller Anlehnung an den Italienischen Saal in der Stadtresidenz Landshut). Beim Wiederaufbau im 18. Jahrhundert erhielt der Raum eine Flachdecke mit seitlichen Vouten. In diese Zeit datiert auch das heutige Giebelfenster

Glocken[15]. Nach Leodius beabsichtigte Friedrich II. zunächst, seine Bibliothek im Gläsernen Saalbau zu verwahren, entschied sich dann jedoch dazu, die Rechenkammer hier einzurichten[16].

Einen weiteren Hinweis auf das vielleicht dennoch realisierte Projekt einer Bibliothek im Gläsernen Saalbau gibt ein Schreiben Friedrichs II. vom 1. April 1550, in dem er von Ottheinrich entliehene Bücher der Schlossbibliothek zurückforderte: *Damit Jre churf. gn. im newen baw zu hof Jr liberei, die baldt verfertigt werden soll, desto statlicher becleiden und zieren möcht*[17].

---

[15] Zit. nach K. CHRIST, Der Getten- oder Jettenbühl, in: Mittheilungen zur Geschichte des Heidelberger Schlosses 2 (1890), S. 50–52, hier S. 52; HUFFSCHMID (wie Anm. 3), S. 66.
[16] H. ROTT, Ott Heinrich und die Kunst, in: Mitteilungen zur Geschichte des Heidelberger Schlosses 5 (1905), S. 1–232, hier S. 77, 197.
[17] ebd. S. 77.

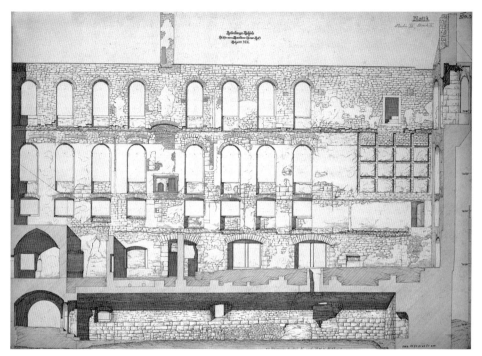

Abb. 8   J. Koch und F. Seitz, Bauaufnahme des Gläsernen Saalbaus, Längsschnitt nach Norden, um 1890. Die rasterförmigen Putzfelder im Raum links unter dem Erker weisen vielleicht auf eine an diesem Ort ursprünglich bestehende Bibliothek

Vermutlich war die Bibliothek im Geschoss unter dem Gläsernen Saal *(Abb. 7)* untergebracht. In der Nordwand nahe dem Ostgiebel finden sich im Putz Aussparungen für eine rasterförmige Holzvertäfelung oder die Anbringung wandfester Schränke *(Abb. 8)*. Schon Rosenberg hat darauf aufmerksam gemacht, dass dieser Befund möglicherweise auf die früheren Regale einer Bibliothek hindeutet[18].

Außer der Bibliothek befand sich im Gläsernen Saalbau eine Gemäldegalerie, welche im sogenannten Gläsernen Saal *(Abb. 7)*, im dritten Obergeschoss des Gebäudes untergebracht war. Der Name Gläserner Saal rührt von der prachtvollen früheren Innenausstattung mit venezianischem Spiegelglas her. Nach dem Inventar von 1584 im Geheimen Hausarchiv München, Akte 2408 hingen an den Wänden zahlreiche Gemälde religiösen Inhalts: *Uf dem verglästen saal under dem dach 11 dafeln aus dem alten und neuen testament, 1 gemalte tafel von einem hirschjagen, 2 tafeln von der archen Noe, 1 tafel von Jacob leittern, 1 tafel wie könig Herodes die kinder umbringen lassen, 2 tafel von dem*

---

[18]   ROSENBERG (wie Anm. 10), S. 91; Befund dokumentiert in C. MOHN, Schloss Heidelberg. Bauhistorische Vorbereitung und Begleitung der Sanierung am Gläsernen Saalbau, in: G. PATITZ u. a. (Hgg.), Neue Natursteinrestaurierungsergebnisse und messtechnische Erfassungen sowie Sanierungsbeispiele, Stuttgart 2012, S. 51–64, hier S. 60f.

Abb. 9   Saal im Oberbau des Glockenturmes mit Pfeilereinbauten des frühen 17. Jahrhunderts

verlornen sohn, 1 tafel von der auferstehung Christi mit vielen schriften, 1 tafel von den sieben planeten, 1 tafel von den fünf synnen, 4 tafeln von den sieben planeten, 4 tafeln von den vier zeiten des jars, 4 tafeln von dem Hercule, 1 schieß tafel und dann ein creutztisch, 1 vergutterter kirchenstull[19]. Als Standort für den im Inventar genannten Kirchenstuhl kommt wohl nur der Erker an der Ostwand des Saales in Frage. Die Ostung des Erkers und die architektonische Detailausbildung (Form eines Chörleins mit Spitzbogenfenstern und Gewölbe) weist ihn als Hauskapelle aus, auch wenn die antikischen Kopfkonsolen unter dem sternförmigen Gewölbe zunächst an einen profanen Bauzweck denken lassen. Nach den historischen Ansichten des 17. Jahrhunderts (darunter das Gemälde von Jacques Fouquier) waren die Erkerfenster mit hölzernem Maßwerk geschmückt. Der Saal selbst besaß den Quellen nach ein aufwendig stuckiertes hölzernes Tonnengewölbe, das am Dachtragwerk befestigt war. Hierauf verweisen die folgenden Nachrichten: Die älteste Erwähnung des stuckierten Tonnengewölbes findet sich in einem Schreiben Friedrichs II. an Christoph von Württemberg vom 26. Juni 1551, worin der Kurfürst um Überlassung des Bildhauers Joseph Schmid von Urach und des Gipsers Michael von der Hardt bittet[20]: *...in unserm schloßbaw alhie ein großen saal in die runde gestickt und von unserm bawmeister* [Hans Engelhart] *abgeschieden, das sye auf sein gesynnen wider alhie erscheinen und diesen gestieckten saal mit dem gipbswerck zu ende*

---

[19]   ROTT (wie Anm. 16), S. 196.
[20]   Hierzu auch HUFFSCHMID (wie Anm. 3), S. 28, 64.

fertigen wolten[21]. Weitere Hinweise auf die Konstruktion des Saalgewölbes liefert ein Kostenvoranschlag von 1649 zur Reparatur des Gläsernen Saalbaus nach den im Dreißigjährigen Krieg entstandenen Schäden: *Soviel den Glessern Sallbau anbelanget, ein neu Dachwerkh daruff zu machen, welches auch hochnöttig umb Erhaltung dern darinen noch habenden Ingebewen. Daß Dachwerkh aber, wie er auch zuvorn gewesen, gewölbet zu machen wirdt erfordert wie folget:*

Erstlich dem Ziemerman von diessen Dachgebeu gewölbet zu machen mit seinen Dachstull, DachCreutz, Henckhseullen und allen Zugehör, mit sampt die Bordt under das Gewölb zu schlagen verdient er nach Befindung der Baufelligkeit, die Ingebeü auch außzubessern 180 fl.

Zum Gewölb zu beschlagen, 360 Bort costen 35 fl. [...]

Dem Weißbenner vor dem gantzen Sall über Holtz zu dünnchen und mit einer ziehrlichen Deckhen außzufertigen, wie auch die Undere Stockhwerckhsdecken wiederumb außzubessern 400 fl. [...][22].

Als Hauptbaumaßnahme stand der Neubau des Daches mit dem darunter gelegenen hölzernen Saalgewölbe an. Der vormalige Saal sollte nach seiner Wiederherstellung geweißt und wie zuvor mit einer Stuckatur (*ziehrliche Deckhe*) versehen werden.

Ergänzend ist noch die früheste Erwähnung der Ausstattung des Saales mit Spiegelglas anzuführen: 1574, 2. Januar. Brief des Wenzeslaus Zuleger, Kirchenratspräsident in Heidelberg an Johann Kasimir: *Mein gn. Herr empfing den König von Polen in gespiegelten saal und volgendes tags von 7 bis umb 10 uhre allein ohne jemandes beysein von der handlung zu paris.* Die Quelle erwähnt den Empfang Heinrichs III. von Frankreich im Spiegelsaal des Gläsernen Saalbaus durch Friedrich III. im Jahre 1573[23].

Als Vergleichsbeispiel für gleichartig oder ähnlich beschaffene Saalbauten ist der Ratssaal im Nürnberger Rathaus zu erwähnen, der zu Beginn des 16. Jahrhunderts ebenfalls mit einem hölzernen Tonnengewölbe überdeckt wurde (die heutige Saaldecke stellt eine Rekonstruktion dar). Ein tonnengewölbter Festsaal mit aufwendigen Stuckaturen war darüber hinaus wenige Jahre zuvor in der Stadtresidenz Landshut mit dem dortigen italienischen Saal errichtet worden. In Anlehnung an das Landshuter Beispiel wurde in *Abb. 7* der Versuch unternommen, unter Berücksichtigung der Baubefunde an Ort und Stelle und der genannten Vergleichsbeispiele, das Raumvolumen des Gläsernen Saales in Heidelberg zu rekonstruieren.

Schließlich ist noch zu erwähnen, dass die Gemäldegalerie eine Fortsetzung im benachbarten Glockenturm in der dortigen Kunstkammer fand (*Abb. 9*). Von der Einrichtung einer Kunstkammer im Glockenturm berichtet zumindest die Bauakte vom 17. Juni 1673: *Das Gemach im vierten Stock des Glockenthurns, wo man auß dem gläßernen Saal hineingehet, zu einer Kunstcammer zugerichtet, dergestalt, daß der unndere Boden mit saubern Brettern belegt, der obere Boden gestickt, gewunden und gekleibt unnd von unden auf mit einer Decken, gleich wie in dem Frauenzimmerbau, vertäffelt*[24].

---

[21] Zitiert nach Rott (wie Anm. 16), S. 101.
[22] Mittheilungen zur Geschichte des Heidelberger Schlosses 1 (1886), S. 174f.
[23] ROSENBERG (wie Anm. 16), S. 146f., hierzu ausführlich HUFFSCHMID (wie Anm. 3), S. 66–70 mit umfangreichen weiteren Quellen zu diesem Ereignis.
[24] Mittheilungen zur Geschichte des Heidelberger Schlosses 1 (1886), S. 206.

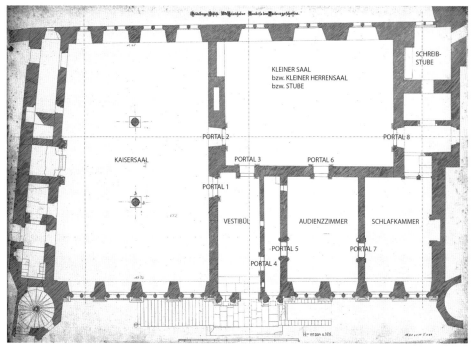

Abb. 10   J. Koch und F. Seitz, Bauaufnahme des Ottheinrichsbaus, Grundriss des Erdgeschosses (geostet), um 1890

Schreibraum und Privatbibliothek in der Wohnung des Kurfürsten Ottheinrich im Ottheinrichsbau

An das Bauprojekt des Gläsernen Saalbaus schloss sich zeitlich und räumlich die Errichtung des Ottheinrichsbaus ab dem Jahr 1556 an. Mit der prachtvoll ornamentierten Hoffassade intendierte der Bauherr, alle anderen bis dahin erbauten Paläste des Heidelberger Schlosses an baukünstlerischem Aufwand zu übertreffen. Die Fassade veranschaulicht mit ihrem überbordenden Detailreichtum und der Vielzahl völlig unterschiedlicher architektonischer Motive Ottheinrichs Kenntnisse über die damals aktuellen Bauformen der italienischen und französischen Schlossarchitektur. Das Formenrepertoire wurde im Einzelnen dem berühmten mehrbändigen Architekturtraktat des Sebastiano Serlio entnommen. Besondere Originalität ist der Fassadenarchitektur hinsichtlich des ungewöhnlichen Arrangements der Bauglieder zu bescheinigen. Ohne konkretes Vorbild stehen beispielsweise die Kreuzstockfenster des Erdgeschosses da, welche sich aus antikischen Baugliedern zusammensetzen und mit ihren Dreiecksgiebeln wie kleine Ädikulen in Erscheinung treten.

Das Erdgeschoss des Ottheinrichsbaus, das dem Kurfürsten als Wohnung diente *(Abb. 10)*[25], ist ursprünglich vollständig überwölbt gewesen. In seiner Grunddisposition setzt es die im Kellergeschoss vorgegebene Binnengliederung fort. Den größten Teil des Erdgeschosses nimmt der leicht trapezförmige Saal im nördlichen Gebäudeteil ein, der in den Quellen als Kaisersaal erwähnt ist[26]. Seine Decke bestand ehemals aus zwei mal drei Kreuzgratgewölben, die in der Raummitte auf zwei Pfeilern auflagen (die Pfeiler von jeweils vier kannelierten Halbsäulen mit Kompositkapitellen umstellt). An den umlaufenden Wänden des Saals haben sich noch die gegenüberliegenden, mit üppigem Rankwerk dekorierten Konsolsteine sowie einzelne Reste der aus Backstein gemauerten Gewölbekappen erhalten. Mit dem Kaisersaal weitgehend übereinstimmend ist die Architektur des im südöstlichen Bereich des Erdgeschosses anschließenden Saales, der im Kleinen die Architektur des Kaisersaales mit ehemals zwei mal drei Kreuzgratgewölben, ähnlichen Gewölbekonsolen und mit Löwenköpfen ornamentierten Freipfeilern wiederholte. Neben den beiden Haupträumen schließt sich südöstlich des Eingangs eine kleinteilige Raumfolge an. Es handelt sich um ein tonnengewölbtes, ursprünglich mit Stuckwerk überzogenes[27] Vestibül, einen darauffolgenden schmalen Korridor (wohl eine Garderobe oder ein Wächterraum[28]) und zwei ursprünglich ebenfalls tonnengewölbte Säle; letztere sind wohl als Audienzraum und Wohnzimmer (oder Schlafkammer, hierauf deutet der erhaltene Kamin) zu interpretieren[29]. Zu erwähnen sind ferner noch die kleinen Räume südlich der *Stube* (Bildhauervertrag des Alexander Colin) bzw. des kleineren Saales, der im Inventar von 1584 als *kleiner herrn saal* überliefert ist. Diese letzteren Räume hat die Forschung als Schreibraum sowie eine private Bibliothek interpretiert[30]; möglicherweise handelte es sich bei dem kreuzgratgewölbten Raum in der Südostecke des Gebäudes auch um ein kleines Kunstkabinett bzw. ein sogenanntes Studiolo; Edelmaier nimmt als ursprünglichen Zweck dagegen eine Garderobe oder einen Lakaienraum an[31]. Im Inventar von 1584 ist der Raum jedenfalls als *Schreibstube* aufgeführt[32].

Über die in Ottheinrichs Bibliothek in Neuburg an der Donau bzw. später in Heidelberg vorliegenden Bücher informiert ein Inventar, dass von Hans Rott publiziert

---

25 C. NEUMANN, Zur Geschichte und zum Charakter des Ottheinrichsbaus, in: Mitteilungen zur Geschichte des Heidelberger Schlosses 7 (1936), Heft 2, S. 6–135, hier S. 50.
26 Zur Bezeichnung »Kaisersaal« siehe J. KOCH/F. SEITZ, Das Heidelberger Schloss, Darmstadt 1891, S. 83 und den Kostenvoranschlag von 1678 in den Mitteilungen zur Geschichte des Heidelberger Schlosses 1 (1886), S. 217.
27 KOCH/SEITZ (wie Anm. 26), S. 83.
28 A. v. OECHELHAEUSER, Die Kunstdenkmäler des Grossherzogtums Baden 8. Kreis Heidelberg. Die Kunstdenkmäler des Amtsbezirks Heidelberg. Heidelberg, Tübingen 1913, S. 446 vermutete hier eine Holztreppe aufgrund der Erwähnung eines *hultzern stegen* im Schlossinventar von 1584, vgl. Mitteilungen zur Geschichte des Heidelberger Schlosses 5 (1905), S. 198; zur Interpretation der Raumüberlieferungen siehe auch HUFFSCHMID (wie Anm. 3), S. 73.
29 R. EDELMAIER, Zur Baugeschichte des Heidelberger Schlosses. Grundlagen der Gestaltung des Ottheinrichsbaus, in: Mitteilungen zur Geschichte des Heidelberger Schlosses 7 (1921), S. 1–34, hier S. 7.
30 OECHELHAEUSER (wie Anm. 28), S. 446; hierzu ausführlich EDELMAIER (wie Anm. 29), S. 8.
31 EDELMAIER (wie Anm. 29), S. 8.
32 ROTT (wie Anm. 16), S. 197.

Abb. 11 Bibliotheksbau, Ansicht von Westen

deckt war und vermutlich als fürstliche Tafelstube zu deuten ist[36]. Im Geschoss darüber befand sich eine herrschaftliche Wohnung mit einer Privatkapelle, welche durch den spätgotischen Erker auch im Außenbau sichtbar in Erscheinung trat.

Die Umwidmung des ehemaligen Palastes Ludwigs V. nördlich des Ruprechtsbaus zu einem Bibliotheks- und Archivgebäude geht vermutlich erst in die Zeit um 1600 zurück. Um diese Zeit konnte das spätgotische Gebäude kaum mehr den Repräsentationsanforderungen einer fürstlichen Wohnung genügen. Gleichzeitig musste durch den Abbruch der Schlosskapelle einschließlich der sonstigen dortigen Räumlichkeiten (fürstliches Wohngeschoss, Bibliothek, Archiv etc.) ein neuer Standort für die Unterbringung der Hofbibliothek und des Archivs gefunden werden. Da der vormalige Palast Ludwigs V. zumindest in den drei unteren Geschossen steinerne Gewölbe besaß, war das Gebäude

---

[36] S. Hoppe, Die Architektur des Heidelberger Schlosses in der ersten Hälfte des 16. Jahrhunderts. Neue Datierungen und Interpretationen, in: V. Rödel (Hg.), Mittelalter. Schloss Heidelberg und die Pfalzgrafschaft bei Rhein bis zur Reformationszeit (Schätze aus unseren Schlössern 7), Regensburg 2002, S. 183–189, hier S. 186f.

Abb. 12   Bibliotheksbau, Ehemaliger Saal im ersten Obergeschoss des Bibliotheksbaus

als feuersicherer Ort hierfür besonders geeignet. Für das Jahr 1601 ist entsprechend überliefert, dass damals *das gantze archivum wegen des newenbawes transportirt* werden musste[37]. Mit dem *newen Baw* war der Vorgänger des Friedrichsbaus gemeint, der 1601 zugunsten des heutigen Friedrichsbaus abgebrochen wurde (vgl. die Erläuterungen weiter oben). Offenbar wurde das *Archivum* also vom einsturzgefährdeten Vorgänger des Friedrichsbaus in den Bibliotheksbau übertragen. Die Umnutzung des vormaligen Palastes Ludwigs V. zu einem Archiv- und Bibliotheksgebäude scheint demnach offenkundig mit dem Neubau des Friedrichsbaus zusammenzuhängen und wird somit in die Zeit um 1601 zu datieren sein. Etwa gleichzeitig wurde auch der benachbarte Ruprechtsbau zu einem Kanzleigebäude umfunktioniert. Hierauf deutet der folgend zitierte Kostenvoranschlag vom Oktober 1649 zur Ausbesserung im Dreißigjährigen Krieg entstandener Schäden: *In dem Bau der Camer-Cantzeley genandt, so ist in demselben auch kein sonderlicher Mangel, dan nur an Glaß und Fensterwerckh.* [...][38]. Die Quelle bezieht sich auf den Ruprechtsbau, der spätestens um die Mitte des 17. Jahrhunderts in räumlicher Verbindung mit dem Bibliotheksbau als Kammerkanzlei genutzt wurde. Die Lokalisierung des Bibliotheksbaus zwischen dem Ruprechtsbau und dem Frauenzimmerbau ermöglicht die Beschreibung des Schlosses im *Amtlichen Bericht über die Zerstörung des*

---

[37]   HUFFSCHMID (wie Anm. 3), S. 50, Anmerkung 2. Zitat nach dem Verhör des Kanzleiregistrators Heberer vom 24. Juli 1623, vgl. WINKELMANN (wie Anm. 3) 1, S. 381 n. 243.
[38]   Mittheilungen zur Geschichte des Heidelberger Schlosses 1 (1886), S. 177.

Abb. 13 Rekonstruktion des Saales im Bibliotheksbau, Blick nach Nordwesten

Schlosses am 20. Febr. = 2. März 1689[39]. Hier heißt es: [...] *nächst an dem Brückenthurm steht der Kaiser-Ruprechtsbau, in dessen vorderen Mauern noch das Kaiserliche Adlerssamt dem kurpfälz. Wappen zu sehn; 6. daneben der Bibliotheksbau, 7. daran stößt der »italienisch gemalte« oder der »gemalte Bau«.* Ergänzend heißt es bei Zangemeister: »Der alte geringe Bau, worin vor diesem die Churf. Bibliothek verwahrt gewesen. Derselbe wurde im Bibliotheksgemach angezündet, das Feuer ging aber von selbst wieder aus«. Nach Christoph Boethius, Kriegs=Helm IV, S. 520 wurde der Bibliotheksbau durch die Brandlegung vom 2. März 1689 verschont: »Inzwischen hat man auch die übrigen Minen gesprengt, wovon sowol der dicke Thurn, als die andere Thürme, bis auf den Kraut-Thurn (so nur unten durch die Minen beschädigt) und die Gebäu in ein paar Stunden in Stein- und Aschen-Hauffen verwandelt worden, also, daß ausser dem Bau, worinn die Bibliothec und das Archiv gewesen, welcher bis jetzo noch aufrecht steht, nichts mehr als das Gemäuer und Rudera zu sehen«.

Die nachfolgenden Auszüge aus den Bauakten belegen die Funktion des Bibliotheksbaus als Bibliotheksgebäude während des 17. Jahrhunderts und bezeugen die Existenz einer Schatz- und Kunstkammer im zweiten Obergeschoss:

---

[39] Zit. nach K. Zangemeister, Ansichten des Heidelberger Schlosses bis 1764, in: Mittheilungen zur Geschichte des Heidelberger Schlosses 1 (1886), S. 35–160, hier S. 155. Original im GLA.

1665, 21. November. Memorial des Bauschreibers Peter Wachter an die Rechenkammer. *Es ist von Junker Bettentorf angegeben in ein Gemach neben Chur Pfalz Konstkammer über der Bibliadeck im Schloß alhier einen Offen zu setzen und ein Fenster einzumachen, damit durch dießes besagte Konstkammer Wärme empfahe. Nun findt sich ein alter Offen hierzu dienstlich da oben. Auch seindt etliche Läden an Gibel zu verschlagen und auch 2 Kamindürn zu machen*[40].

1673, 17. Juni. Vergrößerung der Fenster des Schatzkammergewölbes im zweiten Obergeschoss des Bibliotheksbaus. *Das eißerne Gegitter an der alten Schatzcammer gegen dem Gang, wo mann auß dem Ruprechtsbau in die Bibliothec gehet, so zerbrochen unndt auß einander gefallen, wider zurecht unnd die nechst dargegen außwendig auf gedachtem Ganng seyende Fensterlöcher, damit dem Gewölb desto mehr Hellung gegeben werde, so groß gemacht als die höltzerne wanndt es leyden mag, auch besagtes Gewölb gesäubert und wieder außgeweißt*[41]. Die Quelle nennt den äußeren galerieartigen Übergang zum Ruprechtsbau an der Südwand im zweiten Obergeschoß des Bibliotheksbaus. Letzterer führte in einen Flur zur Nordseite des Gebäudes. Die Trennwand nach Osten war vermutlich eine Holzkonstruktion.

1689, 4. Juli. Kostenvoranschlag zur Reparatur oder Wiederherstellung von Dächern. *Das Dach über der Bibliothec ist sehr zerissen, so daß der Regen durch die Böden und Gewölbe durchdringt. Dessen reparition wird mit Bley und Arbeitslohn kosten fl. 65*[42]. Nach der Zerstörung von 1689 verblieb das Gebäude mit beschädigtem Dachwerk, so dass der Bau nach und nach verfiel.

1691, 23. April. Schreiben der Hofkammer an das Bauamt, Nutzung des Bibliotheksbaus. *Memorial der HC an das Bauamt, Anstalt zu treffen, das unterste Gewölbe der Bibliothek, dessen Schlüssel von den Franzosen verloren oder mitgenommen worden, und in welchem noch einige Brieffschaften liegen sollen, auf Anweisung des Archivadjutors Otto zu öffnen, Schlüssel anfertigen zu lassen und sie jenem einzuhändigen*[43]. Die Quelle belegt, dass zwischen den Zerstörungen von 1689 und 1693 im Bibliotheksbau weiterhin Archivalien gelagert wurden.

1696, Mai. Bericht über die Abtragung von Giebeln. *Bildhauer Charrasky berichtet an die HC [Hofkammer], daß man Angesichts des neulich am Englischen Bau geschehenen Unglücks ... ohne Auftrag begonnen habe, am Bibbliothekbau, in dem Stuben für 100 Mann hergerichtet sind, 3 Giebel abzutragen, welche durch den Wind täglich umgeworfen werden könnten, deren einer sich schon 3 Werkschuh auf eine Seite gebogen*[44]. 1696 ging man dazu über, die freistehenden Giebelaufbauten in der Schlossruine abzutragen. Der Bericht vermerkt auch den Abbruch der Giebel des Bibliotheksbaus.

---

[40] Mittheilungen zur Geschichte des Heidelberger Schlosses 1 (1886), S. 190.
[41] ebd. S. 206.
[42] ebd. 3 (1896), S. 7.
[43] ebd. S. 15.
[44] ebd. S. 30.

1696, 20. Juni. Bericht über gefährliche Stellen am Schloss. Charrasky berichtet an die Hofkammer über die mit Maurermeister Brauning vorgenommene Besichtigung der gefährlichen Stellen am Schlosse zu Heidelberg. *Alsß erstlichen ist große gefahr wegen der baraquen unten in dem graben zwischen dem Uhr und Krautthun, worinnen über 100 Mann Soltaten einlogirt sind. Die Mauer darüber steht nur noch auf 4 Quadersteinen. Es müßten die 3 Giebel auf dem Ruprechtsbau abgetragen, 2 auf dem Englischen gespreitzet werden, wie auf dem Ottheinrichsbau schon geschehen. Das Faßgewölbe ist in Sicherheit, der Giebel über der Bibliothek und 2 Giebel bei dem großen Saal und über der Küche sind abgetragen worden*[45].

1713, 28. Februar. Bericht über schadhafte Gewölbe im Bibliotheksbau. *Baumeister Breunig berichtet, daß ein Stück Gewölb im Archiv am selben Tage eingebrochen, es drohe noch weiteres mit dem Einsturz, da die Widerlager dreier Gewölbe übereinander abgefault seien. Schlägt Abbruch der 2 oberen Stockwerke vor, sowie Verfertigung eines Daches über den Gewölben, wo das Archiv steht, wo schon vor einem Jahre ein Stück gebaut worden, um das Archiv zu retten. Die Kosten belaufen sich auf 165 fl*[46]. Um 1713 stürzten teilweise die Gewölbe des Bibliotheksbaus ein. Da mit dem Einsturz weiterer Gewölbe zu rechnen war, sah man sich gezwungen, den westlichen Teil der beiden Obergeschosse abzutragen. Zu jener Zeit wurde das Gebäude trotz seines desolaten Zustandes weiterhin noch als Schlossarchiv genutzt.

Bereits vor dem Pfälzischen Erbfolgekrieg war ein größerer Teil der Heidelberger Schlossbibliothek abhanden gekommen. Nach dem Tod des Kurfürsten Karl II. am 26. Mai 1685 und seiner Mutter Charlotte von Hessen gelangten 4500 Bände der Schlossbibliothek nach Kassel, wo sie später der Landesbibliothek einverleibt wurden[47]. Ein Inventar der damaligen Schlossbibliothek verfasste der kurfürstliche Bibliothekar Lorenz Beger. Es trägt die Überschrift: *Catalogus uber Churfurst und Pfalzgrafens Caroli hochseel. Andenckens hinterlassener Bibliothec* und liegt als Kopie in der Universitätsbibliothek Heidelberg vor. Die übrigen Bestände, welche die Brandzerstörung 1689/1693 überdauerten bzw. vorher ausgelagert worden waren, bildeten im frühen 18. Jahrhundert vermutlich den Grundstock der Mannheimer Hofbibliothek.

Modellkammer und Planarchiv

Neben der Schlossbibliothek, dem Schlossarchiv und der Kunst- und Schatzkammer dürften auch eine Modellkammer und ein Bauplanarchiv auf dem Heidelberger Schloss bestanden haben. Hinweise auf eine Sammlung von Architekturmodellen liefert ein Inventar von 1662: Explizit heißt es hierin: *Daß model theils von dem schloß, alß vom*

---

[45] ebd. S. 31.
[46] ebd. S. 42.
[47] K. Zangemeister/H. Thode, Die Gemälde-Sammlung des Heidelberger Schlosses. Verzeichniß vom Jahre 1685, in: Mitteilungen zur Geschichte des Heidelberger Schlosses 3 (1896), S. 192–215, hier S. 192f.

*Newen- [Friedrichsbau] und Ottheinrichsbaw*⁴⁸. Besonderes Interesse verdient in diesem Zusammenhang eine Darstellung des Friedrichsbaus im Darmstädter »Thesaurus Picturarum« des Marcus zum Lamm *(Abb. 14)*. Dieselbe dürfte vermutlich als zeichnerische Wiedergabe des im Inventar von 1662 genannten Modells des Friedrichsbaus zu interpretieren sein. Hierfür spricht insbesondere die räumliche Darstellung des Gebäudes unter Verzicht auf die benachbarte Bebauung. In der bisherigen Literatur wurde das Blatt irrtümlich als fehlerhafte Wiedergabe des bereits errichteten Gebäudes interpretiert. Tatsächlich dürfte jedoch ein früherer Planungsstand abgebildet sein. Die in der Ansicht dargestellte Fassadenarchitektur steht gerade in ihren vom Ausführungsentwurf abweichenden Details mit den übrigen Werken Johannes Schochs (Neuer Bau in Straßburg, Rathaus in Gernsbach) in engem formalen Zusammenhang; somit dürfte die Ansicht indirekt eine Vorstudie Schochs aus der Zeit um 1601 überliefern⁴⁹.

Ein weiteres Modell, das offenbar das gesamte Schloss darstellte, wurde bedauerlicherweise durch den Schlossbrand infolge Blitzeinschlages im Jahre 1764 vernichtet: *Ein großes hölzernes Nachbild des ganzen Heidelberger Schlosses und der Vorrath einer kostbaren Tapetenwirkerey, welche eben damals in dem Neuen Hofe* Friedrichs II. *aufbewahrt wurden, giengen mit zu Grunde*⁵⁰.

Kaum schriftliche Informationen sind hingegen über das kurfürstliche Planarchiv auf uns gekommen. Lediglich unter den Bauakten des 18. Jahrhunderts finden sich im Generallandesarchiv Karlsruhe einige wenige Zeichnungen, welche allesamt einzelne kleinere Bauvorhaben, wie die Errichtung neuer Dächer über dem Frauenzimmer- und Ottheinrichsbau dokumentieren. Das kurfürstliche Planarchiv aus der Zeit vor 1689 scheint verschollen oder untergegangen zu sein. Im Rahmen des oben genannten Forschungsprojektes ließen sich jedoch mehrere Pläne zu einzelnen Schlossbauten aus verschiedenen auswärtigen Sammlungen identifizieren:

Es handelt sich um fünf Pläne zum ehemaligen Festsaal im Obergeschoss des Dicken Turmes einschließlich dessen Gewölbe- und Dachtragwerkkonstruktion aus dem Nachlass des Nürnberger Ingenieurs Peter Carl aus der Zeit um 1617 (Wetzlarer Skizzenbuch und Sammlung Nicolai, Württembergische Landesbibliothek Stuttgart), zwei Grundrisspläne zum Gewölbe im Unterbau des Glockenturmes aus der Zeit um 1500 (Akademie der bildenden Künste Wien, Kupferstichkabinett) und einen Aufrissplan des Glockenturmes von ca. 1608 (Württembergische Landesbibliothek Stuttgart, Nachlass Peter Carl in der Sammlung Nicolai)⁵¹. Ferner liefert das Wetzlarer Skizzenbuch offenbar einen Vorentwurf zu den südlichen Giebeln des Englischen Baus mit einer Giebelbekrö-

---

[48] H. HUBACH, »Architectus Heidelbergensis illustrissimo principi Othoni Henrico«. Materialien zur Biographie des Steinmetzen und Architekten Heinrich Gut, in: H. AMMERICH/H. HARTHAUSEN (Hgg.), Kurfürst Ottheinrich und die humanistische Kultur in der Pfalz (Veröffentlichungen der Pfälzischen Gesellschaft zur Förderung der Wissenschaften in Speyer 103), Speyer 2008, S. 151–187, hier S. 181, Anm. 102. München, Bayerisches Hauptstaatsarchiv, Fürstensachen Nr. 1059c: (fol. 133ʻ).
[49] Näher ausgeführt in HANSCHKE (wie Anm. 1), S. 195.
[50] Th. LEGER, Führer für Fremde durch die Ruinen des Heidelberger Schlosses, Heidelberg 1815 (und Auflagen 1819, 1822, 1849), S. 87f.
[51] Vgl. HANSCHKE (wie Anm. 1), S. 340–345, 360, 367.

Abb. 14 Thesaurus Picturarum, *Eigentlicher Abriß undt ware Contrefaictur des nechst hievor angeregten Newen Baws*, ca. 1601. Die Ansicht gibt offenbar das im Inventar von 1662 genannte Holzmodell des Friedrichsbaus wieder

nung in direkter Anlehnung an die Giebel des Friedrichsbaus[52]. Darüber hinaus finden sich ebenfalls in der Sammlung Nicolai der Württembergischen Landesbibliothek Stuttgart die bislang verschollen geglaubten Illustrationen zum Werkmeisterbuch des Lorenz Lechler, welche u. a. einen Gewölbeentwurf überliefern, der im wesentlichen mit dem Rhombensterngewölbe im Erker des Bibliotheksbaus übereinstimmt[53]. Hinsichtlich des sogenannten Wetzlarer Skizzenbuches[54] muss vermutet werden, dass wenigstens einzelne Zeichnungen, darunter die berühmte Giebel-Darstellung des Ottheinrichsbaus und die Entwürfe zum Altanerker bzw. zur Altanbalustrade, nach im Schlossarchiv vorliegenden Bauplänen kopiert wurden[55].

---

[52] Vgl. ebd. S. 164.
[53] Vgl. ebd. S. 469f.
[54] Vgl. F. EBEL, Das Wetzlarer Skizzenbuch und die ersten Giebel auf der Hoffront des Otto Heinrichs-Baues in Heidelberg, in: Centralblatt der Bauverwaltung 71 (1902), S. 434–436.
[55] Vgl. HANSCHKE (wie Anm. 1), S. 263, 392.

ARCHIV- UND SCHREIBRÄUME, KUNSTKAMMERN UND BIBLIOTHEKEN   47

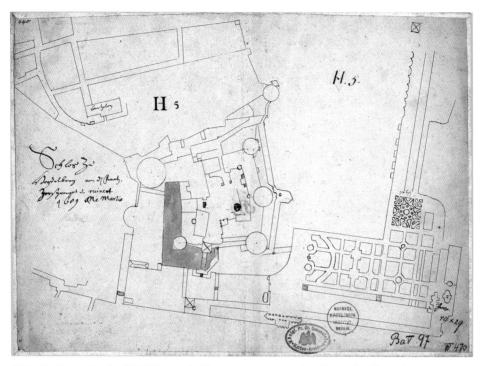

Abb. 15   Lageplan des Heidelberger Schlosses von 1689 aus der Kartenabteilung der Staatsbibliothek Berlin

Zuletzt konnte vor kurzem in der Kartensammlung der Staatsbibliothek Berlin ein Lageplan in der Größe 29×40 cm ermittelt werden, der den Zustand des Schlosses kurz vor der Zerstörung von 1689 dokumentiert (*Abb. 15*), vgl. die Beschriftung desselben: *Schlos zu Heydelberg von d. Frantz. zersprenget u. ruinert 1689 d 12e [?] Martio*. Der Plan enthält ähnlich dem Stadtplan von Heidelberg aus dem frühen 18. Jahrhundert von Johann Georg Maximilian von Fürstenhoff in der Handschriftensammlung der Sächsischen Landesbibliothek[56] eine genaue Wiedergabe der um 1681 entstandenen Bastionierungen der Karlsschanze und der Bastionierungen unter dem Dicken Turm, obgleich die nachweislich bestehende Bastion unter dem Rondell ausgelassen wurde. Darüber hinaus präsentiert die Darstellung den tatsächlichen Ausbauzustand des Hortus Palatinus gegen Ende des 17. Jahrhunderts. Beispielsweise lässt sich anhand der Quelle die Realisierung der Ellipsentreppe und des Brunnens oberhalb der Großen Grotte (im Plan *Grotte* genannt) sowie des Pomeranzenfeldes auf der Großen Terrasse (sternförmiges Gebilde am rechten Blattrand) belegen. Schließlich ist der Plan auch hinsichtlich der Wiedergabe der Stadtmaueranschlüsse an das Schloss und der Positionierung des Kanzleigebäudes

---

[56]   Vgl. ebd. S. 49.

Abb. 16 Kurpfälzisches Skizzenbuch, Heidelberger Kanzleigebäude und Schloss, um 1580

am Schlossweg[57] (im Plan *Cantzeley* genannt) von besonderem Interesse. Das südlich des Anwesens Kanzleigasse 1 zu lokalisierende, im Pfälzischen Erbfolgekrieg zerstörte Kanzleigebäude ist überdies auch in einer Federzeichnung des Kurpfälzischen Skizzenbuches dokumentiert (*Abb. 16*).

Obgleich die genannten Pläne offensichtlich nicht als Relikte aus dem kurfürstlichen Planarchiv in Frage kommen, so geben sie doch eine Vorstellung davon, welches Planmaterial dort vorgelegen haben muss. Neben Lageplänen, Entwürfen und Ausführungsplänen zu einzelnen Gebäuden und Baudetails werden im kurfürstlichen Planarchiv sicher auch Darstellungen auswärtiger Schlösser, Residenzen und Festungen sowie Planmaterial von Stadtbefestigungen und Landesfestungen gesammelt worden sein. So hat sich beispielsweise ein Plansatz von kurpfälzischen Stadtbefestigungen erhalten, die der kurpfälzische Festungsbaumeister Laurentius Engelhart für Friedrich V. erstellte (heute Bayerische Staatsbibliothek München)[58].

---

[57] Zu den Heidelberger Kanzleigebäuden siehe E. WIDDER, Kanzler und Kanzleien im Spätmittelalter. Eine Histoire croisée fürstlicher Administration im Südwesten des Reiches (Veröffentlichungen der Kommission für geschichtliche Landeskunde in Baden-Württemberg B 204). Stuttgart 2016, S. 420–424.

[58] *Grundriss von Orten der Untern Pfalz, welche in den Jahren 1618–1621 zu befestigen angefangen oder vorgeschlagen worden.* Bayerische Staatsbibliothek München, Cgm 1674.

Kurpfälzische Pracht und badische Bescheidenheit?
Die Hofbibliotheken in Mannheim und Karlsruhe

VON LUDGER SYRÉ

Man thut dem Hofe sehr unrecht, wenn man ihn einer allzustarken Sparsamkeit beschuldiget, bemerkte 1784 der brandenburgische Historiker Philipp Wilhelm Gercken nach seinem Besuch in Karlsruhe; Anlass zu diesem Gerücht, so meinte er, habe wohl die Mutter des Fürsten gegeben, *die, bey dem Anfall des Baden Badenschen Landes, die zugleich mitgeerbte enorme Schuldenlast klüglich zu mindern suchte und daher die Sparsamkeit einführte, ohne die der ganze Staat vielleicht zu Grunde gegangen wäre*[1]. Ob der Vorwurf der »allzustarken Sparsamkeit« in seiner Pauschalität zutrifft, soll hier nicht entschieden werden. Das Motiv der Sparsamkeit drängt sich freilich auf, wenn man beide Hofbibliotheken, die annähernd zu gleicher Zeit erbaut worden sind, miteinander vergleicht, erst recht, wenn man die beiden Schlösser in die Betrachtung einbezieht: Die Anlage des Karlsruher Schlosses ist wahrlich gegenüber der Dimension in Mannheim »bescheiden«.

Das Adjektiv »bescheiden« trifft leider aber auch auf die Quellenlage zur Karlsruher Hofbibliothek zu. Zwar gibt es auch über die Mannheimer Hofbibliothek keine monographische Gesamtdarstellung, doch mangelt es insgesamt nicht an Literatur über das Schloss und die Schlossbibliothek. Anders in Karlsruhe, wo keine moderne Baugeschichte des Schlosses, geschweige denn eine Geschichte der Schlossbibliothek existiert. Das gilt auch für das vorhandene Bildmaterial: Beide Schlossbibliotheken existieren heute nicht mehr, beide Schlösser wurden 1944 zerstört, aber vom Mannheimer Bibliothekssaal sind immerhin Vorkriegsaufnahmen erhalten.

Die Hofbibliothek im Schloss zu Mannheim

Ein Jahr nach dem Frieden von Rijswijk, der den auch für Mannheim verheerenden Pfälzischen Erbfolgekrieg beendete, wurde 1698 mit dem Wiederaufbau der Stadt begonnen. Kurfürst Karl Philipp verlagerte seine Residenz mitsamt seinem Hofstaat von Heidel-

---

[1] Philipp Wilhelm GERCKEN, Reisen durch Schwaben, Baiern, angränzende Schweiz, Franken und die Rheinischen Provinzen etc. in den Jahren 1779 – 1787. Theil 1: Von Schwaben und Baiern, Stendal 1783, S. 179.

Abb. 1 Mannheim, Bibliotheksportal mit dem Giebelrelief von Peter Anton von Verschaffelt

berg nach Mannheim und ließ an der Stelle des früheren Schlosses ein neues errichten[2]. 1720 wurde der Grundstein gelegt, 1731 konnte der Bauherr einziehen. Das in mehreren Etappen und unter Federführung verschiedener Baumeister errichtete Schloss war beim Regierungsantritt von Kurfürst Carl Theodor 1742 noch unvollendet. Das Corps de Logis mit den Repräsentationsräumen und die Seitenflügel des Ehrenhofs waren als erste fertig geworden. 1731 konnte die Schlosskirche, 1742 mit der Hochzeit Carl Theodors das Opernhaus eingeweiht werden. 1750 ordnete der Fürst den Ausbau des Ostflügels an, der die verschiedenen Sammlungen aufnehmen sollte und mit dem zehn Jahre später, um 1760, die dritte Bauperiode ihren Abschluss fand.

Neben dem Opernhaus, das von Alessandro Galli Bibiena, dem Schöpfer der Mannheimer Jesuitenkirche, errichtet worden war und zu jener Zeit als eines der schönsten

---

[2] Umfassend dazu und mit entsprechendem Bildmaterial: F. WERNER, Die Kurfürstliche Residenz zu Mannheim, Worms 2006. Beschreibung der Bibliothek S. 281–311.

galt, war es vor allem die Bibliothek, genauer gesagt der Bibliothekssaal, der von Zeitgenossen als einer der herrlichsten Räume des Schlosses gerühmt wurde. Er ist vor allem mit dem Namen von Nicolas de Pigage verbunden, einem begeisterten Vertreter des französischen Rokoko, 1721 in Nancy geboren, 1796 in Schwetzingen gestorben[3]. 1749 holte ihn Carl Theodor an den kurpfälzischen Hof nach Mannheim und machte ihn zum Intendanten seiner Bauten, seit 1752 im Amt des Oberbaudirektors. Nachdem er sich zum Weiterbau des Schlosses durchgerungen hatte, beauftragte der Kurfürst Pigage mit der Ausarbeitung von detaillierten Plänen und Kostenanschlägen für den Bibliotheks- und den Marstallflügel. Die dabei errechneten Summen erzeugten, so liest man, »eine solche Ernüchterung bei Hofe, dass die Frage der Einstellung des ´kostbaren Bauwesens´ ernstlich erwogen wurde«[4], zu der es dann glücklicherweise nicht kam.

Gemäß der symmetrischen Anlage des Schlosskomplexes bildete die Hofbibliothek das Pendant zur Hofkirche und entsprach dieser auch architektonisch: Der »Tempel der Wissenschaft« sollte dem »Tempel des Herrn« gegenüberstehen. In der Tat verweist das Giebelrelief über der Portalfassade, das von Peter Anton von Verschaffelt stammt, der von den Jesuiten zur Ausschmückung ihrer Kirche nach Mannheim gerufen worden war, auf einen Tempel. In der Interpretation von Friedrich Walter verherrlicht es »die Pflege der Künste und Wissenschaften, den technischen und kommerziellen Fortschritt in der Pfalz unter Karl Theodor«[5]. Auch Ferdinand Werner betont, dass es »jene Wissenschaften und Fertigkeiten, die der Konsolidierung und dem Wohlergehen des Staates dienen«, in den Vordergrund stellt[6] *(Abb. 1)*. Walter erkennt eine Gruppe allegorischer Frauengestalten, um die sich Putten scharen, »die mit allen möglichen Werkzeugen, Attributen und Erzeugnissen hantieren«; ansonsten aber herrsche über die Deutung einzelner symbolischer Beziehungen Meinungsverschiedenheit[7]. Eine schlüssige Interpretation liefert Werner, der vor allem auch die im Hintergrund sichtbaren Gebäude näher betrachtet und die einzelnen Motive als antike Chiffre deutet. Das dominierende Hauptmotiv erinnere an die Überreste des Leuchtturms von Alexandria und damit an jenen Ort, der die berühmteste Bibliothek der Antike beherbergt hatte: »Das Anspruchsniveau der Mannheimer Bibliothek war demzufolge hoch angesiedelt«[8].

Für die Ausgestaltung des Bibliothekssaales legte Pigage 1755 dem Kurfürsten fünf Alternativvorschläge vor, deren Kosten sich zwischen 14.000 und 39.500 Gulden bewegten. Carl Theodor soll sich anfangs für die preiswerteste Ausführung ausgesprochen haben, dann aber, unter gutem Zureden Pigages, für eine mittlere Lösung mit veranschlagten 23.000 Gulden. Bei dieser Summe blieb es dann freilich nicht, denn offenbar verstand es Pigage im Laufe der Zeit, sich immer mehr seinen Maximalvorstellungen anzunähern, so dass zu guter Letzt die Endrechnung offenbar höher lag als der teuerste

---

[3] Zu seinem Lebenswerk vgl. Nicolas de Pigage 1723–1796, Architekt des Kurfürsten Carl Theodor. Zum 200. Todestag, Hg. vom Stadtmuseum Düsseldorf, Köln 1996.
[4] F. WALTER, Mannheim in Vergangenheit und Gegenwart. Jubiläumgabe der Stadt. 1. Geschichte Mannheims von den ersten Anfängen bis zum Übergang an Baden, Mannheim 1907, S. 552.
[5] F. WALTER, Das Mannheimer Schloß, Karlsruhe 1922, S. 60.
[6] WERNER (wie Anm. 2), S. 301.
[7] Walter, Mannheim (wie Anm. 4), S. 554.
[8] WERNER (wie Anm. 2), S. 298.

Entwurf, was Walter zu der auch heute noch geltenden Lebensweisheit veranlasste: »... und so wiederholte sich im Bibliothekssaal eine Erfahrung, die beim ganzen Schloß, wie bei fast allen größeren Bauten älterer und neuerer Zeit gemacht werden konnte, wo große Wünsche des Bauherrn mit großen Ideen des Künstlers zusammentrafen«[9].

Den Bibliothekssaal des Mannheimer Schlosses umziehen auf drei Seiten und drei Stockwerken Bücherschränke. Die vierte Seite ist die Fensterfront mit sieben hohen Rundbogenfenstern im Stil von Kirchenfenstern und darüber liegenden runden Lichtöffnungen; die Front entspricht damit äußerlich ganz der Fensterseite der Schlosskirche. Die nach Norden gelegene Fensterwand wurde mit Stuckarbeiten verziert; die inneren Fensterleibungen weisen barocke Ziermalerei auf. Die Fenster der Stirnseite mussten aus Gründen der Symmetrie, aber auch aus Kapazitätsgründen ganz hinter der Bücherwand verschwinden.

Pigages Federzeichnung aus dem Jahr 1756 zeigt den einundzwanzigachsigen, dreigeschossigen Wandaufriss; zu erkennen sind auch die Pilaster mit Phantasiekapitellen, die die Bücherwand gliedern. Die umlaufenden, fein geschmiedeten Galeriegeländer sind goldfarben, und über dem Haupteingang in der Mitte der Längsseite prangt eine holzgeschnitzte, von einem Engel getragene Uhr. Rechts und links der Eingangstür stehen die von Verschaffelt entworfenen Büsten von Carl Theodor und Elisabeth Auguste, die sich im Münchener Residenzmuseum erhalten haben. Die Bücherregale wurden von den Bildhauern Matthäus van den Branden und Augustin Egell mit feinen Holzschnitzereien verziert: »Blumen und Bänder, Putten und Porträtmedaillons, Allegorien, Zweige und Blätter, kurz das ganze Füllhorn der Barockkunst ist über die Schränke ausgegossen«[10].

Im Sinne des barocken Gesamtkunstwerks wurden die Übergänge von den Bücherschränken zu den Wänden bzw. zur Decke ausgestaltet; alle Stuckaturen, auch die an der Fensterwand, sind weiß. Bei den Hermelin-Überhängen, die die Initialen des Fürstenpaares trugen, handelte es sich um Imitationen aus Holz. Die Bücherschränke stehen unmittelbar ohne Sockel auf dem von Franz Zeller kunstvoll entworfenen Parkettboden. Zeller fertigte auch die beiden ungewöhnlich großen Tische des Saales an.

Und über dem gesamten Saal breitete sich das größte Schmuckstück des Raumes aus, das gigantische, 10 x 25 Meter messende Deckengemälde. Obwohl für die Malerei ursprünglich nur 4.000 Gulden vorgesehen waren, wurde 1757 mit dem Düsseldorfer Maler und Galeriedirektor Johann Lambert Krahe ein Vertrag über die doppelte Summe abgeschlossen. An der Ausführung seines Entwurfes, den er dem Kurfürsten noch im gleichen Jahr zur Billigung vorlegte, waren, so vermutete schon Walter, angesichts der riesigen Dimension von rund 25 Metern Länge und 10 Metern Breite viele Gehilfen von Nöten, zumal das Bild bereits ein Jahr später vollendet war.

Was beschreibt Krahes Plafondgemälde? Lassen wir dazu den Mannheimer Bibliothekar Max Oeser zu Wort kommen: »In der leuchtenden Mitte des Bildes erhellt die ´Wahrheit´ als nackte, weibliche Gestalt mit der strahlenden Sonne die Welt. Kronos, die Zeit, hat die Wahrheit entschleiert und Künste und Wissenschaften, durch weibliche

---

[9] WALTER, Mannheim (wie Anm. 4), S. 556.
[10] O. EBERBACH, Alt-Mannheimer Baukunst, in: Mannheim und seine Bauten, Mannheim 1906, S. 21–70, hier S. 42.

Abb. 2 Mannheim, Östlicher Flügel des Schlosses mit der Bibliotheksfassade

Gestalten in mehr oder weniger bunten Gewändern versinnbildlicht, wallen der Wahrheit entgegen. Vorboten des Lichtes ragen auf der nördlichen Seite des Bildes über den Rahmen hinaus, die Entschleierung der Wahrheit der Welt verkündigend, während auf der westlichen Seite des Gemäldes symbolische Gestalten der Finsterniß den Rahmen des Bildes durchbrechen, als würden sie aus dem Himmel der Wahrheit herabgestürzt«[11].

Auf einem Spruchband an der Posaune des in der linken Galerieecke schwebenden Engels soll der Meister seine Künstlersignatur hinterlassen haben: *Lambert Krahe invenit et pinxit 1758.*[12] Dass er eine Glanzleistung ablieferte, dass er eine der schönsten Saalbibliotheken schuf, darin waren sich alle Kommentatoren einig. »Die Rokokokunst ist hier wie auch in der Ausschmückung der angrenzenden Säle bereits auf ihrem Höhepunkt angelangt oder hat ihn eigentlich schon überschritten, denn da und dort melden sich schon einzelne Vorboten des beginnenden Klassizismus«, lautete beispielsweise das Urteil Friedrich Walters[13] *(Abb. 2).*

In den gewölbten Erdgeschossräumen, unter der Bibliothek, fand das kurfürstliche Archiv seinen Aufbewahrungsort; in einem Vorraum und drei Räumen mit tiefen Nischen konnten die Regierungsakten und Urkunden diebstahlsicher und feuerfest gelagert werden. Im Erdgeschoss des Ostflügels des Schlosses waren zudem das Geschäftszimmer der Akademie der Wissenschaften, die Antikensammlung und das Naturalienkabinett untergebracht. Zwischen der Gemäldegalerie und der Bibliothek lag der Saal für das Münzkabinett, der zu den schönsten des ganzen Schlosses überhaupt gezählt wurde und wie folgt beschrieben wird: »Die Decke, die reichen Holzschnitzereien, die monumental aufgefaßten Türen und Leydendorffs Reliefmalereien in den Surporten, alles decent beleuchtet, ergibt einen vornehmen Gesamteindruck. Unwill-

---

[11] M. OESER, Geschichte der Stadt Mannheim. Neue, bis zur Gegenwart erg. Ausg. Mannheim 1908, S. 196f.
[12] Laut WALTER, Mannheimer Schloss (wie Anm. 5), S. 62.
[13] Ebd. S. 65.

kürlich wird der Betretende von einer weihevollen Stimmung erfaßt und richtig vorbereitet für den Glanzpunkt Pigage´scher Dekorationskunst im Schloß, den großen Bibliothekssaal«[14]. Die Surporten waren Nachahmungen von Alabasterreliefs, in Gresaillenmanier gemalt von dem 1758 zunächst als Theatermaler in kurpfälzische Dienste getretenen Tiroler Künstler Franz Anton Leydensdorff.

Infolge des Anwachsens der Hofbibliothek wurden 1781 die Räume des Münz- und Medaillenkabinetts und der Schatzkammer der Hofbibliothek zugeschlagen, die darin ihre Handschriften und anderen wertvollen Stücke aufbewahrte; erst viel später wurde das Münzkabinett zum Lesezimmer der öffentlichen Bibliothek. Die sowohl in diesem Raum als auch im großen Bibliothekssaal zu sehenden Rokoko-Ornamente stammten aus der Werkstatt von Giuseppe Antonio Albuccio, der als Hofstuckateur bis zu seinem Tod in kurpfälzischen Diensten stand. Auch seine Rechnungen wurden um ein Vielfaches teurer als ursprünglich vorgesehen.

Schließlich sei noch erwähnt, dass es im Schloss Mannheim eine weitere Bibliothek gab, nämlich die Kabinettsbibliothek der Kurfürstin Elisabeth Auguste, die den linken, östlichen Flügel des Corps de Logis bewohnte. Für sie musste Pigage 1755 nach einem Erlass Carl Theodors eine Bibliothek einrichten, die zu einem Juwel unter den Schlossräumen wurde (und die sich erhalten hat!): »Reichstes Rokoko ist über die Wände und Decke gebreitet. Duftige Malereien von Philipp Hyronymus Brinkmann, hell gestrichene Holzschnitzereien der Hofbildhauer Augustin Egell und Johann Matthäus van den Branden, Stukkaturen von Guiseppe Antonio Albuzio wirken zu einem entzückenden, intimen Interieur zusammen. Je zwei Bücherregale an der Kaminwand und zwischen den Fenstern sind hinter gemalten Leinwandtüren verborgen«[15]. Wenn die in die Wand eingelassenen Bücherschränke geschlossen waren, entstand der Eindruck eines vornehmen Salons. Die Kurfürstin besaß rund 1.000 Bücher, meist erbaulichen oder unterhaltenden Inhalts. Auch Carl Theodor hatte sich für den persönlichen Gebrauch eine Privatbibliothek mit Schöner Literatur in verschiedenen Sprachen zusammengestellt[16].

Als Zwischenbilanz lässt sich sagen: Die Mannheimer Schlossbibliothek nahm in der Geschichte des europäischen Bibliotheksbaus eine Sonderstellung ein: »Weder gibt es ein direktes Vorbild noch zeitgleiche Parallelbeispiele«[17]. Krahes Deckengemälde, aber auch Parkett, Schnitzerei, Stuck und Vergoldung ließen den Bibliothekssaal zu einem der repräsentativsten und schönsten seiner Art und zu einem Höhepunkt barocker Bibliotheksarchitektur werden. Womit ließ sich ein solch aufwendiges Kunstwerk rechtfertigen? Eine Frage, die zu seinem Erbauer führt.

---

[14] EBERBACH (wie Anm. 10), S. 41.
[15] WALTER, Mannheimer Schloss (wie Anm. 5), S. 45 und WALTER, Mannheim (wie Anm. 4), S. 556.
[16] W. SCHIEBEL: Die Hofbibliothek Carl Theodors und ihr Umfeld, in: Lebenslust und Frömmigkeit. Kurfürst Carl Theodor (1724–1799) zwischen Barock und Aufklärung. Handbuch (Band I), Regensburg 1999, S. 325–336, hier S. 332.
[17] WERNER (wie Anm. 2), S. 288.

Carl Theodor und seine Bibliothek

Durch den Tod Karl Philipps 1742 wurde Carl Theodor zum Kurfürsten von der Pfalz und Herzog von Neuburg und Jülich-Berg. Seine 56-jährige Regierungszeit mag manche Defizite aufweisen, aber alle Historiker und Biographen stimmen darin überein, dass Carl Theodor, der Kunst und Wissenschaft mehr als aufgeschlossen gegenüber stand, schon zu Lebzeiten als Musenfürst gefeiert wurde und in kulturpolitischer Hinsicht für alle seine Territorien ein unglaublicher Segen war[18]. Mannheim entwickelte sich zu einem über die Reichsgrenzen hinaus angesehenen »deutschen Athen«, wofür die wissenschaftlichen und künstlerischen Sammlungen ebenso stehen wie das Deutsche Nationaltheater, die Mannheimer Hofkapelle, die Kunstakademie mit dem berühmten Antikensaal, die Akademie der Wissenschaften mit der Sternwarte und der meteorologischen Klasse, die Deutsche Gelehrte Gesellschaft zur Erforschung der deutschen Sprache und schließlich die Vollendung der riesigen Schlossanlage und weiterer Gebäude und Kirchen in der Stadt.

Dass auch Schwetzingen, Heidelberg und Frankenthal sowie Düsseldorf als Hauptstadt der Herzogtümer Jülich und Berg und schließlich München als künftige Residenz von Carl Theodors Kulturpolitik in höchstem Maße profitierten, soll hier nur am Rande erwähnt werden – die Liste der auf ihn zurückgehenden Institutionen, Bauten und Gärten würde den Rahmen sprengen.

Mit dem Aufbau einer umfassenden, wissenschaftlich und bibliophil geprägten Büchersammlung orientierte sich Carl Theodor an dem Vorbild Kurfürst Ottheinrich von der Pfalz, dem Schöpfer der Bibliotheca Palatina als der »Mutter aller Bibliotheken«. Von dieser war nach den Verlusten des 17. Jahrhunderts[19] freilich nicht viel übrig geblieben, so dass sie 1706 neu begründet werden musste. Wie viele Bücher Carl Theodor von seinen Vorfahren erbte und wann diese nach Mannheim kamen, ist nicht bekannt. Ganz sicher konnte er aber als Grundstock für seine Bibliothek auf die Hausbibliotheken der Linien Pfalz-Neuburg und Pfalz-Sulzbach aufbauen.

Durch ein umfassendes Erwerbungsprogramm, das den gezielten Kauf einzelner Werke ebenso vorsah wie den Ankauf ganzer Sammlungen, vermehrte der Kurfürst seine Bibliothek in den folgenden Jahrzehnten in rasanter Weise. Neben der Privatbibliothek des katholischen Theologen Johann Nicolaus Weislinger mit 5.000 Drucken sind hier vor allem die Bücher der aufgelösten französischen und deutschen Jesuitenkollegien zu nennen und insbesondere die Sammlung des 1764 von Carl Theodor in Mannheim aufgenommenen französischen Jesuiten François-Joseph Desbillons, der in den folgenden Jahren mit Hilfe seines Gönners eifrig weitersammelte und bei seinem Tod 1789 rund 17.000 Bände hinterließ; mit 6.000 war er in Mannheim angekommen[20].

---

[18] Vgl. z. B. P. FUCHS, Carl (IV.) Theodor, in: Neue Deutsche Biographie, Band 11, Berlin 1977, S. 252–258.

[19] 1623: Abtransport nach Rom, 1693: Vernichtung der neuaufgebauten Sammlung im Zuge der französischen Zerstörung Heidelbergs.

[20] Zu der nahe liegenden Frage, warum Desbillons neben der Hofbibliothek eine eigene Bibliothek aufbaute, vgl. SCHIEBEL (wie Anm. 16), S. 331f. Die Sammlung Desbillons blieb in Mannheim und befindet sich heute in der Universitätsbibliothek. Eine frühe Beschreibung

Nach einer Zählung im Jahre 1755 hatte die Hofbibliothek Carl Theodors inzwischen einen Umfang von 21.500 Bänden erreicht, 15.000 waren es bei Beginn seiner Regierungsübernahme gewesen. 1766 lag, folgt man den Angaben in der Literatur[21], der Umfang bei rund 31.570 Werken, zehn Jahre später bei 36.840 und nach dem Ankauf von 9.000 Dissertationen und kleineren Abhandlungen 1787 lag der Bestand 1794 bei rund 80.000 Bänden. Als nach kriegsbedingten Auslagerungen während der französischen Revolutionskriege 1801 eine Bestandsrevision anstand, wurde der Gesamtbestand mit 100.000 Bänden angegeben, eine in der älteren Literatur häufig anzutreffende Größenangabe. Selbst wenn man sie nach neueren Berechnungen nach unten korrigiert, nämlich auf 85.000 Bände[22], so zeugt dieses Wachstum, das übrigens vom Verlust der Residenzfunktion unberührt blieb, vom enormen Engagement des Kurfürsten (Abb. 3).

Nach achtjähriger Bauzeit wurde 1758 der Bibliothekssaal vollendet und beziehbar, der ein Fassungsvermögen von schätzungsweise 45.000 Bände hatte, wenn man rechnet, dass die 116 Schränke jeweils 8 oder 9 Regalböden hatten, auf denen durchschnittlich 45 Bände Platz fanden[23]. Ab etwa 1780 reichte der Saal somit nicht mehr aus, alle Bücher unterzubringen, so dass einzelne Bestandsgruppen in Nebenräume ausgelagert werden mussten. Die Verteilung der Bücher auf die drei Stockwerke erfolgte nach einer groben fachlichen Zuordnung und orientierte sich zudem an der Benutzungserwartung. In der untersten Abteilung stand die historische Literatur; in der zweiten Abteilung, also auf der ersten Galerie, wurden die Bücher zur Philosophie und zu den Schönen Wissenschaften aufgestellt und auf der zweiten Galerie standen die theologischen und die juristischen Werke. Nach einer Zählung des Jahres 1766 setzte sich der Bestand fachlich wie folgt zusammen: Geschichte 37,8 %, Theologie 17,5 %, Schöne Literatur 15,2 %, Recht 10,5 % und die übrigen Wissenschaften einschließlich Philosophie, Naturwissenschaften, Medizin und Technik 19 %.

Der erhalten gebliebene handschriftliche Katalog aus dem Jahre 1755, der für die fachliche Aufschlüsselung wenig brauchbar ist, gibt Aufschluss über die zeitliche Bestandsschichtung. Demnach entfiel etwa die Hälfte der Titel auf Drucke des 17. Jahrhunderts, ein Sechstel auf Titel des 15. und 16. Jahrhunderts und der Rest auf neuere Publikationen; dass dieser Anteil in der zweiten Hälfte des 18. Jahrhundert kontinuierlich wuchs, versteht sich. Das Titelverzeichnis von 1755 lässt zudem erkennen, dass die lateinische Sprache vor dem Deutschen und dem Französischen eindeutig dominierte – ein Hinweis auf den gelehrten und universalen Charakter der Bibliothek, für den Mannheimer Bibliothekshistoriker Wolfgang Schiebel aber auch ein Zeugnis für die »beinahe professionelle, für einen Fürsten ganz ungewöhnliche Gelehrsamkeit und Literaturkenntnis«. Denn auch wenn er seit 1756 mit dem aus Lothringen stammenden, ihm später nach München folgenden Abbé Nicolas Maillot de la Treille einen hauptamtlichen Bibliothekar beschäftigte, dem später weiteres Personal zur Seite gestellt wurde, kann

---

stammt von M. OESER, Kurzer Führer durch die Bibliothek Desbillons und die ihr angeschlossenen Büchersammlungen, Mannheim 1926.

[21] WALTER, Mannheim (wie Anm. 4), S. 611 ff.
[22] SCHIEBEL (wie Anm. 16), S. 326.
[23] Ebd. S. 329.

Abb. 3 Mannheim, Barocker Bibliothekssaal von Nicolas de Pigage mit dem Deckengemälde von Johann Lambert Krahe

kein Zweifel bestehen, dass die Erwerbungspolitik vom Fürsten persönlich bestimmt wurde. Seiner Bibliothek floss ein jährlicher Neuerwerbungsetat von 3.000 bis 4.000 Gulden zu, von dem allerdings auch der Einband einen großen Teil verschlang. Die angekauften Bücher wurden nämlich oft ohne Einband geliefert, damit die Buchdeckel mit dem Wappen bzw. den Initialen des Fürsten geschmückt werden konnten, vor allem aber, damit sie einheitlich und passend zu den übrigen Büchern und den farblichen Vorgaben der Schlossbibliothek eingebunden wurden: Nur so konnte die barocke Saalbibliothek zu einem Gesamtkunstwerk werden.

Zweifellos war Carl Theodor ein großer Liebhaber von Büchern; und zeitgenössische Künstler haben ihn auch als solchen verstanden, wenn sie ihn, vor einem Bücherregal sitzend, porträtiert haben. Doch es wäre zu kurz gegriffen, in ihm nur den Bibliophilen zu sehen. Vielmehr war er durchdrungen vom Geist der Aufklärung; seine 1753 einsetzende Beziehung zu Voltaire wird nicht ohne Einfluss geblieben sein. Wenn als Motiv für das Deckengemälde im Bibliothekssaal »Die Entschleierung der Wahrheit« gewählt wurde, dann korrespondiert dieses Bild sehr passend mit dem Motto *Veritas suprema lex esto*, die Wahrheit soll das oberste Gebot sein, mit dem die Statuten der kurpfälzischen Akademie der Wissenschaften eingeleitet wurden.

Als Carl Theodor am 15. Oktober 1763 die Gründungsurkunde und die Satzungen unterschrieb, wurde seine Residenzstadt auch zu einem geistigen Zentrum. Der naheliegende Gedanke, die Akademie mit der Universität Heidelberg zu verbinden, fand wohl deshalb keine Berücksichtigung, weil die Universität damals keine überzeugende Rolle spielte und zudem eher als Ort der Lehre und des studentischen Studiums gesehen wurde, während im Mannheimer »Tempel der Wissenschaft« Gelehrte von Rang und Namen forschen sollten. »Sie hatte ein Glied in der Kette all der künstlerischen und wissenschaftlichen Bestrebungen zu bilden, die nach bekanntem Muster zur Dekoration des Thrones dienten. Ferner aber: hier in Mannheim standen ihr bedeutende Sammlungen und wichtige Hülfsinstitute zur Verfügung – die bereits vorhandenen: Bibliothek, Antiquarium, Archiv, Münzsammlung, Gemäldesammlung, Naturalienkabinett, und die bald darauf neu geschaffenen: botanischer Garten, physikalisches Kabinett, Sternwarte, Statuensaal – sie alle sollten ihre Studien unterstützen«[24].

Nach dem Muster anderer Akademien gliederte sich die Mannheimer Akademie, die anfangs nicht mehr als 10, später 15 Mitglieder haben sollte, in eine historische und eine naturwissenschaftliche Klasse. Der Ausbau der Hofbibliothek zu einer universalen wissenschaftlichen Gebrauchsbibliothek – und eben nicht nur zu einem musealen Bücherschatz – diente damit ganz wesentlich der Literaturversorgung der Akademiemitglieder, und da in der Geschichtsschreibung ihre Hauptaufgabe lag, standen die historischen Bücher in den untersten Schränken des Bibliothekssaales. In diesem Universum hielten die Mitglieder der Akademie ihre Sitzungen ab: »Der Glanz der Bücher und die ebenso reiche wie geschmackvolle Ausstattung des großen Saales erhoben die wissenschaftlicher Arbeit gewidmete Stätte zu einem prestigeträchtigen Symbol der Vermählung von Wissen und Herrschaft«[25].

Und in diesem Raum sangen die Mannheimer Akademiemitglieder, darunter als Ehrenpräsident der Straßburger Geschichtsprofessor Daniel Schöpflin, das hohe Lied auf ihren fürstlichen Mäzen, wie beispielsweise Andreas Lamey 1765: *Für ihre Liebe zu Gelehrsamkeit und Bildung werden die pfälzischen Kurfürsten mit Namen Ruprecht, Ludwig, Philipp, Ottheinrich und Karl Ludwig gepriesen ... Wie schmeichelhaft, wie dauerhaft, wie verbreitet wird der Ruhm Carl Theodors sein, der in der Kenntnis der Sprachen, Künste und Wissenschaften und zugleich in der Förderung ihrer Wiederherstellung und Sicherung jene alle schon längst übertroffen hat?*[26]

Akademie und Hofbibliothek wurden von Carl Theodor auch personell eng verzahnt: Unter den ersten zehn ordentlichen Akademiemitgliedern war der erste Hofbibliothekar Abbé Nikolaus Maillot de la Treille; und lebenslanger Sekretär und Geschäftsführer der Akademie war der zweite Hofbibliothekar, der Historiker Andreas Lamey.

Der barocke Prachtsaal der Bibliothek war *die* Sehenswürdigkeit, die viele Bibliotheksreisende nach Mannheim führte und dadurch Eingang in die Reiseliteratur des 18.

---

[24] WALTER, Mannheim (wie Anm. 4), S. 599.
[25] SCHIEBEL (wie Anm. 16), S. 334.
[26] Ebd.

und 19. Jahrhunderts fand. Während Philipp Wilhelm Gercken, der um 1785 die Pfalz bereiste, die Buchaufstellung beschrieb und den Mangel an wertvollen alten Codices zutreffend mit der späten Gründung sowie den Kriegsverlusten der pfälzischen Vorgängerbibliotheken begründete, störte sich Daniel Schubart 1773 an der Büste Voltaires direkt am Eingang *als wäre er der Gott, der über alle Weisheit zu präsidieren verdiente*[27], und Sophie von la Roche kritisierte in ihren Briefen über Mannheim, Prunk und Weisheit passten irgendwie nicht zusammen[28].

Die Verlegung der Residenz und der Abtransport der Sammlungen

Als mit dem Tod Maximilians III. Joseph 1777 die kurbayerische Linie der Wittelsbacher erlosch, fiel Carl Theodor die bayerische Kurwürde zu. 1778 verlegte er zum Entsetzen der Mannheimer Bevölkerung die Residenz nach München. Für die Mannheimer Künste und Wissenschaften bedeutete die Verlagerung des Hofes zunächst einmal keine tiefgreifende Zäsur. Die Akademie der Wissenschaften wirkte weiter; sie erlebte erst durch die Kriege im Gefolge der Französischen Revolution einen deutlichen Niedergang und wurde schließlich 1803, nach 40-jährigem Bestehen, mit der Bayerischen Akademie der Wissenschaften, mit der sie um die finanziellen Mittel konkurrierte, zusammengelegt.

Für die Hofbibliothek wurde der Übergang der rechtsrheinischen Pfalz an Baden 1802 zum entscheidenden Datum. Bislang war von einem Abzug der Büchersammlung keine Rede gewesen. »Die Frage des Abtransports nach München wurde erst akut, als Carl Theodors Nachfolger Max IV. Joseph 1802 auf napoleonische Weisung Mannheim mit einem großen Teil der rechtsrheinischen Pfalz an Baden abtreten musste«[29]. Als die Absicht bekannt wurde, die wertvollen Sammlungen nach München überführen zu lassen, im November 1802, kam es zu einer kleinen Machtprobe der bayerischen mit den badischen Kommissären, welche angeblich den Auftrag hatten, notfalls mit Hilfe des badischen Militärs den Abtransport zu verhindern. Sie versiegelten in der Nacht vom 14. zum 15. November die Türen der Schlossräume und bewachten sie. Als jedoch Max Joseph den Einmarsch bayerischer Truppen androhte, entschuldigte sich Karl Friedrich für die nächtlichen Ereignisse und verzichtete, um einen Krieg zu vermeiden, im Dezember 1802 freiwillig auf die badischen Besitzansprüche[30].

Da an dieser Stelle die jüngere Gegenwart aufleuchtet, nämlich der badische Kulturgüterstreit des Jahres 2006, bietet sich eine kurze Randnotiz an. Die bayerische Seite berief sich 1802 darauf, dass die Sammlungen, darunter die Hofbibliothek, zum Hausfideikommiss gehörten, während die badische Seite sie als Staatsgut ansah, das im Land zu verbleiben hätte. Den Mannheimer Vorfall von 1802 deuteten die Sachverständigen

---

[27] Nach WALTER, Mannheim (wie Anm. 4), S. 612.
[28] Ebd.
[29] H. MEYER, Die Entwicklung des Mannheimer Bibliothekswesens bis zur Gründung der Öffentlichen Bibliothek 1870, in: Mannheimer Hefte (1962) 2, S. 8–17, hier S. 11.
[30] So die Schilderung bei OESER (wie Anm. 11), S. 609f. Zu diesem Vorgang vgl. auch W. KREUTZ, Mannheim wird badisch, in: A. KOHNLE (Hg.), ... so geht hervor ein' neue Zeit. Die Kurpfalz im Übergang an Baden 1803, Ubstadt-Weiher 2003, S. 197–206, hier S. 203.

des Markgrafen 2007 in ihrem Positionspapier als Argument gegen das Pertinenzprinzip. Dem hielt die Expertenkommission des Landes entgegen, dass die Mannheimer Hofbibliothek zur Regentenausstattung gehört habe, also *kein* Privatbesitz des Fürsten gewesen sei und es wegen der unrechtmäßigen Überführung nach München beinahe zur militärischen Auseinandersetzung gekommen wäre[31].

Der größte Teil der Bibliothek mit ihren damals 100.000 Bänden und den Schwerpunkten in Geschichte und Naturwissenschaften wurde 1803 in die neue Residenzstadt überführt und ging dort in der Bayerischen Staatsbibliothek auf. Nur ein Zehntel des Bestandes[32] verblieb in Mannheim; Max Joseph schenkte sie großzügig der Stadt, die sie ihrerseits dem neuen Landesherrn übereignete. Die Bücher gelangten unter Aufsicht des Mannheimer Lyzeums, doch 1857 beanspruchte sie Karlsruhe doch und ließ rund 7.000 Bände in die Großherzogliche Hofbibliothek bringen. Der Rest von weniger als 3.000 Bänden, überwiegend Bücher der Theologie und Jurisprudenz, verblieb als Dauerleihgabe des Großherzogtums Baden im Bibliothekssaal des Mannheimer Schlosses. Er gelangte in die Obhut der 1870 gegründeten Öffentlichen Bibliothek der Bürgerschaft, die seit 1921 als Städtische Schlossbücherei, seit 1954 als Wissenschaftliche Stadtbibliothek fungierte, bevor sie 1971 nahezu vollständig zugunsten der Universitätsbibliothek aufgelöst wurde[33]. Für einen gewissen Ausgleich hatte die bereits erwähnte Bibliothek Desbillons mit 17.000 Bänden gesorgt, die heute kostbarster Besitz der UB Mannheim ist.

Die Hofbibliothek im Schloss zu Karlsruhe

Wäre die Entwicklung in der Kurpfalz anders verlaufen, besäße Mannheim heute vielleicht eine aus der einstigen Hofbibliothek hervorgegangene (Kur-)Pfälzische Landesbibliothek. Die Entwicklung in Baden verlief zwar auch nicht ungestört und ganz geradlinig, aber aus der früheren Hofbibliothek ging immerhin die heutige Badische Landesbibliothek hervor. Zu ihrem Schicksal (und beinahe ihrem Ende) wurde nicht der Abtransport, sondern die kriegsbedingte Zerstörung der Sammlung.

Die markgräfliche Büchersammlung, deren Entstehungszeit man gewöhnlich um das Jahr 1500 ansetzt und als deren erster Aufbewahrungsort die Stiftskirche zu Pforzheim gilt, wurde entscheidend mitbestimmt von der dynastischen Entwicklung Badens, also der Teilung in die beiden Linien Baden-Durlach und Baden-Baden 1527 und der Wiedervereinigung beider Linien 1771. Beide Residenzschlösser beherbergten Büchersammlungen, doch scheint die räumliche Unterbringung in sowohl in Durlach und als auch in Baden-Baden bis heute weitgehend ungeklärt geblieben zu sein, was auch für das in Rastatt erbaute Schloss gilt, in das die Baden-Badener Büchersammlung verlegt wurde; immerhin wird der südliche Ehrenhofflügel dieser Anlage als »Bibliotheksbau um 1700« bezeichnet.

---

[31] Hierzu D. MERTENS/V. RÖDEL, Sine ira et studio? Eine Nachlese zum »Badischen Kulturgüterstreit« 2006–2009, in: ZGO 162 (2014), S. 471–503, hier S. 486f.
[32] Laut MEYER, Entwicklung (wie Anm. 29), S. 11 exakt 9.555 Bände.
[33] Beschrieben von H. MEYER, Einhundert Jahre Mannheimer Schlossbücherei, in: Mannheimer Hefte (1971) 1, S. 40–51.

Vergleicht man die beiden Schlösser in Mannheim und Karlsruhe miteinander, dann stechen die Unterschiede ins Auge. Das von Karlsruhes Stadtgründer Markgraf Karl Wilhelm 1715 begonnene, von Architekt Jakob Friedrich von Batzendorf erbaute Schloss war offenbar bei Karls Tod 1738 schon so schadhaft, dass ein Neubau erwogen wurde, für den übrigens auch der Mannheimer Baumeister Nicolas de Pigage einen bemerkenswerten Entwurf beisteuerte. Der Auftrag ging dann allerdings an den badischen Baudirektor Albrecht Friedrich von Kesslau, der unter dem Einfluss des Stararchitekten des Barock, Balthasar Neumann, stand.

Ausgehend vom dritten Entwurf Neumanns zog Kesslau die bisherige Bausubstanz in seine Aus- und Umbaupläne ein, denn man war in Karlsruhe ja betont sparsam[34]. Angeblich habe schon Karl Wilhelm es vorgezogen, lieber »in einem einfachen Schloß zu wohnen und ohne Schulden zu sein, als einen prächtigen Palast vorzeigen zu können und seine Untertanen zu belasten.« Sein Nachfolger Karl Friedrich habe sich dieser Maxime angeschlossen, zumal die Baden-Durlacher nicht das Glück hatten, »reiche Ehen zu schließen und mit der Mitgift ihrer Gemahlinnen Mittel für prunkvolle Paläste zu besitzen, wie z. B. der Vetter in Rastatt«[35] *(Abb. 4)*.

Gemäß seinem Programm von 1755 entwarf Kesslau zwei äußerlich gleiche Nebengebäude, die sich an die beiden Pavillons an den Schlossecken anschließen sollten, nämlich im Westen der Küchenbau und im Osten der Bibliotheksbau, beide jeweils durch einen *Communications-Gang* über die Parktore hinweg mit dem Corps de Logis verbunden. Der Vorschlag, nach dem Vorbild anderer Fürstenhöfe wie beispielsweise Mannheim beim Schloss eine Bibliothek einzurichten, geht laut Arthur Valdenaire auf den Geheimrat Johann Jakob Reinhard zurück, der Markgraf Karl Friedrich davon überzeugen konnte, die bislang noch im Markgräflichen Hof zu Basel lagernden, dort aber Platz versperrenden 5.000 Bücher nach Karlsruhe zu holen und zusammen mit den Durlacher Büchern zum Grundstock einer stattlichen Bibliothek werden zu lassen[36].

Nach dem von Kesslau entworfenen Plan stellte der badische Werkmeister Johann Heinrich Arnold, ursprünglich Zimmermann, dann fürstlicher Bauaufseher, seit 1755 Mitglied des markgräflichen Bauamtes, einen Kostenvoranschlag für das zweistöckige Bibliotheksgebäude auf. Als das Haus dann im Juni 1760 im Rohbau fertig war, gelangte man zu der Erkenntnis, dass es wohl nicht ausreichen würde. Da mit Blick auf die Höhe des Schlossgiebels eine Aufstockung nicht in Frage kam, wurde rechtwinklig ein Seitenbau mit den gleichen Maßen von 100 Fuß Länge und 50 Fuß Breite angesetzt, der weitere markgräfliche Sammlungen aufnehmen sollte. Für die Ausführung des Gebäudes brauchten die beteiligten Maurer, Steinhauer, Schreiner und sonstigen Handwerker sage und schreibe ein volles Jahrzehnt, so dass erst 1765 mit dem Einzug der Bücher begonnen werden konnte. Diese wurden von Basel auf Lastkähnen den Rhein hinunter trans-

---

[34] Vgl. hierzu R. STRATMANN-DÖHLER, Zur Baugeschichte des Karlsruher Schlosses, in: »Klar und lichtvoll wie eine Regel«. Planstädte der Neuzeit vom 16. bis zum 18. Jahrhundert. Eine Ausstellung des Landes Baden-Württemberg, Karlsruhe 1990, S. 279–296.

[35] R. STRATMANN-DÖHLER, Auftraggeber und Bauvorhaben am badischen Hof, in: R. STRATMANN-DÖHLER/ W. WIESE, Ein Jahrhundert Möbel für den Fürstenhof. Karlsruhe, Mannheim, Sankt Petersburg 1750–1850, Sigmaringen 1994, S. 43–48, hier S. 43.

[36] A. VALDENAIRE, Die Kunstdenkmäler der Stadt Karlsruhe. Der Stadtbau und der Schlossbezirk. Aus dem Nachlass hg. von J. KLEINMANNS, Petersberg 2014, S. 201.

Abb. 4   Karlsruhe, Östliches Nebengebäude des Schlosses von Albrecht Friedrich von Kesslau

portiert bis Schröck (seit 1883 Leopoldshafen) und dann auf Pferdefuhrwerke umgeladen.

In dem neuen Gebäude, das häufig als Apothekenflügel bezeichnet wird, weil sich im Erdgeschoss die Hofapotheke befand, musste sich die Bibliothek mit dem hinteren Teil des Obergeschoss begnügen, denn im vorderen Teil befanden sich noch Wohnräume von Hofbediensteten. Im Parterre war neben der Apotheke das Naturalienkabinett untergebracht. Die Hauseingänge lagen unter dem Bogengang sowie an der Ostseite. Die Hauptfront war durch einen drei Achsen breiten Mitteltrakt ausgezeichnet, in der Mitte war ein Balkon, mit reichgeschmiedetem Gitter verziert, der auf der Rückseite sein Pendant hatte, aber ansonsten fehlte dem Gebäude jeglicher Schmuck. »In ihrer einfacheren, aber doch würdigen Außenarchitektur sind diese Nebenbauten derjenigen des Schlosses angepasst«, schreibt Emil Gutman. »Mit ihren hohen, mit Ziegeln gedeckten Satteldächern leiten sie vom Schloß einerseits zu den niederen Marställen, andererseits den Orangerien vermittelnd hinüber.«[37]

Sowohl von dem Küchen- als auch von dem Bibliotheksbau sind offenbar keine Pläne erhalten[38]. Da auch so gut wie kein Bildmaterial vorhanden ist, müssen wir uns mit verbalen Beschreibungen begnügen, zunächst mit einer knappen von Emil Gutman, dem

---

[37] E. Gutman, Das Grossherzogliche Residenzschloss zu Karlsruhe, Heidelberg 1911, S. 75.
[38] Ebd. S. 74.

Bauhistoriker des Schlosses: »Das Obergeschoss nahmen Bibliotheksräume ein. In dem vorderen Flügel waren Zimmer für Archivalien und der Lesesaal, im anderen der große Bibliothekssaal mit einem mit reizvollen Stukkaturen ausgestatteten, kuppelgeschmückten Rondell in der Mitte. In den anstoßenden vier kleinen Kabinetten fanden Münzen, wertvolle Manuskripte ... Altertümer, Basreliefs und andere seltene Kunstgegenstände Platz«[39].

Etwas ausführlicher fiel die Bibliotheksbeschreibung aus, die der Hofbibliothekar Friedrich Valentin der Ältere[40] 1786 im Hof- und Staatskalender veröffentlichte:

Der 94 Schuhe lange und 48 Schuhe breite, mit 20 Fenstern beleuchtete Büchersaal, der in einem Nebengebäude hinter dem rechten Pavillon des Schlosses steht, ist in zwölf offene Kammern auf beiden Seiten abgetheilt, zwischen denen der Gang des Saales ist ... In dem Mittel des Saales unter der mit Stukaturarbeit verzierten Kuppel steht ein langer Tisch mit Metall eingefaßt und mit schwarzem Leder überzogen. Hier, wo die ganze Breite des Saales sich öffnet, sind in den vier Winkeln eben so viele verschlossene Kabinette angebracht, in deren erstem die Handschriften, im andern die Sammlung von Münzen und Alterthümern, im dritten und vierten aber die Kunstwerke und Kostbarkeiten verwahret werden.

Jede Kammer hat einen vergoldeten Schild sowohl an der vordern als innern Seite, worauf mit goldenen Buchstaben in blauem Grunde verzeichnet ist, welches Fach von Wissenschaften sie enthält ... Die erste Kammer enthält also die zur Theologie gehörigen Bücher ... Die zweite und dritte Kammer ist der Rechtsgelehrsamkeit gewidmet ... In der vierten Kammer ist alles begriffen, was zur Arzneykunde, der Zergliederungs- und Wundarzneykunst, wie auch zur Pharmacie, Chemie und denen davon unzertrennlichen Hülfswissenschaften der Naturlehre und Naturgeschichte zu zählen ist ... Von den übrigen Kammern sind zwo der Philologie, vier der Historie und ihren Hülfswissenschaften, der Erdbeschreibung, Geschlechterkunde, Zeitlehre und Diplomatik angewiesen[41].

Dass der markgräflich badische Hofbibliothekar 1786, also rund 20 Jahre nach Bezug des Bibliotheksbaus, noch immer mit dem Ordnen und Aufstellen der Bücher beschäftigt war, lag daran, dass die Bibliothek inzwischen deutlich vermehrt worden war. Nach der Zusammenlegung der beiden Markgrafschaften im Jahr zuvor waren nämlich 1772 rund 8.000 Bände hinzugekommen, die bislang als Baden-Badener Hofbibliothek im Rastatter Schloss aufbewahrt worden und dort seit 1767 auch benutzbar gewesen waren. Die in den folgenden Jahren signifikant anwachsende Hofbibliothek – 1790 hatte sie bereits ca. 30.000 Werke – geriet endgültig in Raumnot, als die Säkularisation für einen Zustrom an Handschriften und Drucken aus den aufgehobenen badischen Klöstern sorgte. Diese konnten weder angemessen untergebracht noch vom Bibliothekspersonal

---

[39] Ebd.
[40] Zu ihm und seinen Söhnen als Hofbibliothekare und Wissenschaftler vgl. R. FÜRST, Friedrich Valentin Molter. Ein Beitrag zur Bibliotheks- und Gelehrtengeschichte Südwestdeutschlands, in: Der badische Hofkapellmeister Johann Melchior Molter (1696–1765) in seiner Zeit. Dokumente und Bilder zu Leben und Werk, Karlsruhe 1996, S. 263–301.
[41] Die Hofbibliothek, in: Badenscher gemeinnüziger Hof- und Staatskalender für das Jahr 1786, S. 129–139, hier S. 129–135. Der Artikel erschien anonym, doch wurde Molter als Autor identifiziert.

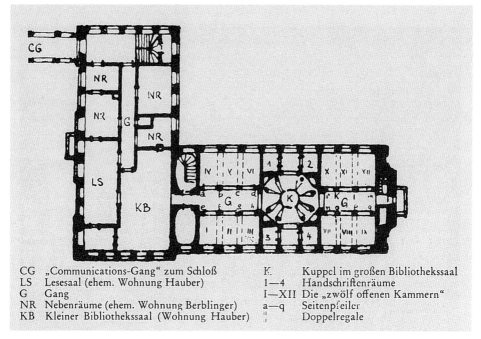

CG	„Communications-Gang" zum Schloß	K.	Kuppel im großen Bibliothekssaal
LS	Lesesaal (ehem. Wohnung Hauber)	1—4	Handschriftenräume
G	Gang	I—XII	Die „zwölf offenen Kammern"
NR	Nebenräume (ehem. Wohnung Berblinger)	a—q	Seitenpfeiler
KB	Kleiner Bibliothekssaal (Wohnung Hauber)	ǁ	Doppelregale

Abb. 5   Karlsruhe, Grundriss der Bibliothek im ersten Obergeschoss

adäquat bearbeitet werden; der Vorwurf *größter Unordnung* ließ nicht lange auf sich warten[42] (*Abb. 5*).

Von seinem Dienstherrn dazu aufgefordert, schlug der badische Baudirektor Friedrich Weinbrenner 1804 nicht nur die Ausdehnung der Bibliothek auf den bisher durch Wohnungen genutzten vorderen Teil des Obergeschosses vor, sondern auch die Erweiterung der Regalkapazität durch die Aufstellung zusätzlicher Schränke. In Absprache mit Friedrich Valentin Molter erklärte er, *daß ohne Nachtheil der Hofbibliothekshalle und ohne dem Ansehen des Inneren zu schaden noch füglich vor die acht ganze und acht halbe Seitenpfeiler 5´ breite, 13´´ tiefe und 9´ hohe, mit 6 Schäften übereinander versehene Bücherschränke, die sodann den Zwischenraum der schon vorhandenen Bücherschränke in eine Art von Cabinette verwandeln würden, angebracht werden könnten*. Weinbrenner hoffte, auf diese Weise Platz für weitere 4.500 Bücher zu schaffen und damit dem Raummangel *für mehrere Jahre* abzuhelfen – freilich eine Illusion[43].

---

[42] Ausführlich zu dieser Bibliotheksepoche K. HANNEMANN, Geschichte der Erschließung der Handschriftenbestände der Reichenau in Karlsruhe, in: H. MAURER (Hg.), Die Abtei Reichenau. Neue Beiträge zur Geschichte und Kultur des Inselklosters (Hegau-Bibliothek 28), Sigmaringen 1974, S. 159–252.

[43] P. WEINACHT, Zur Geschichte der Badischen Landesbibliothek, Karlsruhe 1933 (erw. Sonderabdr. aus: Badischer Beobachter, Beil. »Tag des Buches«, 20. März 1933, S. 8).

Schauen wir auf das Ergebnis der Umbauten zwischen 1804 bis 1806, dann nahm die Hofbibliothek nun das gesamte Obergeschoss des Apothekenflügels und Teile des Mezzanins zwischen Parterre und Obergeschoss ein und gliederte sich in folgende Räume: Vom Treppenhaus und Eingang führte ein Gang in den Kleinen und dann weiter in den Großen Bibliothekssaal. Dieser war symmetrisch angelegt: je sechs *offene Bücherkammern* befanden sich rechts und links des Mittelgangs, sechs vor und sechs hinter dem kuppelüberwölbtem Mittelraum, an den die vier Handschriftenkammern grenzten. Molters zweiter Amtsnachfolger, sein Sohn Friedrich Molter der Jüngere, hat 1838 das Resultat des Umbaus der Hofbibliothek wie folgt beschrieben:

Sie verbreitet sich nunmehr über den ganzen obern Stock des mit dem linken [!] *Flügel des Schlosses durch einen Bogen und Gang verbundenen Nebengebäudes, und ist in drei Sälen, sechs größeren und kleineren Zimmern auf demselben Geschoß und noch zwei kleinen Zimmern im Zwischenstock vertheilt ... Der ältere und größte Saal, welcher von beiden* Seiten *durch Fenster erhellt wird und das erste Local der Bibliothek war, hat die zweckmäßige Einrichtung, daß die Bücherschäfte von der Mauer zwischen den Fenstern herwärts gegen die Mitte des Saales hin in gerader Richtung aufgestellt sind, wodurch man die sparsamste Benutzung des Raumes zugleich mit der nöthigen Beleuchtung der Bücher zu verbinden suchte. Die Mitte des Saales ziert eine durch zwei Öffnungen erhellte Kuppel. Eine ähnliche Einrichtung ließ sich bei der Erweiterung des Locals nicht anwenden, sondern es wurden aus früheren Wohnzimmern und einem Theile der Hausflur zwei neue Säle hergerichtet, worinn die Repositorien an den Wänden umher angebracht sind. Der eine ist für die Lesenden und für die Beschäftigungen der Bibliothekare bestimmt, der andere faßt die neu hinzugekommenen theologischen und kirchengeschichtlichen Bücher in sich. An diese drei Säle stoßen die meisten andern Zimmer und Cabinette an; einige aber sind durch einen Gang getrennt*[44].

Weinbrenner hatte zudem vorgeschlagen, an der Gangseite des großen Saals rechtwinklig zu den vorhandenen Regalen weitere Gestelle aufzustellen, was Molter in seiner Darstellung ebenso unerwähnt ließ wie die Notwendigkeit, die Bücherböden doppelreihig zu belegen. Das alles führte dazu, dass an eine geordnete systematische Aufstellung des Bestandes von inzwischen etwa 70.000 gedruckten Bänden und mehr als 1.000 Handschriften nicht zu denken war, so dass letztlich die wissenschaftliche Brauchbarkeit der gesamten Bibliothek in Frage gestellt war.

Bedenkt man, dass im *Bibliothekslokal* in den *verschlossenen Cabinetten* auch die Münzsammlung und die Antiken-, Kunst- und Pretiosensammlung untergebracht waren, wird verständlich, dass die Hofbibliothek, auch wenn sie realistische Aussicht auf die Flächen der Hofapotheke hatte, unter wachsender Raumnot litt, die nach einer grundlegenden Lösung verlangte – aber diese kam erst mit der Errichtung des Großherzoglichen Sammlungsgebäudes in den 1870er Jahren. Im Herbst 1873 konnte die Bibliothek mit ihren inzwischen 110.000 Bänden den Umzug zum Friedrichsplatz beginnen, doch dieses Gebäude wurde in der Nacht vom 2. auf 3. September 1942 in Schutt und

---

[44] Zit. nach G. RÖMER, Der Bericht des Hofbibliothekars: Friedrich Molters Beschreibung der großherzoglichen Sammlungen in Karlsruhe aus dem Jahre 1838, in: B. SCHNEIDER (Hg.), Bücher, Menschen und Kulturen. Festschrift für Hans-Peter Geh zum 65. Geburtstag, München 1999, S. 214–228, hier S. 225.

Abb. 6   Karlsruhe, Ehemaliger Bibliothekssaal (mit den Einrichtungen des Scheffelmuseums als Nachnutzer)

Asche gebombt, und mit ihm ca. 360.000 Bücher.[45] Der im Zweiten Weltkrieg ebenfalls zerstörte Bibliotheksflügel des Schlosses diente nach dem Auszug der Hofbibliothek zunächst als sog. Absteigequartier für den Erbgroßherzog Friedrich und seine Verlobte[46] und später dem Scheffelmuseum. Aus dieser Zeit stammt ein Foto, das die Bücherkammern VII bis IX zeigt und erkennen lässt, wie klein und wie kleinräumig die Bibliothek gewesen ist. 1962 kamen dann wieder Bücher ins Haus, nämlich die vereinigte Büchersammlung von Badischem Landesmuseum und Staatlicher Kunsthalle (*Abb. 6*).

Es ist vermutet worden, dass sich die Anordnung der Bücherregale der Karlsruher Hofbibliothek rechtwinklig zu den Fenstern und Rücken an Rücken an englischen Vor-

---

[45]   Ausführlich hierzu L. Syré, Die Badische Landesbibliothek im Zweiten Weltkrieg – Untergang und Neuanfang, in: ZGO 154 (2006), S. 493–515.
[46]   Nach F. Hirsch, Die badischen Schlösser. in: E. Fehrle (Hg.), Die Großherzöge Friedrich I. und Friedrich II. und das badische Volk, Karlsruhe 1930, S. 103–126, hier S. 105f.

bildern orientiert habe⁴⁷. Dieses Magazinsystem ist 1816, also erst sehr viel später, von dem italienischen Architekten Leopoldo Della Santa beschrieben worden und gilt als Idealplan einer Bibliothek mit zweckgerichteter Dreiteilung in Magazin, Verwaltungs- und Benutzungsräume. Die Repositorien standen dabei zu beiden Seiten des Saales jeweils zwischen Fensterwand und Mittelpfeilern, so dass Nischen entstanden, die von den Fenstern ausgeleuchtet wurden. An die Stelle des prächtigen, auf repräsentative Wirkung abhebenden Barocksaales trat ein eher nüchterner, auf Zweckmäßigkeit und Kapazität zielender Bibliotheksraum. Mit der Abkehr von der Saalbibliothek, zunächst vor allem in England und Frankreich vollzogen, wurde eine bisher nicht gekannte Fassungskraft erreicht, die von der im 19. Jahrhundert stark ansteigenden Literaturproduktion auch geradezu erzwungen wurde.

Es soll nicht unerwähnt bleiben, dass sich im Corps de Logis, in der Zimmerflucht von Caroline Luise ein Zimmer befand, das im Grundriss des Schlosses als Bibliothek ausgezeichnet war. Offensichtlich besaß die Markgräfin Caroline Luise, ähnlich wie Elisabeth Auguste in Mannheim, hier eine kleine Privatbibliothek. Nach Valdenaire existierte »in neuerer Zeit« in der Wohnung der Großherzogin eine Bibliothek im Obergeschoss, etwa in der Mitte des Westflügels Richtung Süden⁴⁸. Und in einem Reisebericht des Jahres 1791 wird erwähnt, dass es neben der öffentlichen Bibliothek noch die Handbibliothek des Markgrafen gebe, »*welche besonders die vorzüglichsten Werke der neuern englischen, französischen, italienischen und deutschen Geschichtsschreiber, Philosophen und Politiker enthält. Auch aus dieser werden auf besondere Veranlassung den dortigen Gelehrten Einige zum Gebrauche erlaubt*⁴⁹.

Welchen Zwecken diente die Karlsruher Hofbibliothek? Folgt man Molter, dann verdankt sie Ursprung und Wachstum *der huldvollen Neigung zu Wissenschaften und nützlichen Künsten, die dem markgräflichen Hause angestammt zu seyn scheinet*⁵⁰. Markgraf Karl Friedrich habe die Bücher aus dem Markgräflichen Hof zu Basel, wo sie nicht genutzt wurden, nach Karlsruhe bringen und dort mit einem Teil der fürstlichen Handbibliothek sowie der Kanzleibibliothek vereinigen und zum öffentlichen Gebrauch aufstellen lassen. Die von ihm 1771 unterzeichnete, in lateinischer Sprache gedruckte Benutzungsordnung war an beiden Türflügeln der 1765 eröffneten Bibliothek angeschlagen⁵¹. In jenem Jahr wurde übrigens auch die unentgeltliche Abgabe von Freiexemplaren angeordnet, Vorläuferin des späteren Pflichtexemplarrechts. 1829 wurde die Verordnung in deutscher Sprache erneuert: *Hiernach wird sie wöchentlich zwei Mal dem gebildeten Publikum geöffnet, Mittwochs und Sonnabends, Vormittags von 10 bis 12,*

---

[47] U. WEBER, Der Bibliothekssaal im östlichen Nebengebäude des Karlsruher Schlosses, ein Vorläufer des modernen Büchermagazins, in: Beiträge zur geschichtlichen Landeskunde – Geographie, Geschichte, Kartographie – Festgabe für Ruthardt Oehme zur Vollendung des 65. Lebensjahres, Stuttgart 1986, S. 194–199, hier S. 193; U. WEBER, Unterkünfte der Badischen Landesbibliothek in vergangenen Zeiten, in: Bibliotheksbau heute (Zeitschrift für Bibliothekswesen und Bibliographie. Sonderheft 33), Frankfurt 1981, S. 83–97, hier S. 87.
[48] A. VALDENAIRE, Das Karlsruher Schloss, Karlsruhe 1931, S. 57.
[49] Friedrich Leopold BRUNN. Briefe über Karlsruhe. Neu hg. von G. RÖMER, Karlsruhe 1988, S. 113 [zuerst 1791].
[50] Die Hofbibliothek (wie Anm. 41), S. 129.
[51] Text abgedruckt in: Die Hofbibliothek (wie Anm. 41), S. 130–132.

an jedem Ort in unterschiedlicher Weise vergegenwärtigt und in Bilder von konkreten Wissenschaften und vielfältigem Wissen übersetzt.

Der hier thematisierte ikonografische Vergleich geht Übereinstimmungen und Unterschieden drei dieser Bildprogramme nach. Ein früherer Vergleich von Emblemen in drei Bibliotheken hat gezeigt, dass gerade dieser methodische Zugang wiederum für das je einzelne Objekt erhellend sein kann[3]. Im heutigen Baden-Württemberg wurden innerhalb etwa eines Jahrzehnts drei Klosterbibliotheken fertiggestellt: Wiblingen, St. Peter auf dem Schwarzwald und Schussenried. Der Bibliotheksraum in der vormaligen Prämonstratenserabtei Weissenau gehört baugeschichtlich wie Salem ins frühe 18. Jahrhundert. Die Bibliothek von Ochsenhausen, eine weitere erhaltene Klosterbibliothek in Baden-Württemberg, markiert mit ihrer Ausstattung bereits den Übergang zum Klassizismus. Nur Weissenau kommt wegen der späteren Teile seiner Ausmalung in der Nähe zu Schussenried im Folgenden noch in den Blick. Als regional nahe liegende barocke Vergleichsräume böten sich in Bayern die Bibliotheken von Dillingen, Roggenburg, Neresheim und in der Schweiz St. Gallen[4] an.

In der Literatur wurde schon früher darauf verwiesen, dass die Auftraggeber der Bibliothek von Schussenried die etwa zehn Jahre zuvor fertig gestellte von Wiblingen kannten, da die beiden Klosteranlagen letztlich auf einen Ursprungsplan zurückgehen[5]. Man kann annehmen, dass der st. petrische Abt Philipp Jakob Steyrer bei der Fertigstellung seines Bildprogramms angesichts der nicht weit entfernten Besitzungen in Bissingen seinerseits Wiblingen kannte und man in Schussenried dann neben Wiblingen auch Kenntnisse von St. Peter hatte, wo nach dem Tod von Benedikt Gambs Franz Ludwig Hermann, der Sohn und Schüler des Malers von Schussenried, den größten Teil des Bildprogramms ausführte. Darüber hinaus wird man davon ausgehen können, dass die Inventoren, die Erfinder der Bildprogramme als »Standardliteratur« das Buch des Jesuiten Claude Clemant von 1635 zur Ausstattung von Bibliotheken, Cesare Ripas Iconologia (1593) oder den Mundus Symbolicus von Picinelli (1687) gekannt haben. Eine wichtige Grundlage war das im Bestand von Schussenried nachgewiesene Stichwerk über Architektur und Malereien der Wiener Hofbibliothek[6]. Schließlich brachten auch die Künstler durch Abbildungen oder Besuche in anderen Gebäuden ihre Ideen ein[7]. Der

---

[3] H.-O. MÜHLEISEN, Der »Hintersinn« der Bilder. Embleme barocker Klosterbibliotheken: Rätsel und Argument, in: E. RUDOLPH/Th. STEINFELD (Hgg.), Machtwechsel der Bilder, Zürich 2012, S. 245–271.

[4] E. TREMP, Die barocken Konzilsbilder in der Stiftsbibliothek St. Gallen, in: Schweizer Zeitschrift für Religions- und Kulturgeschichte 2015, S. 159–181.

[5] F. PURRMANN, Wiblingen und Schussenried. Baugeschichte und baupolitische Beziehungen zweier oberschwäbischer »Escorial-Klöster« im 18. Jahrhundert, in: Zeitschrift des deutschen Vereins für Kunstwissenschaft 54/55 (2000/2001), S. 199–237, hier S. 236.

[6] Beleg bei C. BÖHM, Franz Georg Hermann. Der Deckenmaler des Allgäus im 18. Jahrhundert, Diss. Phil. München1968, S. 138; Böhm (S. 177) macht auch darauf aufmerksam, dass Gambs und Franz Ludwig Hermann Vorbilder aus den Arbeiten von Franz Georg Hermann hatten. Insofern gehört wohl auch die Verpflichtung F. L. Hermanns als Nachfolger des während der Arbeiten in der Bibliothek verstorbenen Gambs in St. Peter in das Geflecht der Malerfamilien.

[7] So sähe beispielsweise ein möglicher »Wissenstransfer« aus: Gottfried Bernhard Götz, der früh mit dem Programm der Admonter Bibliothek in Verbindung stand, war zeitglich an der

Abb. 1 Außenansicht der Bibliothek in Wiblingen, Nordseite

Abb. 2 Außenansicht der Bibliothek in Schussenried, Südseite

Abb. 3   Außenansicht der Bibliothek St. Peter, Westseite

Prozess von der ikonografischen Idee eines Bildprogramms bis zur vollendeten Realität zog sich oft über einen längeren Zeitraum hin[8].

Zwar orientieren sich zwei der drei Bibliotheken nicht streng an Vitruvs Vorgabe, dass Bibliotheken gegen Osten gerichtet sein müssten, *denn ihre Benutzung erfordert Morgensonne*[9], aber das äußere Erscheinungsbild der drei Bibliotheken bestätigt die Aussagen der Literatur, dass sie deutlich als eigene Baukörper erkennbar sind. Und alle drei entsprechen der Vorgabe, dass Bibliotheken wegen der Bodenfeuchtigkeit nicht im Erdgeschoss, sondern in einem der oberen Stockwerke eingerichtet werden müssen. Die größeren Anlagen, Wiblingen und Schussenried, plante man daher im zweiten Obergeschoss ein. »Die architektonische Einbettung der Bibliothek in die Mitte eines Flügels ist eine Erfindung des 18. Jahrhunderts«[10]. Als Mittelrisalit, mit Mansarddach und einem

---

    Ausmalung der Birnau, als deren Baumeister Peter Thumb auch mit der Fertigstellung der Bibliothek in St. Peter befasst war.

[8] Exemplarisch: H.-O. MÜHLEISEN, Das Birnauer Thesenblatt, in: B. M. KREMER (Hg.), Barockjuwel am Bodensee. 250 Jahre Wallfahrtskirche Birnau, S. 115–132.

[9] VITRUV, Zehn Bücher über Architektur, Darmstadt 1964, S. 281. Schon Vitruv warnte davor, dass Feuchtigkeit in Räumen, die nach Westen und Süden liegen, die Bücher durch Schimmel verdirbt.

[10] J. MAY, Die Bibliothek des Benediktinerklosters Wiblingen, Ulm 2002, S. 17.

Abb. 4 Ausgangsportal
der Bibliothek St. Peter

zusätzlichen Stockwerk ausgebildet, wird die Außenseite in Wiblingen und Schussenried durch jeweils drei übereinanderliegende Fenster siebenachsig gegliedert (*Abb. 1 und 2*). Wenn dies als Anspielung auf die sieben Gaben des Heiligen Geistes gedeutet wird, fällt St. Peter mit nur sechs Fenstern auf den ersten Blick aus dieser Deutung heraus. Freilich verbirgt sich hinter dem ersten Fenster nördlich des eigentlichen Baukörpers das Treppenhaus der Bibliothek, und als einziges durch dezente Schmuckformen hervorgehoben, unterscheidet es sich von den folgenden, sodass auch dieses noch der Bibliothek zuzurechnen ist (*Abb. 3*). In Wiblingen und Schussenried dehnen sich die Bibliotheken zur Beleuchtung durch die beiden Längsseiten über die gesamte Breite des Flügels aus und sind damit über die Gänge des restlichen Flügels jeweils von zwei Seiten, d. h. sowohl von der Prälatur als auch vom Gästeflügel aus zu betreten. Das erleichterte den Zugang wohl selbst für weibliche Gäste. In St. Peter dagegen verläuft vor der Ostseite der Biblio-

Abb. 5   Bibliotheksportal Wiblingen

thek der obere Gang der Klausur. Allerdings war auch hier die Bibliothek ursprünglich zweiseitig beleuchtet, da erst als Reaktion auf die Brandkatastrophe von St. Blasien 1767 die Fenster zugemauert und mit illusionistischer Malerei versehen wurden. Von den oberen Fenstern sind, in eine spätere Dachkonstruktion einbezogen, die Laibungen noch zu finden.

Möglicherweise waren auch in St. Peter ursprünglich Eingänge an den Querseiten vorgesehen. Dadurch, dass man in der realisierten Variante quasi auf dem Gang an der Bibliothek vorbeikommt, erübrigte sich eine aufwendige äußere Portalkonstruktion. So unterscheidet sich hier die Eingangstür kaum von den Türen der Mönchszellen, während man im Innern wie in den anderen Bibliotheken auf einen mit den Wappen der beiden Bauherren aufwendig gearbeiteten Ausgang trifft (*Abb. 4*). In Wiblingen und Schussenried dagegen geht man auf die Eingangstüren zu, die am Ende des Ganges bereits Themen bezogen ikonografisch gestaltet sind. In Wiblingen empfängt den Besucher im zweiten Obergeschoss ein zweitüriges, prächtig marmoriertes und durch die Schräg-

Abb. 6 Bibliotheksportal
Schussenried

stellung vorgelagerter Pilaster mit Bandvoluten optisch hinführendes Portal, über dem in einer Rocaillekartusche das Motto der Bibliothek steht: *In qua omnes thesauri sapientiae et scientiae [absconditi sunt]* (In ihr liegen alle Schätze der Weisheit und der Erkenntnis verborgen). Diese Aussage bezieht sich im Brief an die Kolosser (2,3) auf Christus, wurde aber hier – durch eine Änderung von *quo* auf *qua* – auf die Bibliothek bezogen (*Abb. 5*). Auch in Schussenried war der Zugang vom Gästeflügel aus (der heutige kommt aus der ehemaligen Klausur) mit einem biblischen Motto versehen (Joh., 5,39): *Scrutamini scripturas* (Ihr durchforscht die Schriften) – der Text fährt fort: »weil ihr meint, in Ihnen das ewige Leben zu haben; gerade sie legen Zeugnis über mich ab«. Nimmt man nur das Motto selbst, so klingt es wie eine Einladung; stellt man es in den Kontext des ganzen Satzes, enthält es eine Vorgabe zur Interpretation der Forschung in den Büchern der Bibliothek (*Abb. 6*).

Schauen wir uns zunächst die Programme der beiden »schwäbischen« Bibliotheken in ihrer zeitlichen Abfolge und anschließend die »badische« Bibliothek mit einer ganz eigenen Baugeschichte an. Die Bibliothek des 1093 als Grabkloster der Grafen von Kirchberg von St. Blasien aus gegründeten Benediktinerklosters Wiblingen wurde in einem Zug als Teil des Nordflügels zwischen 1744 und 1750 hergestellt[11]. Das Wappen des Bauherren, Abt Meinrad Hamberger (1730–1762), findet sich am unteren südlichen Rand des Gewölbefreskos. Die Bauleitung lag bei Vater und Sohn Wiedemann aus dem nahen Elchingen. Die Ausmalung schuf Franz Martin Kuen aus dem ebenfalls nahen Weißenhorn, der 1744, erst 25jährig, zum Abschluss dieses Teils seiner Arbeit am unteren östlichen Rand des Gewölbefreskos signierte. Die Skulpturen schreibt man dem Holzbildhauer Dominikus Hermengild Herberger aus Legau im Allgäu zu. Pläne, Entwürfe oder schriftliche Fassungen des Bildprogramms sind nicht bekannt.

Beim Eintreten erschließt sich ein rechteckiger, durch eine Galerie in zwei Geschosse unterteilter Saal, der mit 23 Meter Länge und 11,5 Meter Breite präzise im Verhältnis 2:1 konzipiert ist. Die Höhe von 7,70 Meter beträgt ein Drittel der Länge. Beschriftungen, die den Trost der heiligen Bücher, die Wissenschaft des Heils und das Vergehen der Frevler in der Finsternis verkünden, finden sich über den Türen. Hinter einer von ihnen verbirgt sich ein Schrank. Benannt mit ihren Ehrentiteln werden auch die Kirchenlehrer unter der Empore. Der Blick wird zum ovalen Deckenbild in einem Muldengewölbe emporgezogen, das in seiner Form in Kontrast zum Rechteck des Raumes steht. Überspielt wird die rechteckige Grundform durch Wölbungen und eine Scheinbalustrade, die den realen Raum überhöht und öffnet. In der Stuckplastik Gaspare Molas setzt sich das Programm des Deckenbildes mit in Putten verkörperten Darstellungen von Künsten und Wissenschaften fort[12]. In Anspielung auf astronomisches Wissen findet man in den Ecken vier Himmelsgloben, deren Sternbilder auf unterschiedliche antike und christliche Benennungen verweisen und ein Welt umspannendes Verständnis des Bildprogramms andeuten mögen[13]. Einen rhythmisierenden Hauptaktzent bilden die insgesamt 32 Säulen, von denen die eine Hälfte als Einzelsäule in rotbraunem Stuckmarmor ausgebildet ist und die andere Hälfte in Blaugrün als Doppelsäulen mit einem gemeinsamen Sockel gleichsam als Rahmen für acht allegorische Figuren dient (*Abb. 7*).

Das ovale Deckenbild mit insgesamt acht Szenen ist konzentrisch angelegt und wird daher in Rundumsicht gelesen. Das Zentrum und damit der Ausgangspunkt der Geschichte und ihrer Deutung ist das Bild der göttlichen Weisheit. Sie erscheint personifiziert, rötlich gewandet und umgeben von einem Wolkenkranz und einer Reihe von Engeln, Vermittlern der göttlichen Botschaft, einer davon mit einem Spiegel. Hinter ihrem Kopf sieht man den dreieckigen Nimbus; in ihrer Rechten hält sie das Lamm auf dem schon aufgeschlagenen Buch mit den sieben Siegeln, die Linke stützt sie auf einen Schild mit der Geisttaube. Vor diesem hält ein Putto einen Helm. In der Verbindung führt das Ensemble zu Epheser 16: »Bei alledem ergreift den Schild des Glaubens, mit dem ihr alle feurigen Pfeile des Bösen auslöschen könnt! Nehmt auch den Helm des Heils und das Schwert des Geistes, das ist Gottes Wort«. Die »Engel, welche die Weisheit

---

[11] P. D. VOLZ, Die Klosterbibliothek Wiblingen, in: I: KESSLER WETZIG u. a., Kloster Wiblingen, Ulm 1993, S. 67–90; MAY, Wiblingen (wie Anm. 10); I. MÜNCH, Kloster Wiblingen, München/Berlin 1999.
[12] L. ALTMANN, Ulm-Wiblingen, Ehemalige Benediktinerabtei, München/Zürich ⁵1995, S. 20.
[13] MAY, Wiblingen (wie Anm. 10), S. 51–53.

Abb. 7 Bibliothekssaal von Wiblingen

rahmen, verherrlichen durch Buchgelehrsamkeit, durch irdische Reichtümer und geistliche Würden die Weisheit; Weisheit […] ist in ihnen verkörpert«[14]. Die Bildsprache um diese Gestalt, deren rötliches Gewand assoziativ zu Aurora, der Göttin der Morgenröte, der Personifizierung des neuen Lichts führt, lässt auch die Erinnerung an mittelalterliche Darstellungen des Heiligen Geistes als Frau wach werden. In der ostkirchlichen Tradition wird das noch deutlich, wo der Hl. Geist als »Mutter aller Geschöpfe« bezeichnet wird und in der syrischen und armenischen Taufliturgie heißt es, dass die Menschen aus dem Mutterschoß des Heiligen Geistes geboren werden. Der Geist, »ruach« ist im Hebräischen und den westsemitischen Sprachen immer weiblich (*Abb. 8*).

Neben der Mittelszene ist das Deckenbild »symmetrisch in vier hochaufragende Architekturkulissen und vier dazwischen gesetzte Landschaftsszenarien aufgegliedert«[15]. Der Blick nach Osten führt im Paradies mit dem zentralen Motiv des Sündenfalls zu dem mit dem Beginn der Heilsgeschichte unmittelbar verbundenen Heilsverlust. In der gegenüberliegenden Darstellung wird gleichsam die Rückgewinnung des Heils durch die Missionierung der Benediktiner in allen Erdteilen in Szene gesetzt. Über der Sieges-

---

[14] MAY, Wiblingen (wie Anm. 10), S. 39; auch in der Stiftsbibliothek Melk (1732 von Paul Troger gemalt) bildet, als Religion bezeichnet, eine Frauengestalt mit Panzer, Helm und Schild das Zentrum des Deckenbildes. Ähnlich findet sich eine vom göttlichen Geist erfüllte Weisheit mit Helm und Schild, ebenfalls von Paul Troger gemalt, im Stift Zwettl.
[15] C. SANDTNER, Klöster in Oberschwaben, München 2014, S 19.

Abb. 8   Sapientia Dei in Wiblingen

palme entdeckt man ein kleines Kreuz mit der Erinnerung an die Wiblinger Kreuzreliquie, ein Hinweis auf den Baum des Heils, dem Baum der Versuchung auf der gegenüber liegenden Seite entgegengesetzt. Der Blick des Besuchers, der die Bibliothek vom Gästeflügel aus betrat, fiel als erstes auf den Sündenfall. Der aus der Klausur kommende Mönch sah zuerst das von den Benediktinern in die Welt gebrachte Heil.

In der Querachse werden antike, profane Wissenschaft und christliche Weisheit einander gegenüber gestellt – immer wieder wurde dies als *connubium* (Vermählung, Zusammengehörigkeit) von Glauben und Wissenschaft unter dem Vorzeichen göttlicher Weisheit gedeutet. Das *connubium* gehört zu den grundlegenden Ideen, wie sie in Entwürfen für Bibliotheksprogramme festgehalten sind[16]. Die südliche Mittelgruppe zeigt den Berg Helikon, auch Parnass genannt mit dem Pferd Pegasus als Quelle der Inspiration an der Spitze. Bis zur Übertragung der Musen nach Delphi durch Apollo galt der Parnass als deren Heimat. Darunter findet man die neun Allegorien der antiken Mythologie, Astronomie, Geometrie, Philosophie, Malerei, Bildhauerei, Geschichtschreibung, Tonkunst, Mathematik und Heilkunst. Interpretiert werden die Allegorien auch als die

---

[16]   H. Tietze, Programme und Entwürfe zu den großen österreichischen Deckenfresken, Wien 1911. Für das Stift St. Florian ist ausdrücklich als Thema festgehalten »die Vermählung von Wissenschaft und Tugend unter der Schirmherrschaft der Religion«.

Abb. 9   Die sieben Gaben des Geistes in Wiblingen

sieben freien Künste, ergänzt um Malerei und Skulptur. Die beiden größeren Gestalten werden als heidnische Religion und Poesie erklärt. Das Gegenstück zum Musenberg ist der Berg Zion oder Gottesberg. Das ihn krönende Lamm, hier auf dem noch versiegelten Buch, hat wie gegenüber Apollo einen Strahlennimbus. Um den Berg lagern hier die sieben Gnadengaben des Heiligen Geistes: Weisheit und Verstand, Rat und Stärke, Erkenntnis und Frömmigkeit sowie Gottesfurcht (*Abb. 9*). Diese Gruppe, sonst in Bibliotheksprogrammen eher selten, wurde zehn Jahre später eben so nach Schussenried übertragen. Als unten abschließende Personifizierungen findet man hier Glaube und Hoffnung. Das Wappen des Bauherrn ist unter dem Parnass, das des Konvents unter dem Zionberg angebracht.

Zwischen diese vier Gruppen sind vier weitere wiederum antithetisch eingefügt: nach Süden die antike heidnische Geisteswelt, nach Norden das Wirken des Benediktinerordens. In der südöstlichen Gruppe steht im Zentrum die Begegnung von Alexander dem Großen und Diogenes in seiner Tonne, dessen Hund die Laterne im Maul hält (*Abb. 10*). Unterhalb der Empore findet man in diesem Bereich der Bibliothek die Tugend der Mäßigung und die Figur der Askese – ein Anhaltspunkt, wie sich Sinnbezüge auch senkrecht durch die verschiedenen Themenreihen durchziehen. Folgt man der Leserichtung, so trifft man in der historischen Abfolge in der südwestlichen Szene auf die Geschichte Roms, wo wiederum ein großer Herrscher, hier Kaiser Augustus, mit der Verbannung

Abb. 10   Diogenes in Wiblingen

des Ovid in Spannung zu der ihn umgebenden Poesie gezeigt wird. Die Gründe für die Verbannung Ovids sind nicht bekannt. Möglicherweise wurde er Opfer einer politischen Intrige. Der Grund, diese Szene in das Bildprogramm aufzunehmen, könnte aber darin liegen, dass Augustus als Repräsentant für eine sichere politische Ordnung steht, die sich nicht durch freies Denken in Frage stellen lässt. Als Pendant in der nordwestlichen Ecke findet man die Aussendung der Benediktiner zur Missionierung Englands durch Papst Gregor den Großen im Jahr 596. Die hier präsenten Schweizer Gardisten gab es damals freilich noch nicht. In der Gegenüberstellung der beiden Szenen ergibt sich ein Bild der Welt, deren Ordnung durch das Zusammenwirken von Kaiser und Papst vorgegeben ist. Die vierte Szene in der Nordostecke führt in die Zeit um 1500, als der spanische König Ferdinand II. Benediktiner mit der Mission Amerikas beauftragt, die ihrerseits bereits auf einer Landkarte die Reise vorbereiten. Dass Ferdinand derjenige König war, der Juden und Mauren aus Spanien vertrieben und die Inquisition eingeführt hatte, wird dem Inventor des Bildprogramms bewusst gewesen sein. Man könnte diese Szene als die Fortführung der Idee eines christlichen Weltbildes lesen: zunächst die Missionierung der alten Welt, dann bald ein Jahrtausend später die der Neuen Welt. Unterhalb dieser Gruppe finden sich die Tugend der Klugheit und die Allegorie des Gehorsams, wiederum ein Hinweis auf den senkrechten Themenbezug.

Die zweite Gruppe der Wiblinger Bilderwelt findet man an der Hohlkehle und an der Empore. Hier seien nur genannt die Symbole der Astronomie als kosmische Ordnung, die vier schönen Künste und die vier Elemente, schließlich die beiden Skulpturen von königlicher Herrschaft im Osten und bürgerlicher Ordnung im Westen. Gegenüber der königlichen Macht mit Krone, Zepter und Reichsadler trägt sie den Erdball in der Hand

Abb. 11   Kirchenvater Augustinus in Wiblingen

und auf dem Kopf das republikanische Zeichen der Mauerkrone der Stadtgöttin Kybele. Die drei Zyklen mit insgesamt 16 Bildern an der Unterseite der Empore hat Kuen erst nach seiner Rückkehr aus Rom 1750 gefertigt. Die vier Kardinaltugenden, Mäßigung, Tapferkeit, Klugheit und Gerechtigkeit, sind ein häufiges Thema in Bibliotheken und Festsälen. Tapferkeit oder Stärke und Gerechtigkeit werden hier mit den klassischen Attributen, Säule und Löwe bzw. Waage und Schwert, dargestellt. Die Klugheit hat neben dem Spiegel um den Arm geschlungen eine Schlange und zu ihren Füßen ein Doppelgesicht mit einem alten Mann nach unten und einer jungen Frau nach oben blickend. In der Beschreibung der Prudentia im Stift St. Florian heißt es über die zwei Gesichter: »da sie in Betrachtung des verflossenen und Gegenwärtigen auch von dem Zukünftigen urteilen kann«[17]. Die Mäßigung schüttet das Gefäß mit dem Zuviel an Trunk aus und beschränkt sich auf den Trunk aus dem Becher.

Die vier lateinischen Kirchenväter mit ihren gebräuchlichen Attributen haben unter den Balkonvorschwüngen der Mittelachse einen herausgehobenen Platz. Augustinus wird auch hier entsprechend der Legende mit dem Christusknaben mit dem Symbol des Löffels versehen: »Es ist doch eher möglich, das Meer in dieses Grübchen zu schöpfen, als das Geheimniß der unermeßlichen hl. Dreifaltigkeit in das Grübchen deines Verstandes hinein zu bringen« (*Abb. 11*). Die beiden Zyklen der Kardinaltugenden und Kir-

---

[17]   Nach G. ADRIANI, Die Klosterbibliotheken des Spätbarock in Österreich und Süddeutschland, Wien 1935, S. 70f.

Abb. 12   Die Philosophie in Wiblingen   Abb. 13   Die Askese in Wiblingen

chenväter werden ergänzt durch acht monochrome Darstellungen der Doctores ecclesiae, der Kirchenlehrer, die mit ihren lateinischen Ehrentiteln bezeichnet werden. Unter ihnen finden sich zwei Dominikaner, zwei Franziskaner, ein Jesuit und ein Benediktiner, Beda Venerabilis.

Für die Gesamtwirkung des Raumes mitentscheidend sind die acht etwa lebensgroßen allegorischen Holzskulpturen. An der nördlichen Langseite sind es die weltlichen Wissensbereiche der Rechtsgelehrsamkeit mit Waage und Schwert sowie die Philosophie mit Lanze, Flammenbündel (wohl die Rhetorik einbeziehend) und Pfeil (*Abb. 12*). Das Paar unter der südlichen Empore repräsentiert die Mathesis und die Historia. Erstere hat verschiedene Attribute der Naturwissenschaft wie Zirkel, Winkel, eine Tafel mit Ziffern sowie lateinischen und griechischen Buchstaben, vielleicht als Grundlagen systematischen Wissens. Letztere besteht aus zwei Figuren, einem Chronos, dem Gott der Zeit, der versucht, eine Seite aus dem Buch der Geschichte heraus zu reißen, und der Historia selbst, die ihn daran hindert und trotz aller Versuchungen durch Geld und weltlichen Ruhm die Vergangenheit wahrheitsgemäß festzuhalten sucht – vielleicht die Allegorie mit dem aktuellsten Aussagehorizont. Für die geistlichen Wissensbereiche stehen an der Ostseite die Personifikationen eines Lebens nach der Regel und die Askese. Erstere hat im rechten Arm ein Regelbuch mit Mitra und hält mit der linken Hand davor ein Ohr,

Abb. 14   Bibliotheksaal in Schussenried

Hinweis auf den ersten Satz der Benediktsregel, der zum Hören auffordert. Die Askese stößt mit dem linken Fuß die Erde hinter sich zurück und hält in der linken Hand einen Palmzweig als Zeichen der Überwindung irdischen Ballasts (*Abb. 13*). Im Westen steht ihr gegenüber die Theologie mit Birett, Zepter und dem Trinitätszeichen Gottes auf der Brust. Die andere Figur könnte die Übersetzung der Regel in das Leben der Mönche repräsentieren: Die beiden Bücher bezögen sich auf die von Cluny herkommende zweibändige Regel, der Kantorenstab und das Rauchfass führen zum Chorgebet – auch die Idee, dass der Gegenstand am rechten Fuß nach Psalm 119, Vers 105 »Dein Wort ist meinem Fuß eine Leuchte, ein Licht für meine Pfade«, eine Lampe sein könnte, würde die Interpretation einer Allegorie des Geistlichen Lebens bestätigen.

Auch der Zugang zu der um etwa ein Jahrzehnt jüngeren Bibliothek des Prämonstratenser Stiftes Schussenried[18], die wie in Wiblingen im Mittelbau des Nordflügels liegt, erfolgt an den Schmalseiten über seitliche Türen, zwei weitere sind um der Symmetrie willen Attrappen. Inwieweit Dominikus Zimmermann an der Konzeption beteiligt war, ist unsicher. Sicher dagegen ist die bauleitende Verantwortung des 1750 zum Klosterbaumeister ernannten Jakob Emele, der sich ebenso wie der Stuckateur Johann Jacob Schwarzmann unter dem Idealplan auf einem Relief der Geometrie 1757 verewigt hat.

---

[18]   A. KASPER, Der Bibliothekssaal des Prämonstratensterstifts Schussenried, Schussenried ³1974; H. KOHLER (Hg.), Bad Schussenried. Geschichte einer oberschwäbischen Klosterstadt, Sigmaringen 1983.

Abb. 15   Sapientia Dei in Schussenried

Der Maler Franz Georg Hermann hat ebenfalls 1757 auf einem gemalten Podest der Dichtkunst im Deckenbild signiert[19]. Die bewegten Figuren vor den Säulen sind frühe Arbeiten des Wenzinger Schülers Fidelis Sporer (1733–1811). Die Proportionen des Saales mit einer Länge von 27 Metern, einer Breite von 13 Meter und einer Höhe von 10 Metern sind vergleichbar denen der Wiblinger Bibliothek (*Abb. 14*). Auch die kleinste der drei, die st. petrische Bibliothek mit einer Länge von 21,17 Metern und einer Breite von 10,88 Metern nimmt im Grundriss das Verhältnis 2:1 auf, ist allerdings in der Höhe (9,93 Meter) etwas anders angelegt.

Als Erfinder des Bildprogramms nimmt man Abt Nicolaus Cloos an, der beim Baubeginn des Klosters Prior war und der durch sein Studium in Dillingen schon früh mit

---

[19]   BÖHM (wie Anm. 6).

der Ikonografie von Klosterbibliotheken in Berührung gekommen war. Das dortige, 1737 entstandene Bildprogramm, in einem Raum ebenfalls mit sieben Fensterachsen, könnte neben österreichischen Stiften als Vorbild für alle drei hier verglichenen Bibliotheken herangezogen werden. Auf einem Porträt vor der Bibliothek zeigt Cloos mit der einen Hand auf ein Buch mit der Aufschrift *sedes sapientiae*, mit der anderen hält er eine *Biblia sacra* – Motto und wichtigste Quelle für das Bildprogramm. Ersteres ist auch in einer Kartusche im Westen des Deckenfreskos zu lesen: *Sedes sapientiae a nicolao antistite*: Sitz der Weisheit verherrlicht von Abt Nicolaus; das Chronogramm ergibt das Jahr der Fertigstellung 1757.

Das ebenfalls in Rundumsicht zu lesende Bildprogramm beginnt in der Scheitelmitte mit dem apokalyptischen Lamm auf dem geschlossenen Buch mit den sieben Siegeln, umgeben von den Engeln des Gerichts und dem Hinweis auf die 12 mal 12000 Auserwählten und der Schrift: *Unde mundus judicetur* – »von wo aus die Welt gerichtet werden soll« (*Abb. 15*). Diese Weisheit offenbart sich in der christlichen Heilsgeschichte, die in der Schriftkartusche im Osten so benannt wird: *Verbum in carne abbreviatum, in cruce extensum, in coelo immensum* (»Das Wort im Fleisch verkürzt, am Kreuz ausgespannt, im Himmel unermesslich«). Der Blick nach Westen führt zu Maria mit Kind und dem von Engeln gehaltenen Schriftband: *Laetare regina* (»Freue Dich Himmelskönigin«), darunter geistliche Marienverehrer, die Hymnen zu ihrem Lob verfasst haben. Im unteren Teil des Freskos schaut man im Osten auf den Gekreuzigten, rechts unterhalb von ihm auf Vertreter des Alten Testaments, darunter Abraham, Moses mit der Schlange, Isaak, Jesajas und David (*Abb. 16*), links unterhalb vom Kreuz auf Vertreter des neuen Testaments, Petrus und Paulus, daneben Franziskus als Vertreter der Ordensgemeinschaften. Man bezeichnet dies als eines der vier Weisheitsmotive. Gegenüber im Westen zeigt sich der französische König Ludwig XIV. beeindruckt von der Klugheit und Beredsamkeit des Obermarchtaler Abtes Nicolaus Wierth. Rechts oberhalb erscheint ein Berg mit den vier Evangeliumsbächen und einer Verklärung auf dem Tabor – das Gegenstück zum Musenberg Helikon auf der anderen Seite des Königsthrones.

Die Weisheitsgruppe im Süden zeigt im siebensäuligen Tempel des Heiligen Geistes, von dem oben, als Taube präsent, die Strahlen auf die in allegorischen Frauengestalten vorgestellten sieben Gnadengaben ausgehen, von links nachts rechts gelesen, die Stärke (mit Eselskinnbacke), die (Natur-)Wissenschaft (mit der Erklärung der Mondphasen), erhöht im Zentrum die Weisheit mit dem Jahwe Symbol in der rechten und einem Dreieck sowie einem Senkblei in der linken Hand. Bemerkenswert an dieser Figur, die, sicher von dem zentralen Bild der Weisheit in Wiblingen inspiriert nur hier das Jahwe-Symbol nicht als Nimbus trägt, sondern demonstrativ vorzeigt, ist, dass das auf irdisches Wissen hindeutende Zeichen die gleiche Form des Dreiecks hat. Vor dem Tempel kniet mit Rauchfass die Frömmigkeit. Es folgt mit zwei Spiegeln der Rat (*consilium*), man soll die Dinge von mehreren Seiten anschauen, darüber zwischen zwei Säulen die Gottesfurcht, den Zorn Gottes fürchtend, und etwas außerhalb die Allegorie des Verstands, durch deren Brennglas göttliches Licht in das Auge eines Adlers führt[20] (*Abb. 17*).

---

[20] J. MAY, Die himmlische Bibliothek im Prämonstratenserkloster Schussenried, Marbach 1999, S. 29f.

Abb. 16 Das Alte Testament in Schussenried

Die Weisheitsgruppe im Norden zeigt König Salomon bei der Lösung der Frage von den zwei Müttern und dem einen lebenden Kind sowie der von der Königin von Saba gestellten Aufgabe, der Unterscheidung von echten und künstlichen Blumen, die er mit Hilfe der Bienen löste. In der Inschriftenkartusche wird mit Ps. 50,8 auf die geheimen und verborgenen Dinge verwiesen, galt doch den Aufklärern die Königin von Saba als früher Beleg eines Wissens außerhalb der prophetischen Tradition[21]. Goethe hat in den Prozess der Gewinnung von Wissen im westöstlichen Divan ausdrücklich den Besuch der Königin von Saba bei König Salomon einbezogen: *Wo kluge Leute zusammenkommen, Da wird erst Weisheit wahrgenommen. So gab einst Sabas Königin Gelegenheit zum höchsten Sinn.*

Zwischen diese vier Weisheitsgruppen sind acht Wissenschaften eingestellt, von denen jeweils die direkt rechts und links von den zuletzt genannten Weisheitsgruppen die klassischen Fakultäten repräsentieren. Im oberen Teil jeder Wissenschaft erblickt man in hellerem Licht die geistlichen, im unteren, farbig kräftiger ausgeführt, die weltlichen

---

[21] Zu ihrem Platz in Bibliotheksprogrammen siehe auch: TIETZE (wie Anm. 16), S. 1.

Abb. 17   Die sieben Gaben des Geistes in Schussenried

Vertreter. Beim Blick nach Süden entdeckt man links vom Tempel des Heiligen Geistes die Medizin mit der Aufforderung »Sorgt für die Kranken«, daneben bis zu den Vertretern des Alten Testaments die Kirchengeschichte, die auf das Wissen des Alten Testaments rekurriert. Ihr gegenüber stehen über dem Motto *Transmittetis ad posteros* (»Ihr werdet es den Nachkommen überliefern«, 3.Mos. 25,48) die Vertreter der Weltgeschichte, neben Ordensvertretern die antiken Historiker Livius, Tacitus und der jüdische Autor Flavius Josephus. Zwischen diesen und dem Thron Salomons findet man die Theologie als »die Wissenschaft des Heils« verkörpert oben durch die vier Kirchenväter (*Abb. 18*), unten den Primas von Böhmen, der die Hussiten bekämpft, Norbert, den Begründer der Prämonstratenser in der Auseinandersetzung mit dem Irrlehrer Tanchelm. Im frühen 12. Jahrhundert soll er neben der Kritik der kirchlichen Hierarchie das Wesen der Eucharistie bestritten haben. Auf der anderen Seite von Salomons Thron wird zusammen mit der Naturwissenschaft die Philosophie vor allem durch Aristoteles mit dem Kategorienbaum und Diogenes im Fass repräsentiert (*Abb. 19*). Der »fliegende Chorherr« Caspar Mohr bringt die Naturwissenschaft des Klosters ins Spiel. Die Kartusche dazu sagt: »Gott hat die Welt der Erörterung überlassen« (Pred. 3, 11) Den Abschluss dieser Seite bildet die Rhetorik, die mit der römischen Rednertribüne, der Rostra, hier einem barocken Schiffsbug ins Bild gesetzt wird, auf dem drei bekannte Werke des Redners Cicero

Abb. 18   Die Kirchenväter in Schussenried

liegen. Auf der anderen Seite der Szene mit Ludwig XIV. ist oben mit dem Pegasus-Pferd und mit den Dichtern der Marienhymnen sowie unten mit Vergil, Homer und dem Augenblick, als Aeneas mit seinem Vater auf dem Rücken das brennende Troja verlässt, die Poesie anzutreffen. Unter der juristischen, der vierten der klassischen Fakultäten steht die Aufforderung aus Genesis 18,19: *Sie sollen Recht und Gerechtigkeit üben*. Oben trifft man auf Repräsentanten des Kirchenrechts unten auf die des Zivil- und Staatsrechts. Bemerkenswert ist, dass allen zwölf Gruppen ein biblisches Motto unterlegt ist. Diese acht Wissenschaften werden in 56 golden gefassten Stuckreliefs in den Fensterlaibungen wieder aufgenommen.

In den Ecken der Flachdecke über der Galerie haben die vier schönen Künste, Malerei, Musik, Baukunst und Bildhauerei, ihren Platz gefunden. Auf dieser Ebene erkennt man auch die vier Elemente und die vier Kardinaltugenden, Mäßigung, Gerechtigkeit, Tapferkeit und Klugheit, sowie die Wappen des Bauherrn und der Klosterherrschaft. An der Galerieunterseite werden die vier Elemente nochmals aufgenommen und durch die Darstellung von acht Techniken der angewandten Wissenschaft und Stillleben mit wissenschaftlichen Hilfsmitteln ergänzt. Die Figuren auf der Galerie zeigen neben zwei Herrscherbüsten vier nicht sicher bestimmbare Gelehrte und ebenfalls nicht sicher zu erkennende Allegorien von Einzelwissenschaften.

Abb. 19   Philosophie mit Diogenes in Schussenried

Schon der erste Eindruck beim Betreten der Bibliothek, aber auch das Verständnis des Gesamtprogramms wird mitbestimmt durch den erst 1764 bis 1766 von Fidelis Sporer geschaffenen Zyklus der acht Gruppen von Verteidigern der katholischen Glaubenslehre und ihnen gegenüber Irrlehrern, deren Rolle jeweils durch darüber befindliche Puttenköpfchen bzw. Fratzen unterstrichen wird. Die Häretiker sind, so der Forschungsstand, durch Kleidung und Attribute zu identifizieren: Aufklärer, Hussiten, Utraquisten, Nestorianer, Arianer, Islam, Freimaurer, Lutheraner und Calvinisten, Pneumatomachen, Epikuräer und Materialisten[22]. Dagegen sind die Verteidiger des Glaubens nicht zu bestimmen. Man meint den Apostel Johannes zu erkennen. Die ältere Literatur hielt sie für die vier lateinischen und vier griechische Kirchenväter, neuerdings versucht man sie als Kirchenlehrer zu identifizieren (*Abb. 20*). Denkbar ist, dass die Idee zu den griechischen Kirchenvätern von St. Peter stammt, wo man nach einer Änderung des Bildprogramms ebenfalls auf zwei von ihnen unter den Deckenbildern trifft. Auch in der Bilderreihe in St. Peter findet man über den Bücherborden größtenteils nicht ein-

---

[22]   A. KASPER, Der Schussenrieder Bibliothekssaal und seine Schätze, Erolzheim 1954, S. 53f.

Abb. 20   Die Belehrung der Aufklärer in Schussenried

Abb. 21   Bibliothekssaal in St. Peter

Abb. 22   »Der Vater der Lichter« in St. Peter, Maria und ein Putto mit der Schrift *MAGNIFICAT ANIMA MEA DOMINUM*

deutig identifizierbare Kirchenlehrer finden. Möglicherweise stehen im Hintergrund für die ja fast zehn Jahre spätere figürliche Ausstattung der Schussenrieder Bibliothek durch seinen Schüler Ideen von Christian Wenzinger. Dieser hatte die Bozettis für die Bibliotheksfiguren in St. Peter zudem nach thematischen Vorbildern in Wiblingen gefertigt, und die frappierende Ähnlichkeit von eigenen Skulpturen mit den gegenüber den zwölf in St. Peter wieder auf acht reduzierten Figurengruppen in Schussenried[23], lässt solche Verbindungen nicht unmöglich scheinen.

---

[23]   L. NOACK-HEUCK, Die Statuen des Schussenrieder Bibliotheksaales, in: Oberrheinische Kunst 8 (1939), S. 144–153; R. KOLB, Die Namenlosen. Über die »anonymen« Schussenrieder Apologeten, in: Schönes Schwaben 6 (2003), S. 37–39.

Abb. 23   Das Alte Testament in St. Peter

Der Blick auf den Bibliothekssaal von St. Peter hat im Hintergrund eine eigene Baugeschichte und lässt sich insofern nicht einfach den beiden anderen zuordnen. Während die bisher betrachteten Räume bis auf die erst zehn Jahre später eingebrachte Belehrung der Irrlehrer in Schussenried weitgehend in einem Zuge hergestellt wurden, ziehen sich Bau- und Ausstattungsgeschichte der st. petrischen Bibliothek über ein Viertel Jahrhundert hin. Der Bauplan, 1727 von Abt Ulrich Bürgi in Auftrag gegeben, stammt von Peter Thumb, der Baubeginn war jedoch erst 1739 möglich[24], der Rohbau als rechteckiger Baukörper damit erst 1739 fertiggestellt. Danach kam es erneut zu einer zehnjährigen Unterbrechung und damit verbundenen Stil- und Künstlerwechsel. 1750, also im Jahr der Fertigstellung der Birnau, plante Thumb um und so wurde erst unter dem übernächsten Abt, Philipp Jakob Steyrer, ein Vierteljahrhundert nach der Planung »der schönste Rokokoraum des Breisgaus« fertiggestellt. Die Planung der Bibliothek liegt demnach vor den beiden anderen, etwa zeitgleich mit Ottobeuren, die Fertigstellung 1752 zwischen Wiblingen und Schussenried (*Abb. 21*).

Von Westen sieht man eine sechsachsige Fensterfront plus dem zusätzlichen, besonders gestalteten Fenster im Treppenhaus zur Empore. Der einzige Zugang lag zwar entfernt vom Wohnbereich der Mönche, aber dennoch in der Klausur, was den Zutritt für weiblichen Besuch nur mit bischöflicher Ausnahmegenehmigung zuließ. Die Grundidee des Bildprogramms erklärte Abt Steyrer seinen Mitbrüdern in folgender Weise: *Es stellt den Vater des Lichtes dar und den Heiligen Geist, wie sie den Verfassern des Alten und Neuen Testaments, wie auch den heiligen Vätern der Kirche ihr Bücher geben*

---

[24]   H.-O. MÜHLEISEN, Über Beziehungen zwischen der Baugeschichte und der allgemeinen Geschichte eines Klosters: das Beispiel der Bibliothek St. Peter auf dem Schwarzwald, in: M. HERZOG (Hg.), Himmel auf Erden oder Teufelsbauwurm?, Konstanz 2002, S. 171–193.

Abb. 24 Kirchenvater Ambrosius in St. Peter

(*Abb. 22*). Damit ist das Programm des in östlicher Richtung anzuschauenden zentralen Deckenbildes und der sechs dieses umgebende Darstellungen erklärt und lässt doch neue Fragen entstehen: »Vater der Lichter« ist die alte Formulierung im Jakobusbrief (1,17): »Jede gute Gabe und jedes vollkommene Geschenk kommt von oben, vom Vater der Lichter, bei dem es keine Veränderung und keine Verfinsterung gibt«. Die andere Quelle für diesen Begriff ist Bonaventura, der als der »Lichttheologe« schlechthin genannt wird und aus dessen Schriften über die Bedeutung des Lichts sich das Spektrum der klassischen vier und der drei christlichen Tugenden herleiten lassen – die sich aber ausgeführt in St. Peter nicht finden. Im unteren Bereich des Mittelbildes findet man in gleichberechtigter Position die Propheten des Alten Testament (*Abb. 23*) und als Vertreter des Neuen Testaments Evangelisten und Briefautoren. Dies ist auffallend, da sich in Wiblingen kein Repräsentant des Judentums findet, während im späteren Schussenried die beiden Testamente ebenfalls gleichberechtigt um das Kreuz gruppiert sind. Nicht zufällig ist sicher auch, dass Engel hier einen Kreis bilden, d. h. dass die Weisheit Gottes zwar in den von ihnen von oben nach unten getragenen Büchern weitergegeben wird, aber gleichzeitig die von unten nach oben getragenen Bücher ein Fingerzeig auf die

Notwendigkeit der menschlichen Arbeit zur Weitergabe dieser Weisheit sind[25]. In den sechs anderen Bildern an der Decke wird der Kanon der vier lateinischen Kirchenväter, die sich ja in den beiden anderen Bibliotheken auch finden, um zwei griechische, möglicherweise Johannes Chrysostomus oder Gregor von Nazianz (Patron der Dichter) und Basilius der Große, erweitert. Dies ist, wie gesagt, eine originelle Änderung des ursprünglichen Plans, in dem wohl auch nur die vier lateinischen vorgesehen waren (*Abb. 24*). Trotz ihrer zentralen, vermittelnden Stellung zwischen Dreifaltigkeit und Neuem Testament erwähnt Steyrer Maria nicht, und mit den Kirchenvätern bricht seine Erklärung ab. Insofern wird man von der Reihe der zehn benediktinischen Gelehrten über den Bücherborden eindeutig nur Benedikt mit der Regel, eventuell Hermann der Lahme mit Himmelsglobus und wahrscheinlich Papst Gregor der Große erkennen können[26]. In der Zusammenschau repräsentieren sie unterschiedliche Weisen des Erkenntnisgewinns, von der Inspiration durch den Engel über das Hören als Anfang der Regel bis zum Blick auf den Himmelsglobus und beim Verlassen der Bibliothek mit dem Vogel an der Leine der Mahnung, sich der Grenzen des Denkens bewusst zu bleiben. Dass diese Gelehrten keine Namen haben ist umso bemerkenswerter, als alle anderen dargestellten Personen eindeutig zu benennen sind.

Unterhalb der Galerie findet man eine Reihe von Reformäbten, unter die auch die Bauherren Bürgi und Steyrer eingeordnet sind, letzterer zwar mit einem anderen Namen, als Porträt und mit der über dem Ausgang positionierten Schrifttafel aber identifizierbar. Die vier Jahreszeiten werden über den Türen der Schmalseiten durch Puttenköpfchen mit entsprechender Drapierung versinnbildlicht. Bestimmbar sind die sechs von ursprünglich zwölf Allegorien auf der Galerie, von denen die Philosophie und die Musik seit Längerem nicht mehr auf den ihnen zugehörenden Podesten stehen (*Abb. 25 und 26*). Die Historia vermittelt mit ihrem Judenhut etwas von der jüdischen Tradition der Geschichtschreibung, die in Schussenried in Flavius Josephus personifiziert ist (*Abb. 33 am Ende dieses Aufsatzes*). In der Reihe der acht Embleme[27] spiegelt sich wohl Manches vom Selbstverständnis und von der Auseinandersetzung um die Zukunft der Klöster: das Lob der Bibliothek und die Selbstdarstellung der Abtei als nützliches, reformorientiertes, für die Welt neuer Wissenschaften offenes Institut[28]. Das Brunnenemblem mit dem Motto *se se sitientibus offert*, das auf den ersten Blick eine Einladung der Wissensdurstigen in die Bibliothek ist, kann auch als Ausdruck für eine grundsätzlich Offenheit der Abtei gelesen werden *(Abb. 27)*. Das Emblem mit Bienenkorb, nicht

---

[25] Im Schloss Ebnet ist die Arbeit im Garten die Voraussetzung für den Kreislauf von geschenkten und dargebrachten Blumen, vgl. H.-O. MÜHLEISEN, Kloster St. Peter und Schloss Ebnet, Lindenberg 2016, S. 31.

[26] Ein diesbezüglicher Versuch: R. SCHUMACHER-WOLFGARTEN, Ikonographie der Bibliothek des Klosters im Schwarzwald, in: Barock in Baden-Württemberg, Bd. 2, Karlsruhe 1981, S. 73–96.

[27] H. WISCHERMANN, Die Embleme der Klosterbibliothek von St. Peter, in: H.-O. MÜHLEISEN (Hg.), St. Peter im Schwarzwald, München 1977, S. 113–123; MÜHLEISEN, Hintersinn (wie Anm. 3).

[28] H.-O. MÜHLEISEN, Im Licht des Geistes: wie die Bilderwelt der barocken Klosterbibliothek Sankt Peter auf dem Schwarzwald auf die Herausforderungen der Aufklärung reagiert, in: Christ in der Gegenwart, Bilder des Glaubens 3 (2011), S. 57–61.

Abb. 25   Die Philosophie in St. Peter

Abb. 26   Die Askese in St. Peter

zufällig in der Achse unter dem Kirchenvater Ambrosius, ist ein Hinweis auf die Nützlichkeit der Bibliothek.

Der St. Galler Stiftsbibliothekar Johann Nepomuk Hauntinger besuchte 1787 Wiblingen und Schussenried. Ins Badische war er nicht gekommen. Dabei vermutete er schon, *dass die Herren von Schussenried das Modell* [Wiblingen] *zum ihrigen möchten genommen haben; schön, was Malerkunst, Bildhauerei Architektur und das Äußer überhaupt betrifft*. Er hält fest, dass der Schussenrieder Bibliothekssaal größer sei als der St. Galler, aber nur einen Plafond habe. Allerdings könne man aus der Malerei *fast nicht klug werden*[29], weil gar zu viele Gegenstände während der Arbeit nachgeschoben wurden. Wenn dies stimmt, wäre es ein Hinweis auf die Entstehungsgeschichte des Deckenbildes. Für unseren Zusammenhang noch wichtiger ist seine Aussage zu den Skulpturen der Irrlehrer und denjenigen, *welche die vorigen mit Schrifttexten widerlegen. Das ist ein Gedanke, welcher meiner Meinung nach an jedem anderen Ort besser als auf einer Bibliothek stünde, denn ein Büchersaal muss allen Gattungen Leuten offen stehen, und*

---

[29] J. N. HAUNTINGER, Reisen durch Schwaben und Bayern im Jahr 1784, neu hg. von G. SPAHR OSB, Weißenhorn 1964, S. 39.

Abb. 27   Das Brunnenemblem in St. Peter

er ist doch kraft seines Daseins der Ort nicht, wo man Religionsstreitigkeiten mit einem durchreisenden fremden Gaste ausmacht. Jetzt, da diese Statuen mit ihren Inschriften noch nicht vollkommen ausgearbeitet sind, ließe sich da noch Rat schaffen[30].

In der vergleichenden Synopse der drei Bibliotheken ergibt sich eine Reihe von Gemeinsamkeiten, sodass man schon von daher auf einen gemeinsamen Wissensbestand zum Bibliotheksbau und seiner Ausstattung schließen kann. Da ist zunächst von außen gesehen ihre Lage in der Klosteranlage in einem eigenen markanten Bauteil und innerhalb dieses in einem der Obergeschosse, jedenfalls wegen der Feuchtigkeit nicht im Erdgeschoss. Kein Zufall dürfte auch die jeweils siebenachsige Fensterfront sein. Im Inneren zeigt sich dieser Bibliothekstypus, abgeleitet vom barocken Festsaal, als ein zweigeschossiger Rechtecksaal mit voller Beleuchtung über mindestens zwei Stockwerke, mit Säulen oder Pilaster gestützter Empore, strenger Symmetrie und überwölbendem Deckenfresko. Die rechteckige Grundform wird in allen drei Sälen vor allem durch die

---

[30]   Ebenda, S. 40; was Hauntinger damit meint, ist nicht klar, da die Skulpturen zum Zeitpunkt seiner Reise, wie man annimmt, bereits seit 20 Jahren im Bibliotheksaal standen.

vor- und zurückschwingende Galerie zu einem ovalen Raumeindruck hingeführt, dem durch die Gestaltung des Deckenfreskos letztlich etwas Zentrales eignet.

Das Grundthema der ikonografischen Aussage aller drei Bibliotheken stellt sie jeweils als einen Raum vor, in dem sich das Wissen unserer Welt von der göttlichen Weisheit her erschließt und von ihr herleitet[31]. Die vom Himmel her absteigend zu lesende Weisheit wird im Gang durch die Zeit, personifiziert und teilweise in Wissenschaften systematisiert, in konkretes Wissen übersetzt. Dieses Wissen wird in unterschiedlichen Kunstformen, Malerei und Skulptur, in großer Breite dargestellt. Bei den dafür gewählten Beispielen wie etwa Parnass und Zionsberg, der Verwendung antiker Ereignisse oder des Missionierungsauftrags der Orden, wird der Vorbildcharakter Wiblingens für Schussenried deutlich. Das Auftreten der vier lateinischen Kirchenväter gehört in Bibliotheken zum Standardrepertoire der Ikonografie[32]. Die Erweiterung um zwei griechische in St. Peter ist ein Spezifikum. Vielleicht waren sie Anregung für die rechtgläubigen Lehrer in Schussenried. Auch für die Reihen der Kirchenlehrer dürfte Wiblingen für Schussenried Modell gestanden haben. Die diesbezügliche Reihe in St. Peter trifft mit derselben Intention eine andere Auswahl und nimmt in diese Reihe auch den Ordensvater Benedikt auf, der in keinem der beiden anderen Programme zu finden ist. Im figürlichen Schmuck ist die thematische Verbindung von Wiblingen nach St. Peter evident. Bei den Figuren von St. Peter und Schussenried ist bei beiden im Hintergrund die künstlerische Handschrift Christian Wenzingers deutlich.

Zugleich zeigt sich eine Reihe markanter Unterschiede. So liegen die Bibliotheken in Wiblingen und Schussenried zwischen Klausur und Gästebereich, was die Zugänglichkeit als Schauraum für Außenstehende wie etwa gelehrte Reisende erleichterte, während in St. Peter, vielleicht baugeschichtlich bedingt, ihre Lage in der Klausur bei weiblichem Besuch sogar eine bischöfliche Ausnahmegenehmigung erforderlich machte. Damit ist auch der erste Eindruck der Bilderwelten verschieden. Wenn man Wiblingen und Schussenried an den Ecken der Schmalseiten betritt, so entfaltet sich die Ikonografie der beiden Deckengemälde nach und nach in Rundumsicht. In St. Peter betritt man den Raum in der Mitte der östlichen Längsseite und erschließt dann das Programm von der gegenüberliegenden Seite in einer Richtung von oben nach unten.

Eine bemerkenswerte Differenz besteht in der Darstellung des Ausgangspunkts, der göttlichen Weisheit. In Wiblingen ist es eine einzelne weibliche Gestalt mit dem dreieckigen Nimbus, der üblicherweise auf Gott Vater verweist und für die Dreifaltigkeit steht, daneben das Lamm auf dem noch nicht aufgeschlagenen Buch und darunter Engel mit Attributen wie Spiegel, Schild und Helm. In Schussenried steht im Zentrum das Lamm auf dem noch versiegelten Buch, und die Schriftstelle verweist mit 144tausend Auserwählten auf das Ende der Welt, wo sich im Gericht die Weisheit Gottes als Maßstab des Richterspruchs offenbart. Sieht man von dem Engel mit dem kleinen Buch am Beginn der Bilderzählung ab, so ist in St. Peter der Ausgangspunkt der Weisheit die Darstellung einer Dreifaltigkeit mit Gott Vater als Person, dem Lamm Gottes auf dem aufgeschlagenen Buch und der Geisttaube. In Wiblingen und St. Peter steht personifi-

---

[31] Zum stilistischen und ikonografischen Vergleich von Wiblingen und Schussenried siehe: BÖHM (wie Anm. 6), S. 158–162.
[32] Belege bei ADRIANI (wie Anm.17), S. 80.

ziert die Aussendung der Weisheit Gottes, also der Beginn ihres Wirkens in der Welt im Zentrum, während in Schussenried die symbolische Darstellung des Lammes auf die Offenbarung der Weisheit am Ende der Geschichte abzielt. In Wiblingen ist das apokalyptische Lamm Attribut der Weisheitsgestalt, in Schussenried Sinnbild für den mit Weisheit richtenden Christus[33], in St. Peter Teil der Dreifaltigkeit. Nur in St. Peter und Schussenried kommt Maria in der Bildkomposition eine zentrale Stellung zu, freilich mit unterschiedlicher Bedeutung. In St. Peter wird sie mit dem ihr selbst zugesprochenen und durchaus revolutionär zu lesenden Text des Magnificat in Verbindung gebracht, während sie in Schussenried mit dem *Laetare Regina* Adressatin geistlicher Marienverehrer ist.

Exkurs: Weissenau

Der rechteckige, etwa 15 mal 11 Meter große und gut sechs Meter hohe Bibliothekssaal in Weissenau mit einem abgeflachten Tonnengewölbe und eingezogenen Wandpfeilern, zwischen denen ursprünglich die Bücherkästen standen, war den Baumeistern und Auftraggebern der drei anderen Bibliotheken sicher bekannt. Es ist der Grundtypus der Kirchenbauten der vorarlberger Baumeister[34]. Peter Thumb hatte seit 1707 bei Franz Beer, dem Baumeister der Weissenau, gearbeitet. Ab 1708 errichtet, wurde die Bibliothek 1710 von Francesco Marazzi aus Como mit Stuck ausgestattet: *die Bibliothek [...] auf arth und Weise des von sich gestellten rüsses sowohl mit bildern alß Laubwerk*[35]. Zu diesen »Bildern« gehören wie später in den anderen Bibliotheken die vier lateinischen Kirchenväter (*Abb. 28*), dazu die Hauptpatrone Weissenaus Petrus und Paulus sowie wie später in St. Peter die vier Evangelisten. Die drei Deckenbilder auf Putz, in den Jahrzehnten danach entstanden, haben als zentrales Thema den zwölfjährigen Jesus im Tempel, daneben mit der Aufforderung *tolle lege* die Bekehrung des Augustinus und die Übergabe der Regel von Augustinus an den Ordensgründer Norbert. Joseph Anton Hafner, der nach 1740 mehrfach für die Abtei gearbeitet hat, wird als möglicher Künstler genannt. Die vier Wandbilder (Öl auf Leinwand) sind später entstanden. Die Darstellung der Konfrontation Norberts mit Tanchelm gehört wie in Schussenried zu den Grundthemen der Prämonstratenser. Auch die anderen Bilder der Südwand, der Disput zwischen Bernhard von Clairvaux und Gilbert de la Porrée sowie der zwischen Katharina und den heidnischen Philosophen stehen für eine streitbare Darstellung des rechten Glaubens, wie sie auch aus den Skulpturengruppen von Schussenried spricht. Sicher ist die Darstellung der göttlichen Weisheit im Bogenfeld der Westwand von Schussenried inspiriert. In der Literatur gehen die Angaben zur Entstehungszeit auseinander: Lehmann datiert sie auf 1757, Krins in die Zeit der Überarbeitung der Bibliothek 1772[36]. Man

---

[33] MAY, Bibliothek (wie Anm. 20), S. 23.
[34] LEHMANN (wie Anm. 1), S. 50f.
[35] Nach: H. KRINS, Der barocke Konventneubau des Klosters Weissenau, in: P. EITEL (Hg.), Weissenau in Geschichte und Gegenwart, Sigmaringen 1983, S. 245–259, hier S. 250.
[36] KRINS (wie Anm. 34), S. 256; LEHMANN (wie Anm. 1), S. 542; vermutlich bezieht sich Lehmann auf die Angabe in: Die Kunst- und Altertums-Denkmale in Württemberg, Oberamt Ravensburg, Stuttgart/Berlin 1931, S. 114.

Abb. 28   Kirchenvater Augustinus in Weissenau

gewinnt den Eindruck, dass, unabhängig davon, welches Datum stimmt, bald nach der Fertigstellung von Schussenried möglichst viel vom dortigen Deckenbild hier eingebracht werden sollte. Wenn 1757 stimmt, so wäre das Bild noch im selben Jahr entstanden, in dem die Arbeiten dort abgeschlossen wurden und könnte auf dieselbe Malerfamilie zurückgehen.

Die auf einem Thron sitzende zentrale Gestalt der Sapientia Dei hat auf der Brust die Geisttaube, auf dem Schoß das geöffnete Buch mit den sieben Siegeln, an den Arm gelehnt die Gesetzestafeln des Alten Testaments, in der einen Hand die Weltkugel und in der anderen eine Art Zepter mit dem dreieckigen Nimbus an der Spitze und einer Verbindung zur Geisttaube auf der Brust. Über dem Baldachin des Thrones hält eine Fama wie in St. Peter das kleine Buch (*Abb. 29*). Vor dem Thron steht zur Rechten der Sapientia die gekrönte Ecclesia mit Kelch und theologischer Literatur, zur Linken eine mit Blumenkranz geschmückte Gerechtigkeit, deren Waage mit Schwert und Siegespalme an einem Kreuz festgemacht ist, während sie mit dem Fuß auf ein vielköpfiges Ungeheuer tritt. Über ihr geht der Blick zum Parnass und neben ihr sind Chronos, Merkur und wieder Diogenes versammelt (*Abb. 30*). Neben der Theologie entdeckt man mit einem Puttenkonzert den Hinweis auf die Künste, im Hintergrund auf einer Kanzel die mögliche Andeutung der Rhetorik und daneben einen tief über einen Globus gebeugten

Abb. 29   Sapientia Dei in Weissenau

Mann. Es könnte sich um Hermann den Lahmen als Vertreter der Philosophie handeln, dessen Himmelsglobus in Schussenried (*Abb. 19*) dem in Weissenau ähnlich ist. Im Stift St. Florian ist die Philosophie *eine in tiefster Consideration sitzende Frau, sich auf einen globus terrestrem lehenend*[37]. Der alte Gelehrte zuäußerst mit einem großen Glas und einem Knaben, der ihm Heilkräuter (in Schussenried Schlangen) bringt, könnte Hippokrates sein (*Abb. 31 und 32*). Diese Deutungen gehen davon aus, dass das Programm von Schussenried gleichsam als Vorlage für dieses Gemälde diente, in dem auch hier die Sapientia Dei als zentraler Ausgangspunkt allen Wissens veranschaulicht wird[38]. Nachdem das zentrale Deckenbild nach älteren Vorbildern wie z. B. Amberg seit der ersten Ausstattungsphase mit dem Thema des zwölfjährigen Jesus im Tempel belegt war, nutzte

---

[37] ADRIANI (wie Anm. 17), S. 70.
[38] In: Die Kunst- und Altertums-Denkmale (wie Anm. 35), S. 81 findet sich für das Jahr 1757 ein Eintrag im Liber Praelatorum: *Ein Mahlerey zu der solennen Disputation ex universa theologia*. Dabei handelt es sich um den feierlichen Abschluss eines Promotionsverfahrens, zu dem im 18. Jahrhundert sogenannte Thesenblätter gefertigt wurden. Vielleicht steht die »Mahlerey« auf der Westwand im Zusammenhang mit einem solchen Thesenblatt. Ich danke Cordula Böhm für folgenden Hinweis zu den Gestalten auf der Westwand: »Auf Anhieb wirken sie eher altmodisch, aber dann erkennt man in den Figuren Hermannsche Vorbilder (z. B. in dem hochgestellten Knie unter schweren Mantelfalten), ebenso in den architektonischen Versatzstücken.« Einem ihr bekannten Künstler ist das Bild nicht eindeutig zuzurechnen.

Abb. 30   Diogenes in Weissenau

Abb. 31   Hippokrates in Weissenau

Abb. 32   Medizin mit Hippokrates in Schussenried

man die letzte größere freie (oder frei gemachte) Fläche der Westwand, um auch hier wie in anderen Bibliotheken der Region um die Mitte des 18. Jahrhunderts das Thema der Sapientia Dei als Kernpunkt des Wissens ikonografisch darzulegen.

Abschließender Vergleich der drei Bibliotheken

Zurück zu den drei Bibliotheken, ist die Verwendung historischer Beispiele vor allem in Schussenried sowie die Einbeziehung der Antike in Wiblingen und Schussenried auffallend. In St. Peter gibt es nur an der Ausgangstür mit den Köpfen von Athene und Apoll den Verweis, dass man zum antiken Wissen hier durch und hinunter ins Schloss Ebnet müsse, wo an der Decke des zeitgleichen Gartensaales vom selben Künstler, von dem die Deckenbilder in St. Peter stammen, der antike Götterhimmel als Panorama des antiken Wissens inszeniert wurde[39]. In Schussenried ist Pallas Athene westlich benachbart Maria zugesellt. Auch die Intensität der schriftlichen Bilderläuterungen variiert von Kloster zu Kloster. Am stärksten findet man sie mit biblischen Belegen in Schussenried, in St. Peter kaum, nur Maria hat den erklärenden Text bei sich. Deutlich ist das »Voneinander gelernt« bei der figürlichen Ausstattung von Wiblingen und St. Peter. Die acht lebensgroßen allegorischen Figuren, die in Wiblingen unterschiedliche Wissensbestände

---

[39]   M. Frehen/H.-O. Mühleisen, Antiker Mythos und christliche Lehre: Distanz und Nähe zweier Quellen der barocken Ikonographie an den Beispielen St. Peter im Schwarzwald und Schloß Ebnet bei Freiburg, in: Das Münster (1995) 4, S. 332–346.

Abb. 33   Historia in St. Peter   Abb. 34   Historia in Wiblingen

repräsentieren, waren sicher direkte Anregung, um sie in der Zwölfzahl in St. Peter nach Birnauer Vorbild auf der Empore zu präsentieren (*Abb. 33 und 34*). In Schussenried findet man den figürlichen Schmuck wieder am Boden, allerdings nicht mehr als Repräsentanten von Wissen, sondern im Kampf um den rechten Glauben. Die hier wie in Wiblingen wieder acht Figurengruppen stellen die Konfrontation mit den Irrlehrern und, so wird man folgern können, die Überwindung der Häresien dar. Hier ist der kämpferische Impetus – wie in fast allen bayerischen und österreichischen Bibliotheken – besonders stark, was schon Hauntinger anmerkte. In Wiblingen wird der Untergang der Irrlehrer in der Schriftkartusche über einer der Türen angesprochen: *Impii in tenebris conticescunt* (»Die Gottlosen verstummen in der Finsternis«). In St. Peter dagegen findet man weder Irrlehrer noch Höllensturz: »Der gegenreformatorische Kampf gegen Irrtum und Ketzerei bleibt unberücksichtigt«[40]. Stattdessen wird man das emblematische Programm als eine intellektuelle Auseinandersetzung vor allem mit den Vorwürfen der Aufklärer ansehen können, die Abt Steyrer ja ebenso auch mit literarischen Mitteln führte (*Abb. 27*). Eine letzte Gemeinsamkeit sei angemerkt, die Präsenz

---

[40]   LEHMANN (wie Anm. 1), S. 267.

In dieser Studie werden aber nicht die verschiedenen Bedeutungsebenen der Bibliotheksräume als inhaltliche Ordnungsinstrumente oder ikonografische Bildträger im Zentrum stehen, wie sie in einer wissenschaftliche Tagung vor wenigen Jahren im schweizerischen St. Gallen[6] oder bei Edgar Lehmann in seinem zentralen Verzeichnis der barocken Klosterbibliotheken zur Sprache kamen[7]. Hier sollen das räumliche Konzept und die mobiliaren Glieder beleuchtet werden, die man leider oft nur als Beiwerk eines umfassenden Systems von Sammlungen und bildender Kunst betrachtet hat und die von der Forschung kaum im herrschaftlichen Kontext wahrgenommen wurden[8]. Funktion und architektonische Gestaltung als subtile Machtmittel scheinen bei der Betrachtung gesellschaftlicher Behauptungsstrategien nicht uninteressant zu sein, leisten sie doch einen wesentlichen Beitrag zum kulturellen Selbstverständnis früherer Zeiten, wie Peter Claus Hartmann in seiner Kulturgeschichte zum Heiligen Römischen Reich herausarbeitete[9]. Dies trifft umso mehr auf das Mobiliar in seiner kunsthandwerklichen Ausformung zu. Mit ihm können die Beweggründe für die Schaffung herausragender Bibliotheksräume verstanden werden. Es soll eine Art Typologie räumlicher Konzepte mit ihren Elementen sowie eine Analyse des dahinter zu erkennenden Herrschaftsanspruchs vorwiegend für die barocke Zeit versucht werden. Dafür stehen Bibliotheken in Klöstern und Schlössern in ausreichendem Maße zur Verfügung, so dass die nicht uninteressanten Universitäts- und Stadtbibliotheken unberücksichtigt bleiben können[10].

Der Bibliotheksraum

Klöster

Schon im klösterlichen Mittelalter erhält man Hinweise auf mögliche Bücherräume. Der St. Galler Klosterplan von 820/830 schrieb die Platzierung einer Bibliothek direkt neben dem Chor vor. Sehr wahrscheinlich besaß der Raum Stellmöglichkeiten in Form von

---

[6] E. TREMP (Hg.), Klosterbibliotheken in der frühen Neuzeit. Süddeutschland, Österreich, Schweiz. Akten der Tagung des Wolfenbütteler Arbeitskreises für Bibliotheks-, Buch- und Mediengeschichte und der Stiftsbibliothek St. Gallen, 28. bis 30. April 2011 (Bibliothek und Wissenschaft 45), Wiesbaden 2012.

[7] E. LEHMANN, Die Bibliotheksräume der deutschen Klöster in der Zeit des Barock. Text- und Katalogband, Berlin 1996. Der Autor hatte bereits in den 1950er Jahren über die Bibliotheksräume geforscht.

[8] In TREMP (wie Anm. 6) ist der neueste Stand der Forschung aufgeführt. Vgl. aber auch K. SCHREINER, Bücher, Bibliotheken und »Gemeiner Nutzen« im Spätmittelalter und in der Frühneuzeit, Geistes- und sozialgeschichtliche Beiträge zur Frage nach der »Utilitas Librorum«, in: U. HÖGY/H. VOGELER, Bibliothek und Wissenschaft, Band 9, Wiesbaden 1975, S. 202-249; P. HAUKE, Domus sapientiae. Ein Beitrag zur Ikonologie der Bibliotheksraumgestaltung des 17./18. Jahrhunderts unter besonderer Berücksichtigung des Klosters St. Mang, Füssen, Bad Honnef 2007.

[9] P.C. HARTMANN, Kulturgeschichte des Heiligen Römischen Reiches, 1648 bis 1806: Verfassung, Religion und Kultur, in: C. BRÜNNER/W. MANTL/M. WELAN (Hgg.), Studien zu Politik und Verwaltung, Bd. 72, Wien 2001, S. 327-273.

[10] W. SCHÜRMEYER, Bibliotheksräume aus fünf Jahrhunderten, Frankfurt a. M. 1929.

Abb. 1   Kloster Hirsau, Bibliotheksraum in der Marienkapelle, um 1500

Regal- oder Schrankmöbeln an den Wänden zwischen den Fenstern[11]. Diese räumliche Disposition der Wandstellung finden wir auch viel später in Hirsau (*Abb. 1*). Die Seitenkapelle, der Heiligen Maria gewidmet, besitzt im Geschoss über dem Gottesdienstraum einen Bibliotheksraum mit noch erhaltenen Bücherregalen aus gotischer Zeit. Die Ausstattung gehört zu den wenigen Beispielen, die sich aus dem Zeitraum um 1500 erhalten haben und muss für das oberrheinische Gebiet als absolute Rarität gelten.

Für die renaissancezeitliche Epoche gibt es in der süddeutschen Region leider keine Anschauungsbeispiele mehr. Das mag wohl an den politisch instabilen Zeiten des 17. Jahrhunderts, aber auch an der späteren Überarbeitung ehemaliger Räume liegen. Deshalb muss beispielhaft auf die florentinische Biblioteca Laurenziana aus dem

---

[11]   E. Tremp/J. Huber/K. Schmuckl, Stiftsbibliothek St. Gallen. Ein Rundgang durch Geschichte, Räumlichkeiten und Sammlungen, St. Gallen 2003, S. 28, 51. Die zwischen den Fenstern eingezeichneten Quadrate scheinen nach der allgemeinen Anlage des Planes keine Wandstücke zu sein, sondern sind vermutlich Einbauten, vielleicht in Form von Möbeln. Vgl. Hauke (wie Anm. 8), S. 90–93. Die Autorin spricht hier von Arbeitsplätzen, die aber auch Behältnisse für Bücher sein könnten. Vgl. Codex Amiatinus, Folio 5r, Esra, um 700.

Abb. 2   Kloster Neresheim, Bibliotheksraum, ab 1699

16. Jahrhundert verwiesen werden[12]. Hier scheint die Raumarchitektur Michelangelos von 1523/1560 und die Einrichtung noch differiert zu haben. Hochmodern wirkt die Gestaltung der Wände im Duktus klassischer Fassadenarchitektur, während das Inventar der Lesepulte die mittelalterliche Form bewahrt hat. Nach dem Dreißigjährigen Krieg veränderte sich die Lage jedoch grundlegend und wir finden viele Bibliotheken stilistisch vereinheitlicht. Vor allem in Klöstern entstanden neue barocke Architekturideen zur Unterbringung der Bücherschätze, aber auch in Schlössern gelangten diese zur Anwendung.

Johannes May[13] hat nach Lehmann schwäbische, südbadische und Schweizer Klöster verzeichnet, die für unser Thema von Interesse sind. In Kloster Neresheim erfolgte ab 1699 der Ausbau der Bibliothek durch einheimische und Wessobrunner Künstler (*Abb. 2*). Es entstand ein rechteckiger, eingeschossiger Raum mit umlaufender Fensterreihe. Die Bücherregale setzte man hier vor die Fensterwandstücke in den Raum hineinragend, um genügend Lichteinfall auf die Bücherreihen zu bekommen. In der Raum-

---

[12]   LEHMANN (wie Anm. 7), S. 16, Abb. 1 (Florenz, Biblioteca Laurenziana, 1524/71).
[13]   J. MAY, Die Bibliothek des Benediktinerklosters Wiblingen, in: Alb und Donau, Kunst und Kultur, Bd. 29, Ulm 2002, S. 12–13.

Abb. 3 Kloster Salem,
Bibliothek, um 1700/1707,
Grundriss um 1740

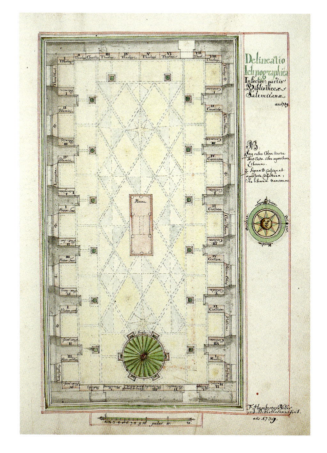

mitte wurden Ablageschränke platziert. Dies erinnert durch das raumbeherrschende Ablagesystem noch an die vorhin genannten Pultbibliotheken.

Fast zeitgleich mit Neresheim entstand in Salem um 1700–1707 unter Baumeister Franz Beer ein längsrechteckiger Bibliotheksraum mit Wandpfeilervorlagen und Säulen (*Abb. 3*). Darauf wurde eine Galerie gesetzt, um eine weitere Stellebene zu bekommen. Die Regale im unteren Bereich konnten so aber nur in den Laibungen aufgestellt werden. Dies hatte den Vorteil, dass, wie schon erwähnt, durch die seitliche Einstrahlung ausreichend Licht für die Buchrecherche zur Verfügung stand. Vermutlich handelte es sich um einfache Einbaukonstruktionen, da später über eine optische Verbesserung der Bibliothek nachgedacht wurde[14].

---

[14] W. WIESE, Möbel für die Bibliothek, in: Staatliche Schlösser und Gärten Baden-Württemberg, Neun Jahrhunderte lebendige Tradition, Kloster und Schloss Salem, München 2014, S. 142–145.

Abb. 4   Kloster Wiblingen, Bibliothek, 1737–1750

1711 folgte man in Ottobeuren nach und schuf mit Stukkator Johann Baptist Zimmermann und Maler Elias Zobel eine dekorativ prächtige Ausgestaltung[15]. Hier ließ man aber die Mauervorsprünge weg und erhöhte die Anzahl der Säulen. Damit erhielt der Raum die charakteristische Prägung einer saalartigen Kubatur. Die unteren Stellagen traten in der Wirkung zurück, in dem man sie aus Platzgründen flach vor die Wände stellte. Durch die dekorativen Stirnbretter der oberen Regale entstanden Bindeglieder zum Raumschmuck der Decken.

Einen Schritt weiter ging man in Kloster Wiblingen 1737–1750 (*Abb. 4*). Die Bücherregale sind hier in die Wandverkleidung eingebaut und zusammen mit Säulen, Skulpturen, Stuck und Malereien zu einem Raum in der Art eines Rokoko-Festsaales geformt. Fast entziehen sich dem Betrachter die Stellagen. Sie werden nun fester Bestandteil der Wanddekoration und bilden ein Gesamtkunstwerk höchsten Grades.

Diese Form hat sich auch im Neuen Kloster Schussenried (1753–1766) erhalten (*Abb. 5*). Allerdings wurde die umlaufende Regalausstattung durch einzelne bzw. durch aneinander gereihte Bücherschränke ersetzt. Dabei nehmen deren farblich auf einander abgestimmten Rokokodekorationen zusammen mit der Deckenausmalung, den Säulen

---

15   LEHMANN (wie Anm. 7), S. 110–111, Abb. 87.

Abb. 5   Klosters Schussenried, Bibliothek 1753–1766

und Skulpturen die Aufgabe des Raumschmuckes, um wiederum ein Ensemble von vollendeter Einheit zu bilden.

In einem anderen Sinn entstand die von dem Architekten Herkomer entworfene Klosterbibliothek Sankt Mang in Füssen (1715–1719)[16] (*Abb. 6*). Hier wurde auf eine Säulenstellung verzichtet und die umlaufende Galerie auf Tragkonsolen gelegt, um einen unverstellten Raum zu bekommen. Die Regale lehnte man flach an die Fensterwandstücke und füllte damit die ungestalteten Zwischenflächen komplett aus. Nach einem ähnlichen Muster ist St. Peter im Schwarzwald (1737–1739) entstanden[17]. Auch hier umläuft die Galerie auf konsolartigen Vorsprüngen den Raum, um auf eine Säulenstellung verzichten zu können. Die Stirnflächen der Vorsprünge erhielten einen lisenenartigen Schmuck mit Rokokodekor, und eine kräftige Balustrade hatte die obere Ebene einzufassen. Damit wirkte der Raum noch saalartiger und ordnete die Regalausstattung dem Raumgefüge mit Dekorwerk komplett unter.

Eine andere Raumauffassung ist in der späteren Umarbeitung der Bibliothek von Salem zu finden. Obgleich sie zuerst im modernen Barockstil entstand, wurde ihre drü-

---

[16]   HAUKE (wie Anm. 8), S. 49–52.
[17]   E. MITTLER/W. MÜLLER (Hgg.), Die Bibliothek des Klosters St. Peter: Beiträge zu ihrer Geschichte und ihren Beständen, in: Veröffentlichungen des Alemannischen Instituts, Nr. 33, Bühl 1972.

Abb. 6 St. Mang in Füssen, Bibliothek, 1715–1719

Abb. 7 Musterzeichnung eines Schrankes von Pater Ignaz, 19. Feb. 1791

ckende Erscheinung als nicht geglückt empfunden, weshalb sie Johann Georg Wieland 1786–1791 im klassizistischen Stil umzuformen und farblich zu vereinheitlichen hatte[18]. Die Mönche sollten sich zur Umgestaltung äußern, da es um mehr als nur um eine Verschönerungsaktion ging. Es war beabsichtigt, den dunklen, holzsichtigen Charakter durch eine leichtere Oberflächenwirkung zu korrigieren, da nach Pater Philippus Urteil *manchem Fremden [zu] verzeihen [wäre], wenn er beym ersten Eintritte von der Helle ins Dunkel das nicht ganz innige Urtheil abschließt: Hier hat der Schreiner aus Vorliebe für seine Arbeit die Bücher mit Fleiss zu verbergen, und ins finstere zurücksetzen getrachtet*[19]. Für die farbliche Neufassung hatte Pater Ignaz ein Muster (*Abb. 7*) angelegt[20], um

---

[18] U. KNAPP, Salem, Die Gebäude der ehemaligen Zisterzienserabtei und ihre Ausstattung, in: Landesdenkmalamt Baden-Württemberg, Forschungen und Berichte der Bau- und Kunstdenkmalpflege in Baden-Württemberg, Band 11, Stuttgart 2004, S. 374–376, 496–497, Abb. 370, 426; WIESE (wie Anm. 14), S. 142–145.

[19] Landesarchiv Baden-Württemberg, Generallandesarchiv Karlsruhe (GLA), 98/207, 18r (13. Feb. 1791).

[20] GLA 98/207 (19. Feb. 1791).

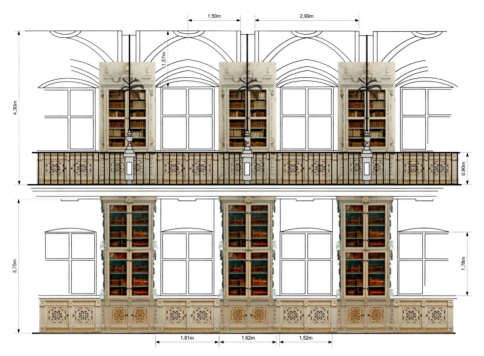

Abb. 8   Rekonstruktionsmodell der Bibliothek Salem, 2015

ein Alleinstellungsmerkmal zu schaffen, damit *vielleicht unsere Bibliothek die einzige in ihrer Art wäre*[21].

Durch die Entfernung der Säulen ist die unverstellte freie Saallösung zum Tragen gekommen, indem man die heute nur noch in Teilen vorhandenen Bibliotheksschränke[22] geschlossen um die Wandpfeiler und Stirnseiten als Raumverkleidung herumführte. Dadurch entstand eine strenge, von den Schränken geprägte Architektur, die vor allem durch die helle Farbgebung von Maler Moßherr geschlossen hervortrat. Die Schränke bildeten so eine kompakte Raumform aus mit einem durch den späteren Abbau leider verloren gegangenen monumentalen Charakter. Der hier unternommene Rekonstruktionsversuch (*Abb. 8*) kann vielleicht eine Andeutung der ehemaligen Konzeption geben, der dem System der Raum füllenden Bücherschränke zugrunde lag.

Schlösser

Anders als in Klöstern sind in Burgen und Schlössern keine Bibliotheksausstattungen des Mittelalters erhalten geblieben[23]. Es ist aber davon auszugehen, dass die Fürsten

---

21   GLA 98/207, 32r (13. Feb. 1791).
22   Wiese (wie Anm. 14), S. 142–145.
23   Lehmann (wie Anm. 7). Der Autor nennt keine Beispiele.

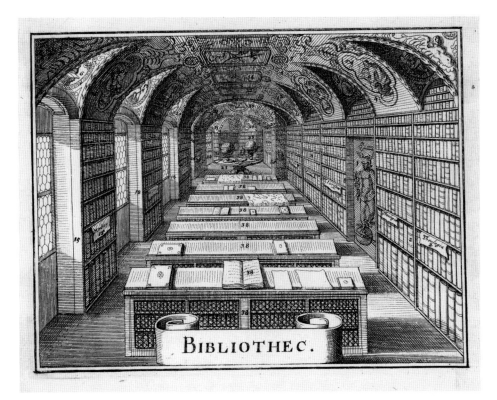

Abb. 9   Bibliothek Windhaag bei Perg/Österreich, Ansicht von Clemens Beuttler, 1654

Bücher besaßen und somit auch Buchbehältnisse. In manch mittelalterlichem Kastenschrank[24] dürften sich auch Bücher befunden haben. Zumindest gab es Räume mit Bücherbrettern auf Konsolen an den Wänden, wie Sebastian Münster in seiner Cosmographia 1552 zeigt[25]. Die Bücher waren mit den Buchrücken nach hinten aufgestellt und konnten wegen der Schließen nur so unbeschadet herausgezogen werden. Für die frühe Neuzeit müssen wir, wie schon erwähnt, Bibliotheksräume italienischer Renaissanceart annehmen. In Schloss Heidelberg steht heute noch die Ruine des sogenannten Biblio-

---

[24]   Vgl. H. KREISEL/G. HIMMELHEBER, Die Kunst des deutschen Möbels. Möbel und Vertäfelungen des deutschen Sprachraums von den Anfängen bis zum Jugendstil, Erster Band: H. KREISEL, Von den Anfängen bis zum Hochbarock, München 1981, Abb. 62, 67, 135 (Einlegearbeit in Türgewände auf der Veste Coburg, 1504, mit Motiv eines Bibliothekskastens mit Buchpult).

[25]   S. MÜNSTER, Cosmographiae universalis Lib[ri] VI. in quibus, iuxta certoris fidei scriptorum traditionem describuntur, Basel 1552, S. 706.

Abb. 10   Hofbibliothek Mannheim, 1750–1758

theksbaus aus der Zeit um 1540, der ehemals die kurfürstliche Schlossbibliothek beherbergte[26]. Leider gibt es keine Hinweise auf seine Ausstattung.

Während in den Klöstern die alte Stellung der pultartigen Buchablagen mit darunter gesetzten Kästen noch bis zum 16. Jahrhundert raumbeherrschend blieb[27], zeigte sich auch in Schlössern noch bis zum 17. Jahrhundert die Nutzung des gesamten Raumes als reiner Leseort[28]. So gab es Kubaturen mit umfassender Ausstattung. Ein Stich von Caspar Merian aus der Zeit um 1656 gibt die strenge Bücherreihung der Schlossbibliothek

---

[26] A. VON OECHELHÄUSER, Das Heidelberger Schloss, 2. Aufl. bearb. von J. GÖRICKE, Heidelberg 1987, S. 38–42.

[27] LEHMANN (wie Anm. 7), S. 34, Abb. 18. Caspar Merian, Stich der Bibliothek Windhaag von 1656.

[28] P. JESSEN, Das Ornamentwerk des Daniel Marot, in 264 Lichtdrucken, nachgebildet, Berlin 1892, Teil V., S. 154, Taf. 28. Die Bibliothek Marots wurde vermutlich nach 1700 gestochen und 1712 publiziert.

Abb. 12   Kabinettsbibliothek der Kurfürstin, Schloss Mannheim, Erdgeschoss, Nicolas de Pigage, 1755/56

Bücherregale befinden sich hinter reich geschmückten Türen der Vertäfelung und lassen so die multifunktionale Nutzung als kleines Teezimmer erkennen.

Dies scheint ebenso in Schloss Solitude bei Stuttgart der Fall gewesen zu sein. Herzog Carl Eugen ließ sich hier durch den Hofbaumeister Philippe de La Guêpère 1763–1765 ein Bibliothekskabinett im Rokokostil einrichten[38], um einen Rückzugsort für Muße-Stunden während seines ländlichen Aufenthalts zu erhalten. Noch im 19. Jahrhundert wird dieser Topos in der historistischen Malerei aufgegriffen[39]. Zu Beginn des 19. Jahrhunderts, selbst in den schwierigsten napoleonischen Krisenzeiten, entstanden solche kleinen Refugien, wie es die Privatbibliothek des württembergischen Königs in Schloss Ludwigsburg als fest eingebaute Raumauskleidung mit monumentalen Empirezügen zeigt[40] (Abb. 13).

---

[38] H. A. KLAIBER, Schloß Solitude, München 1991, S. 22, Abb. 10.
[39] THORTON (wie Anm. 34), S. 190, Abb. 245 (Bibliothek als Wohnzimmer, England 1815?), S. 198–199, N. 261 (Bibliothek in einem Londoner Haus, 1813), S. 258, Abb. 341 (Bibliothek eines Wiener Bürgerhauses, 1839).
[40] W. WIESE, Die Zeichenmappe des Ebenisten Johannes Klinckerfuss (1770–1831). Möbelzeichnungen des Empire und Biedermeier, Regensburg 2013, S. 128, Nr. 128 (vgl. auch S. 175, Nr. 136, Entwurf der Bibliothek des Königs in Schloss Rosenstein, um 1827).

BÜCHERSCHRÄNKE ALS HERRSCHAFTSSYMBOLE 119

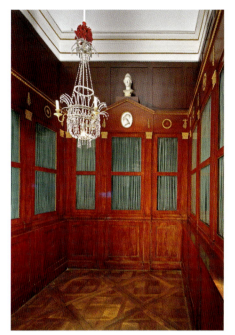

Abb. 13   Bibliothekszimmer des Königs in Schloss Ludwigsburg, 1809

Abb. 14   Schreibkabinett der Kurfürstin im Schwetzinger Schloss, um 1764

Das Lesekabinett der Pfälzer Kurfürstin in der Sommerresidenz Schwetzingen aus der Zeit um 1764 (*Abb. 14*) verkörpert diese multifunktionalen Zimmer mit Bücherschränken in besonderer Weise[41]. Die Kurfürstin besaß einen Bücherschrank mit aufgemalten Büchern, um den Zweck des Raumes jedem sichtbar zu machen. Aber es ging nicht mehr nur um deren bibliophile Neigung, sondern auch um die Vermittlung von Bildung und Stand.

Das Bibliotheksmöbel

Der Ausbau von Bibliotheksräumen und Studierkabinetten bedeutete eine schreinerische und gestalterische Herausforderung. So sollte nicht nur die sichere und quantitative Unterbringung der Bücher, sondern auch die funktionelle und dekorative Möblierung der Säle und Kabinette gewährleistet werden. Nicht von Anfang an war man sich dieser komplexen Aufgabe bewusst. Zunächst ging es um die schlichte Zweckmäßigkeit, für

---

[41]   C. L. Fuchs/C. Reisinger, Schloss und Garten zu Schwetzingen, Wiesbaden 2001, S. 29, Abb. 30 (Bibliotheks- und Lesezimmer der Kurfürstin); R. R. Wagner, Die Sommerresidenz des Kurfürsten Carl Theodor, in: W. Wiese/R. R. Wagner/W. Schröck-Schmidt, Schloss Schwetzingen, München 2009, S. 44 (Schreibkabinett des Kurfürsten im Badhaus).

Abb. 15   Bibliothekstisch (Entwurf Friedrich Sustris) in der ehem. Residenz München, zerstört

Abb. 16   Daniel Marot, Ornamentwerk, 1700/1712

das Lesen der Bücher günstige Ablage- und Aufbewahrungsmöglichkeiten zu finden. Dafür wurden im Mittelalter die schon erwähnten Lesepulte[42] konstruiert, wie man sie im niederländischen Zutphen noch findet[43]. Kirchenbankartig lagen die an Ketten festgemachten Bücher nebeneinander auf schrägen Stützbrettern, um sie direkt aufschlagen zu können. Die seitlichen Wangen der Stellagen erhielten Verzierungen, die Ablagen blieben aber einfache Bretter.

Während die alte Stellung der pultartigen Buchablagen, auch mit darunter gesetzten Kästen, noch bis ins 16. Jahrhundert hinein vorherrschend blieb[44], entstand im 17. Jahrhundert die horizontale Ablage für die temporäre Nutzung[45] (*Abb. 9*). Das Ablagemöbel erhielt nun die Form von Kästen oder Tischen. Bei einem Modell der Münchner Residenz von 1590/1600 (*Abb. 15*) könnte es sich um ein solches handeln, das sogar zu einem reich verzierten Kunstmöbel ausgearbeitet wurde[46].

Für die Bibliotheken waren zwei Möbeltypen zur Unterbringung der Bücher charakteristisch: zum einen Regale und zum anderen Schränke, die in unterschiedlicher Größe als offene und als geschlossene Konstruktionen zu Tage treten. Oft ist dies in der Literatur zu ungenau beschrieben worden[47], was aus typologischer Sicht Verwirrung stiftete und durch die falsche Objektbezeichnung zu unklaren Erklärungsmodellen führte, ja die Bedeutung der Möbel für das Gesamtbild sogar herabwürdigte. Marots Kupferstich von 1700/1712 (*Abb. 16*) mag veranschaulichen, wenn in der Kunstgeschichtsforschung von Schränken die Rede ist, in Wirklichkeit aber Regale gezeigt werden, in denen Bücher durch ihre Rücken tapetenmusterartig erscheinen und zu Bestandteilen des Möbels werden, d. h. Buchgestalt und Behältnis verschmelzen hier zu einem Werk.

Die Regale reichten vom Fußboden bis zu den Gewölbeansätzen und besaßen mehrere einfache Stellbretter. Aus Stabilitätsgründen konnten die Bretter nicht beliebig in die Breite verlängert werden, sondern mussten mit Hilfe von Zwischenwänden gestützt werden. Diese erstreckten sich von den Sockeln bis zu den Kranzgesimsen. Die Vorderseiten der Zwischenwände und der Gesimse boten Flächen für Dekorationen. Meistens leiteten geschnitzte Aufsatzbretter zur gestalteten Wand über. Im Prager Strahow-Kloster (1671/1672) oder im niederösterreichischen Kloster Lilienfeld (1704) wird dies deutlich[48] (*Abb. 17*). Die Regale wurden sogar bis in die Gewölbezwickel hinein gezogen, um sämtlichen Platz auszunutzen. In die Raummitte ist ein Aufsatzmöbel für Folianten gestellt, wohl um die weiten Wege der Ablage zu minimieren. Durch die Einführung von Regalgalerien, d. h. bei entsprechenden Raumhöhen, formte man die Möbel zu komple-

---

42 LEHMANN (wie Anm. 7), S. 16, Abb. 1 (Florenz, Biblioteca Laurenziana, 1524/71).
43 Ebda. S. 16, Abb. 1 (Biblioteca Laurenziana, Florenz, 1524/71), S. 28, Abb. 11 (Domstift Zutphen, 1561/63).
44 Ebda. S. 34, Abb. 18. Caspar Merian, Stich der Bibliothek Windhaag von 1656.
45 JESSEN (wie Anm. 28), Teil V., S. 154, Taf. 28. Die Bibliothek Marots wurde vermutlich nach 1700 gestochen und 1712 publiziert.
46 KREISEL/HIMMELHEBER (wie Anm. 24), S. 110, 128, 170, Abb. 247 (Das Möbel ist leider im Zweiten Weltkrieg verbrannt.).
47 Vgl. LEHMANN (wie Anm. 7); TREM/HUBER/SCHMUCKI (wie Anm. 11), S. 37; SEIFERT (wie Anm. 34), S. 205 ff.
48 LEHMANN (wie Anm. 7), S. 57 (Abb. 35), 61 (Abb. 39).

Abb. 17   Bibliothek des Klosters Lilienfeld, 1704

xen Konstruktionen um und ließ sie Teil der Wandausstattung werden. Dabei bildete man, etwa im Kloster Waldsassen (*Abb. 18*), horizontale Gesimstraversen und an den Vorderkanten der Zwischenwände Lisenen, Halbsäulen oder Zierbretter aus.

Mit dem Stützwerk, das nicht immer eine für die Galerie tragende Funktion besaß, wurden die Bibliotheksmöbel Bestandteil eines räumlichen Gesamtkonzeptes. Oft standen die Regalmöbel nicht nur vor den Wänden, sondern ummantelten ganze Mauervorsprünge (*Abb. 19*). Dabei galt es die Seitenwandproblematik zu lösen, denn der Zusammenstoß der rechtwinklig gestellten Regale führte zu störenden Leerflächen. Um diese zu gestalten, wurden architektonische Elemente wie Säulen oder Pilaster vorgeblendet[49]. Geschnitzte Figuren, Ornamentwerk und Malereien bildeten auch die Gestaltungsmittel für die architektonisch geformten Möbel. Einen Unterschied zwischen den klösterlichen und fürstlichen Bibliotheken gab es hierbei nicht. Allerdings haben sich gegenüber den klösterlichen Anlagen weit weniger Hofbibliotheksräume erhalten, um definitive Aussagen treffen zu können.

Aus den Regalwänden, die eine gute Einsehbarkeit boten, aber auch den Nachteil der ungesicherten Aufstellung der Bücher besaßen, entwickelte sich parallel dazu die verschließbare Schrankbibliothek. Zuerst als einzeln gestellte Möbel reihte man sie schließlich in Fluren oder in Wohnräumen zu gestaffelten Komplexen auf. Dabei waren die Schränke aus gewöhnlichen Behältnismöbeln mit Regalböden hervorgegangen. Ihr Charakteristikum bestand in der Rahmen-Füllung-Konstruktion der gefertigten Türen zum Verschließen des Inhalts[50]. Häufig wurden anstatt der Holzfüllungen auch Glasscheiben eingesetzt[51]. So konnte man die aufgestellten Bücher von außen noch sehen,

---

[49] Vgl. Stiftsbibliothek St. Gallen (1757–1767), in: LEHMANN (wie Anm. 7), S. 135, Abb. 119.
[50] Ebda. S. 30, Abb. 13 (Bücherschrank aus Kloster Eberbach, um 1640).
[51] Ebda, S. 30, Abb. 14; H. KREISEL/G. HIMMELHEBER, Die Kunst des deutschen Möbels, Möbel und Vertäfelungen des deutschen Sprachraums von den Anfängen bis zum Jugendstil,

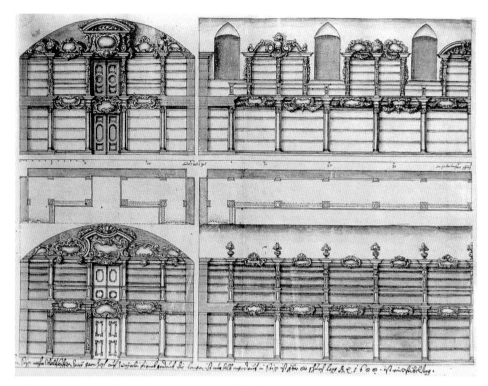

Abb. 18   Kloster Waldsassen, Entwurf zur Bibliothek, 1688

aber nicht einfach herausziehen. Eine andere Variante waren die mit Gittergeflecht und Stoffbespannungen geschlossenen Schränke. Ein besonders schönes Beispiel von Johann Georg Neßtfell hat sich in Schloss Pommersfelden aus der Zeit um 1725 erhalten[52] (Abb. 20). Das mit dem Monogramm des Grafen von Schönborn ausgewiesene Möbel zeigt alle Vorzüge der barocken Schreinerkunst, wie die hochpolierte Furnierfläche, das vergoldete Schnitzwerk, die reiche Profilierung und eine gitterartige Verblendung.

Die Schränke aneinander gereiht finden auch in den großen Bibliotheksräumen Eingang. Nun bedecken sie, wie die Regalmöbel, die Wandflächen lückenlos und bilden geschlossene Wandausstattungen[53]. Dabei ging ihr Schrankcharakter nicht verloren, sondern blieb im Sinne des Möbels gewahrt. Im neuen Kloster Schussenried hat sich eine

---

Zweiter Band: H. KREISEL, Spätbarock und Rokoko, München 1983 (2. Auflage bearbeitet von G. HIMMELHEBER), Abb. 219 (Bibliotheksschrank, Johann Georg Neßtfell, Wiesentheid 1725, heute in Schloss Pommersfelden).

[52] KREISEL/HIMMELHEBER (wie Anm. 51), Abb. 220.
[53] LEHMANN (wie Anm. 7), S. 107, Abb. 82 (Augustiner-Chorherrenstift St. Pölten, 1725–1739); J. MAY, Bibliothekssaal Schussenried. Kleinod des Rokoko und geistvoller Bilderkosmos, Bad Buchau 2003, S. 18 (Neues Kloster Schussenried, Bibliothek 1754–1763).

Abb. 19   Stiftsbibliothek St. Gallen (1757–1767)

besonders prächtige Variante erhalten, welche Glastüren mit hinterlegten Malereien besitzt (*Abb. 20*). Das Motiv der Malereien sind Buchrücken, so als wären die Bücher wohl geordnet in die Schränke gestellt. Die eigentlichen Bände konnte man damit nicht sehen; sie mussten daher nicht, wie im Falle von Salem, mit Aufwand dekorativ umgebunden werden. In derselben Art stehen Schränke im kurfürstlichen Lesezimmer des Schlosses Schwetzingen[54], wie schon erwähnt (*Abb. 14*). Meistens zeigen die Möbel untere Kastenteile mit Holztüren und aufgesetzte Kasten. Während viele Regale und Schränke in Naturholz mit reichen Einlegearbeiten und Polituren gefertigt wurden, gab es andererseits gefasste Modelle. Man stimmte die Farben auf die Malereien und Tünchungen der Decken und Wände ab, um einen ganzheitlichen Eindruck, aber auch die Suggestion wertvoller Materialien, wie Marmor, oder kostbarer Substanzen, wie Perlen oder Muscheln, zu erzeugen.

Nicht selten waren zur Buchablage in den Schränken herausziehbare Bretter in Tischhöhe eingefügt. Oder man integrierte, wie im Falle Schussenrieds, in den Unterschränken herausklappbare Lesetische mit Hockern (*Abb. 21–22*). Meistens gehörten kleine Stellleitern oder Steighocker zur Ausstattung der Bibliotheken im späten 18. Jahrhun-

---

[54]   WIESE/WAGNER/SCHRÖCK-SCHMIDT (wie Anm. 41), S. 35 (Schreibkabinett der Kurfürstin im Schwetzinger Schloss, Raum 124).

Abb. 20 Bücherschrank
von Johann Georg Neßtfell,
Schloss Pommersfelden,
um 1725

dert hinzu[55]. Dabei versteckte man geschickt Lesepulte oder Leitern in gewöhnlich aussehenden Möbeln[56].

Als zentrale Elemente gab es nicht selten die Kabinettschränke mit Buchbehältnissen, die sogar zum Blickfang eines gesamten Raumensembles werden konnten[57]. So zeigt etwa das Studierkabinett der Gräfin von Tessin in Stockholm um 1760[58] neben einem Bücherregal den Typ eines englischen *bookcase*. In englischen Vorlagewerken der zweiten Hälfte des 18. Jahrhunderts werden solche Möbel allgemein verbreitet und zur Ausstattung der Kabinette und Studierzimmer vorgeschlagen[59]. So haben wir Bücherschränke mit unteren geschlossenen Kästen und verglasten Oberteilen. Manche

---

[55] SHERATON (wie Anm. 34), Textband, S. 12–14, 55–56, Tafelband, Modell, Taf. 5, 30.
[56] Ebda. Textband, S. 12–14, Tafelband, Modell, Taf. 5.
[57] THORNTON (wie Anm. 34), S. 77, Abb. 90–91 (Holländische Studierzimmer, 1690–1700, Grafiken ehemals bei Sothebys in London), S. 123, Abb. 152 (wahrscheinlich Ansicht des Salons der Madame du Deffands in Paris, Mitte 18. Jh., Grafik heute in der Bibliothèque Nationale, Paris).
[58] Ebda. S. 128, Abb. 163 (Gräfin von Tessin in ihrem französischen Kabinett in Schweden, um 1760, Gemälde von Olof Fridsberg, heute im Nationalmuseum Stockholm).
[59] T. CHIPPENDALE, Furniture Designs from the Gentleman and Cabinet-Maker's Director, 1762, Nachdruck R. W. SYMONDS, London 1948, Taf. 60; G. HEPPLEWHITE, The Cabinet-Maker and Upholsterer's Guide, 3. Edition von 1794, ND New York 1969; F. G. HOFFMANN, Neues Verzeichnis und Muster-Charte des Meubles Magazin, Leipzig 1793.

Abb. 21 und 22   Kloster Schussenried, Lesepult im Bibliotheksschrank, 1754–1763

Schreibkommoden erhielten Buchschrankaufsätze, um an einem Möbel Lese- und Schreibtätigkeiten unmittelbar ausüben zu können. Aus der Zeit um 1725 hat sich in Schloss Weikersheim ein solches Stück erhalten[60] (*Abb. 23*). Der Schrankteil ist hier mit spiegelverglasten Türen versehen.

Zum Ausstattungsensemble gehörten auch Lesetische mit Buchstützen für die bequeme Buchablage. In Schloss Ludwigsburg befindet sich ein nach englischem Vorbild gefertigter Lesetisch aus der Zeit von 1801, der wohl ursprünglich im Lesekabinett des Schlosses Monrepos stand[61] (*Abb. 24*). Das Lesepult ist mit einer Gouache des württembergischen Hofmalers Seele dekoriert. Vor allem gegen Ende des 18. Jahrhunderts wurden immer häufiger die Studiermöbel einer höfischen Klientel empfohlen[62], durch die

---

[60]   Inv.nr. W 4/21. Vermutlich Johann Heinrich Schneider, Künzelsau 1726.
[61]   Schloss Ludwigsburg SchL 1921. Vgl. auch W. WIESE, Johannes Klinckerfuß, Ein württembergischer Ebenist (1770–1831), Sigmaringen 1988, S. 260, Nr. 20, Abb. 20.
[62]   F. BERTUCH (Hg.), Journal des Luxus und der Moden, Weimar Juni 1792, S. 331, T. 18. Englischer Bücher-Schrank zu einer Hand-Bibliothek: *Es trift sehr oft, daß man in einem Wohn-Zimmer eine kleine auserlesene Handbibliothek, und ein Kabinet von Handzeichnungen, … zu haben wünscht, die zugleich ein hübsches Meuble ausmachen soll.*

Abb. 23   Aufsatzkommode, Schloss Weikersheim, um 1725

eine bequeme Unterbringung von Büchern und ihre individuelle, wohnliche Nutzung möglich wurde[63].

Bibliotheken als Herrschaftsinstrumente

In Klöstern und Schlössern findet sich also eine Bandbreite von architektonisch gegliederten und hallenförmig entworfenen Bibliotheksräumen bis hin zu kleinen Kabinetts-

---

[63]   BERTUCH (wie Anm. 62), Feb. 1798, S. 102–103, T. 6. Bertuch stellt hier eine *Bibliothéque ambulante* vor: *bis ich mir endlich eine wandelnde Bibliothek erfand.*

Abb. 24 Lesetisch von Johannes Klinckerfuß, 1801, Schloss Ludwigsburg

bibliotheken. Während die einen dem wissenschaftlich ambitionierten Interesse von Menschen dienten, verkörperten die anderen die gehobene Privatheit eines Kreises privilegierter Personen. So ist festzustellen, dass schon seit alters her die wertvollen Handschriften und Bücher Statussymbole ihrer Besitzer waren. Dies hat schon Andrea Palladio in seinem bedeutenden Traktat zur Architektur von 1570 zum Ausdruck gebracht, in dem er die Bibliothek eines griechischen Hauses in der Mitte des Gebäudeflügels gegenüber dem Hauptsaal und in zentraler Lage am Peristylhof angeordnet sah[64]. Viele der späteren Architekturentwürfe orientierten sich an dieser Hervorhebung und wiesen der Platzierung von Bücherräumen auch einen hohen Stellenwert zu. Aber die räumliche Ausstattung in systematischer und repräsentativer Form sollte nicht nur der architektonischen, sondern vor allem der standesgemäßen Aufwertung ihrer Eigentümer dienen. In der Qualifizierung der Orte sah man also eine Hauptaufgabe und verstand die Bibliotheken als Kosmos der Weisheit, welcher durch Einheit von Wissenschaft und Artefakt der Selbstdarstellung dienen sollte[65].

---

[64] A. PALLADIO, Die vier Bücher zur Architektur. Nach der Ausgabe Venedig 1570 *I Quattro Libri Dell'architettura*. Aus dem Italienischen übertragen und herausgegeben von A. BEYER u. U. SCHÜTTE, Zürich 1988, S. 158–159, Taf. 66.

[65] J.-U. FECHNER, Die Einheit von Bibliothek und Kunstkammer im 17. und 18. Jahrhundert, dargestellt an Hand zeitgenössischer Berichte, in P. RAABE (Hg.), Öffentliche und Private Bibliotheken im 17. und 18. Jahrhundert, Raritätenkammern, Forschungsinstrumente oder Bildungsstätten? (Wolfenbütteler Forschungen 2), Bremen 1977, S. 11–31.

Besonders ließ die Visualisierung Haltung und Anspruch dann zum Ausdruck bringen, wenn technische Konstruktionen und Erfindungen zu wesentlichen Elementen wurden, um Größe und Persönlichkeit der Auftraggeber sichtbar zu machen. Dabei gaben im Laufe des 17. und 18. Jahrhunderts Anregungen von Claude Clemant[66], Gabriel Naudé[67], Jacques Francois Blondel[68] oder Thomas Chippendale[69] für die Einrichtung von Bibliotheken wichtige Hilfen zur Verwirklichung komplexer Bauaufgaben. Auch noch im Journal des Luxus und der Moden, das Friedrich Justin Bertuch ab 1786 in Weimar herausgab[70], stellt der Autor die Bedeutung der Funktionalität in den Vordergrund. Sogar für den kleinen Haushalt empfiehlt er ein entsprechendes Bibliotheksmöbel: *Es trifft sehr oft, daß man in einem Wohn-Zimmer eine kleine auserlesene Handbibliothek, und ein Kabinet von Handzeichnungen, Kupfern oder andern Kunstsachen zu haben wünscht, die zugleich ein hübsches Meuble ausmachen soll*[71]. Damit wird deutlich, auch wenn es sich hier nur um einen Mikrokosmos handelt, was für eine Bibliothek wichtig erschien. Dies sind drei Alleinstellungsmerkmale: 1. Die qualitätsvolle Auswahl der Bücher, 2. die Wertung des Bücherschatzes als Artefakt und 3. die praktische Ausformung einer Bibliothek. Dafür kamen Pfeiler- und Saalräume in ein- und mehrgeschosiger Variation oder Kabinetträume, Bücherschränke und Lesetische in Betracht.

Gerade in der Barockzeit entwickelte man die ursprünglich auf den Zweck der Bücherunterbringung ausgerichteten Räume zu wahren Gesamtkunstwerken. Nicht nur bei weltlichen Herrschaften, sondern auch in Klöstern mit ihren eher abgeschlossenen Anlagen wuchs der von wirtschaftlichem und politischem Antrieb[72] ebenso wie von kultureller Überzeugung geprägte Ehrgeiz, sich im konkurrierenden Machtgefüge sozialer Gruppierungen zu behaupten. So entstanden neben den Sakralräumen eigenständige Säle des Wissens zur Vermittlung herrschaftlicher Botschaften. Dies lässt sich ebenso in den Kabinettsbibliotheken und kleineren Studierräumen der Höfe erkennen, auch wenn die Handbibliotheken keinen allgemeinen Zugang besaßen und höchstens der internen Etikette dienten.

Fürstpropst Adelmann von Adelmannsfelden hat sich in einem Staatsbildnis (*Abb. 25*), das im zentralen Festsaal des Ellwanger Schlosses an exponierter Stelle zu

---

66 B. C. CLÉMENT, Musei, sive Bibliotecae tam privatae quam publicae Extructio, Instructio, Cura, Usus, Libri IV Lugduns 1635.
67 G. NAUDÉ, Advis pour dresser une bibliotheque, Paris 1627 (dt. Übersetzung: H.Steudner/K. TAUBERMANN, Berlin 1978).
68 J.-F. BLONDEL, De la distribution des maisons de plaisance et de la décoration des édifices en général. Band 1, Paris, 1737, Cap. II, S. 45.
69 T. CHIPPENDALE, The gentleman and cabinet-maker's director: being a large collection of the most elegant and useful designs of household furniture in the Gothic, Chinese and modern taste, London, 1754.
70 D. KUHLES unter Mitarbeit von U. STANDKE, Journal des Luxus und der Moden, 1786–1827. Analytische Bibliographie mit sämtlichen 517 schwarzweißen und 976 farbigen Abbildungen der Originalzeitschrift, in Bibliographien und Kataloge der Herzogin Anna Amalia Bibliothek, Bd. 1–3, München 2003.
71 BERTUCH (wie Anm. 62), Juni 1792, S. 331, T 18 (ein englischer Bücher-Schrank zu einer Handbibliothek); vgl. KUHLES/STANDKE (wie Anm. 70), S. 106, Nr. 01335.
72 D. BEALES, Europäische Klöster im Zeitalter der Revolution: 1650–1815, Wien 2008, S. 3.

Abb. 25   Portrait des Fürstpropsts Johann Christoph Adelmann von Adelmannsfelden (1674–87) vor der Bibliothek im Ellwanger Schloss, 1728/29

finden ist, vielleicht aus gutem Grunde vor seiner Bibliothek portraitieren lassen [73]. Seinen Anspruch als regierender Fürst gibt der über ihm schwebende Puto deutlich im Verweis auf Bildung und Kunstbegeisterung wieder. In die Repräsentation, die sich schon längst nicht mehr allein über den geistlichen Stand vollzog, wurden Bibliotheksmöbel als wichtige Darstellungsmittel höfischer Privilegierung und gesellschaftlicher Anerkennung mit eingebunden. Die Ansammlung von Wissen und Kunst, auch in Form von Regalen und Schränken, Lesetischen und Stellleitern, wurde so zu einem Symbol herrschaftlicher Ordnung gebildeter Menschen *ad suae dignitatis exaggerationem* (zur Mehrung ihrer Würde)[74] und zu einem Code der Macht durch Wissen im Sinne der *épistémè*[75] (richtige Erkenntnis) schlechthin.

---

[73]   M. Steuer, »Ihro fürstliche Gnaden …«. Die Fürstpröpste von Ellwangen und ihre Kultur, Ellwangen 2011, S. 155–161, 279. Die Fürstpröpste Johann Christoph IV. Adelmann von Adelmannsfelden (1674–1687) und Anton Ignaz Fugger (1756–1787) ließen sich vor ihren Bibliotheken portraitieren.

[74]   K. Schreiner, Bücher, Bibliotheken und »Gemeiner Nutzen« im späten Mittelalter. Geistes- und sozialgeschichtliche Beiträge zur Frage nach der »Utilitas Librorum«, in: Bibliothek und Wissenschaft, Band 9, Wiesbaden 1975, S. 202–249, hier S. 213. Der Autor bezieht sich auf C. Clemens, der im Bibliotheksbau die Mehrung der Magnifizenz eines Fürsten sieht.

[75]   M. Foucault, Dispositive der Macht. Michel Foucault über Sexualität, Wissen und Wahrheit, Berlin 1978, S. 124.

Archive

Klosterarchive.
Versuch einer Typologie

VON KONRAD KRIMM

... daß archiv,
so das gröste kleinod bey meinem stift ist.

Beschwörend spricht die Säckinger Äbtissin vom *kleinod*, dann vom *schatz* ihres Stifts, dem Archiv[1] – da sollte man reichliche schriftliche Quellen zu diesen Klosterpreziosen erwarten dürfen. Tatsächlich setzen die Angaben zur Verwahrung des Archivs erst mit dessen Flüchtung 1691 ein und erst durch den Bericht des badischen Säkularisationskommissars von 1806 erfahren wir, wo das Archiv im Säckinger Stiftsgebäude lagert. Und Säckingen ist kein bedauerlicher Einzelfall. Wer mit dem schönen Vorsatz an die Arbeit geht, eine kleine Typologie südwestdeutscher klösterlicher Archivräume und -bauten zusammenzustellen, merkt bald, dass er vielerorts ins Leere greift. Das »Archiv« gehört nicht zu den Bauaufgaben, die immer und eigens erwähnt werden – es ist schon eher ein Glücksfall, wenn die Lage des Archivs in den Grundriss einer Klosteranlage überhaupt eingezeichnet ist. So kann das Folgende nur einige vergleichende Beobachtungen zur Lage und zur Funktion von klösterlichen Archivräumen addieren. Bis zu einer systematisierenden Baugeschichte dieser Räume ist es noch ein weiter Weg.

Dabei »fängt alles so schön an«: Der St. Galler Klosterplan des 9. Jahrhunderts gilt zwar eher als allgemeines Bauprogramm denn als Abbild realer Verhältnisse[2]; indem er aber ein offenbar zweistöckiges Gebäude für die *sedes scribentium* und die *biblioteca* nordöstlich an den Chor der Kirche anlagert (*Abb. 1*), spiegelt er einen Baugedanken, wie er sich vielfach und durch Jahrhunderte tatsächlich europäisch verwirklicht, nicht nur im Klosterbau, sondern auch bei Stifts- und Pfarrkirchen, sei es im Oberstock einer nordöstlichen Sakristei, sei es auf der Südostseite des Chors im baulichen Kontext des

---

[1] 14. Mai 1691, Maria Cleopha Schenk von Kastell an den Konstanzer Bischof Marquard von Rodt, Generallandesarchiv Karlsruhe (künftig: GLA) 97 Nr. 29 fol. 1. Die Reinschrift ersetzt das *kleinod* des ersten Konzepts durch *schatz*. Zum Vorgang siehe unten S. 148. Zum Folgenden vgl. H. SCHWARZMAIER, Das Archiv des Stifts Säckingen, in: W. BERSCHIN (Hg.), Frühe Kultur in Säckingen, Sigmaringen 1991, S. 153f., hier auch Angaben zu den ältesten Ordnungsarbeiten des 16. Jahrhunderts im Stiftsarchiv .

[2] Vgl. zur Einführung: E. TREMP, Der St. Galler Klosterplan. Faksimile, Begleittext, Beischriften und Übersetzung, St. Gallen 2014; B. SCHEDL, Der Plan von St. Gallen. Ein Modell europäischer Klosterkultur, Wien u. a. 2014.

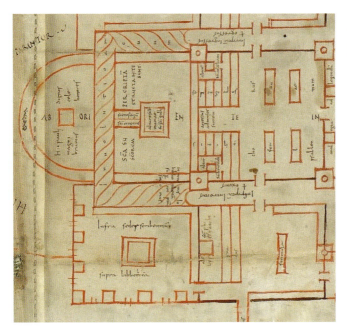

Abb. 1 St. Gallen, Scriptorium im Klosterplan (um 90° gedreht), 9. Jh.

Kapitelsaals. Ob es sich nun um die berühmte *Trese* über der Lübecker Bürgermeisterkapelle von St. Marien für die städtischen Urkunden handelt (*Abb. 2*), um die *cella libraria minor* und die *cellulae scriptoriae* im Zisterziensermutterkloster Clairvaux[3] oder um das Säckinger Stiftsarchiv neben dem Chor des Fridolinmünsters, um den später eingebauten Archivraum von St. Georg in Oberzell (*Abb. 3*) oder um das Dornstetter

---

[3] Abb. vgl. M. Thome, Einheit und Einfachheit. Architektur und Raumkonzepte der Zisterzienser, in: Die Zisterzienser. Das Europa der Klöster, Bonn 2017, S. 39–53, hier S. 40. Ein Kirchturmgeschoss als sicherer Verwahrort für das Archiv soll hier – als wieder eigene, vor allem von Kommunen genutzte Variante – außer Acht bleiben. Im Turm der Stifts- und Pfarrkirche von St. Georg in Oberzell auf der Reichenau könnte z. B. gelegen haben, was die *Registratura und beschreibung aller stifft, lehen, urthel, bvandt, zins und andere brieff, so zu Oberzell in der pfarrkirchen ligen und dem h. s. Jörg zuegehörig sein*, erfasst (Ende 16. Jahrhundert, GLA 96 Nr. 14), wahrscheinlicher ist dafür aber der südliche Sakristeiraum mit eiserner Tür und eigens eingezogenem Gewölbe, der im 14. Jahrhundert in die ehemalige Südkonche der Vierung eingebaut wird, vgl. D. Jakobs, Sankt Georg in Reichenau-Oberzell. Der Bau und seine Ausstattung, Textband Teil I (Forschungen und Berichte der Bau- und Kunstdenkmalpflege Baden-Württemberg 9), Stuttgart 1999, S. 166 ff. dazu am übersichtlichsten Tafel 7 im Tafelband. Jakobs erörtert die mögliche Nutzung als Archiv nicht. – Für eine weitere Variante, die Unterbringung des Archivs im Westwerk einer Kirche, also in einem Raum über dem Hauptportal, sei das Kloster St. Peter genannt; hier hatte Abt Johannes Erb nach den Zerstörungen des Bauernkriegs 1563 vieles neu gebaut, darunter *ingressum* [den Eingang zur Kirche] *ac archivium* [!] *desuper impositum* (Ulrich Bürgi, Rete documentorum, Bissingen 1728, Hs. UB Freiburg Online: http//dl.ub.uni-freiburg.de/diglit/hss452/0416; vgl. zur Deutung der Bauinschrift von 1563 Gregor Baumeister, Annales monasterii S. Petri in nigra silva, Bd. 1, 1754, GLA 65 Nr. 530a, pag. 664).

 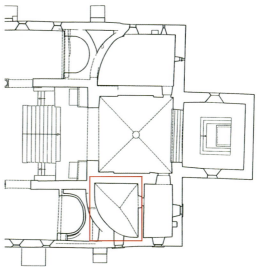

Abb. 2   Lübeck, St. Marien, Fenster der „Trese" über der Bürgermeisterkapelle

Abb. 3   Reichenau-Oberzell, St. Georg, nachträglich eingezogener Archivraum in der südlichen Konche, Bauaufnahme 1999

Stadtarchiv über der Sakristei der Pfarrkirche (um bescheiden in den Südwesten zurückzukehren) – immer wird die Nähe zum und die Sicherung durch das Sanctuarium der Kirche das entscheidende Motiv für die Verwahrung des Schriftenschatzes gewesen sein. Auch für die liturgische Praxis im Chor und für den Textgebrauch im Kapitel spielt die räumliche Zuordnung von *Scriptorium* und *Armarium* zu diesen beiden wichtigsten Orten im Konventsleben eine Rolle. Und wer wollte für das Früh- und Hochmittelalter beim Scriptorium strikt zwischen Buch- und Urkundenproduktion, zwischen theologisch-liturgischer und pragmatischer Schriftlichkeit trennen? Die beiden Gewölbereste, die sich in Bebenhausen zwischen Kirche und Kapitelsaal als Ort eines Armariums rekonstruieren lassen, könnten tatsächlich dem bescheidenen Raumbedarf für Kästen und Truhen mit liturgischem wie mit rechtssicherndem Inhalt genügt haben[4]. Noch im 15. Jahrhundert werden im Damenstift Buchau Heiltümer und »Briefe«, also Urkunden, gemeinsam in der Sakristei der Stiftskirche verwahrt[5].

---

[4]   Vgl. P. RÜCKERT, Mittelalterliche Schriftkultur in Bebenhausen: Skriptorium – Bibliothek – Archiv, in: K. G. BEUCKERS/P. PESCHEL (Hgg.), Kloster Bebenhausen. Neue Forschungen, Bruchsal o.D. [2011]. In ähnlicher Position liegt die *blinde bibliothek* unter der Dormitoriumstreppe in Salem, die 1616 abgebrochen wird, vgl. U. KNAPP, Salem. Die Gebäude der ehemaligen Zisterzienserabtei und ihre Ausstattung, Stuttgart 2004 S. 310.

[5]   Vgl. R. SEIGEL, Die Urkunden des Stifts Buchau (Inventare der nichtstaatlichen Archive in Baden-Württemberg 36), Stuttgart 2009, S. 324f. (1447 Oktober 20, Nr. 442).

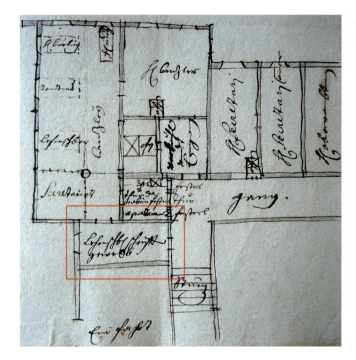

Abb. 4   Salem, Kanzleiräume mit Gewölbe für die Lehenschriften, 1734

Aber: Dieser geradezu idealtypische Ort, den wir so gerne als Keimzelle auch des klösterlichen Archivs betrachten würden, verliert mit der Zunahme des kanzleimäßigen Verwaltungsschriftguts für die Archivgeschichte offensichtlich an Bedeutung. Er gehört wesentlich in die Geschichte der Klosterbibliotheken und ihrer Handschriften. Als herausragende Beispiele solcher »reinen« Bibliotheksräume und -bauten, wie sie dem Grundgedanken des St. Galler Plans folgen, seien im Südwesten stellvertretend der Wertheimer Bibliotheksraum über der Sakristei der Stiftskirche von 1446 oder auch die verlorenen bzw. rekonstruierten Bibliothekssäle über den Marienkapellen von Alpirsbach und Hirsau genannt (beide nach 1500)[6]; das Bibliotheksgewölbe über der Salemer Marienkapelle aus der gleichen Zeit (1508) soll in dieser Reihe für Zisterzienserbauten stehen[7]. Archivräume oder gar -gebäude werden wir aber seit dem Ende des Mittelalters anderswo suchen müssen.

---

[6] Zur *lieberey* in Alpirsbach, aber auch zu Hirsau und vielen Vergleichsbauten nach dem Vorbild von Cluny vgl. grundlegend A. WEYER, Die mittelalterlichen Klausurgebäude des Klosters Alpirsbach, in: Alpirsbach. Zur Geschichte von Kloster und Stadt (Forschungen und Berichte zur Kunstdenkmalpflege in Baden-Württemberg 10), Stuttgart 2001, S. 218, S. 309 ff. und S. 318 ff. mit Abb. 1015 und 1016. Zur Funktion der Alpirsbacher Südempore als Bibliothek vgl. dagegen U. KNAPP, Beobachtungen zur Baugeschichte der Klosterkirche bis zur Einführung der Reformation, in: ebda. S. 132.

[7] Vgl. KNAPP (wie Anm. 4), S. 275 ff. u. a.

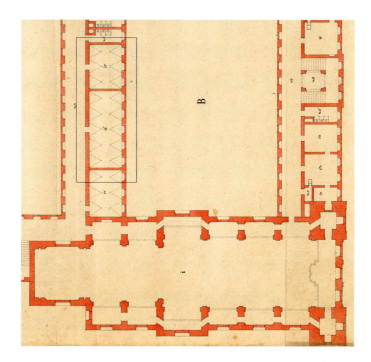

Abb. 5 St. Peter, Bibliothek und Archiv im Mitteltrakt, Entwurf 1. Hälfte 18. Jh.

Dabei ist schon bei der Vorstellung des e i n e n Klosterarchivs vorsichtig zu differenzieren: Zumindest in größeren Klöstern und auch zu unterschiedlichen Zeiten konnte es mehrere Archivräume (wie wohl auch Bibliotheken) geben. In Salem werden in den Planungen für die Neubauten des frühen 17. Jahrhunderts (die dann dem Brand von 1697 zum Opfer fielen) *brief gewelb* im mittleren und oberen Stock genannt[8], für das Erdgeschoss wird außerdem 1734 im nordöstlichen Eckrisalit der Prälatur, neben Kanzlei, Sekretariat und Warteraum für die Parteien, auch ein eigenes *schriftengewelb* für den Lehenschreiber vorgeschlagen[9] – getrennte Registratur- und Archivräume also, die offenbar erst später zusammengelegt werden (*Abb. 4*).

Schwerer als solche funktionalen Unterscheidungen bei mehreren Archivräumen in einem Kloster wiegen Fragen nach deren Rechtsform: Wem gehören sie? Dem Konvent oder dem Abt oder beiden gemeinsam? Nicht umsonst legen komplizierte Schlüsselzuständigkeiten den Zugang fest, um einen offenbar labilen Zustand im Gleichgewicht zu

---

[8] GLA 98 Nr. 85 #10 Ziff. 42. Die zeitliche Zuordnung dieser Bauprogramme ist nicht ganz klar. Der zeitgenössische Umschlag ordnet die *Beratschlagungen und Entscheide den Konvent- und Hofbau betreffend de anno 1698* eindeutig der Bauplanung nach dem Brand von 1697 zu, dem entspricht auch z. T. das Schriftbild. Einige der Baumeister-Memoranden sind jedoch Abschriften älterer, ebenfalls beiliegender Fassungen. U. KNAPP bezieht sie auf die Baumaßnahmen des frühen 17. Jahrhunderts (wie Anm. 4, S. 311).

[9] Vgl. GLA 98 Nr. 103, dazu KNAPP (wie Anm. 4), Katalog S. 97 Nr. 187.

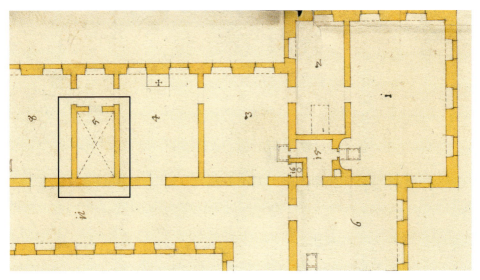

Abb. 6   St. Peter, Abtsquartier (1–3) mit Kapelle (4) und Archiv (5), Entwurf 1728

halten. In Buchau sind 1447 die Schlüssel zur Sakristei – in der die Urkunden verwahrt werden – auf drei Chorfrauen und zwei Chorherren verteilt[10]. Noch deutlicher heißt es 1670 in St. Peter im Schwarzwald, dass die *arca*, die Kiste, in *qua liber capitularis asservatus, quaternae claudent serae diversis clavibus reservandae, quarum primam reverendissimus dominus abbas, secundam prior vel subprior, duas reliquas seniores in conventu custodiant* (»die Kiste, in der das Kapitelsprotokoll verschlossen ist, schließen vierfache Schlösser; für diese Schlösser sind verschiedene Schlüssel zu verwahren, deren ersten der ehrwürdigste Herr Abt, den zweiten Prior oder Subprior, die beiden anderen Konventsälteste hüten sollen«)[11] – aber dies ist bereits ein späteres Stadium, in dem der Abt zumindest an der Schlüsselgewalt teilhat; Mitte des 16. Jahrhunderts ist in St. Peter diese *arca* noch im alleinigen Besitz des Konvents (*in sua propria arca ... literas ... apud se retinet*[12]). Die Auseinandersetzungen des 17. Jahrhunderts in St. Peter um Einträge im Kapitelsprotokoll machen deutlich, dass sich am Zugang zum Archiv und an der Verfügung darüber die Kompetenzverteilung zwischen Abt und Kapitel entscheiden kann. In St. Peter sind Abt und Kapitel zeitweise zwei gleichrangige Instanzen, das drückt auch die Lage der Wohnung des Abtes im südwestlichen und der des Priors im südöstlichen Eckrisalit des Konvents aus. Exakt dazwischen, im Mittelflügel, sollen nach Ent-

---

[10]   Vgl. SEIGEL (wie Anm. 5), S. 324f. Zur gemeinsamen Archivverwaltung trotz Spannungen zwischen Konvent und Äbtissin in Buchau vgl. ebda. S. 19.

[11]   Kapitelsprotokoll 1670, Universitätsbibliothek Freiburg, Stift St. Peter SKG, digital http//dl.ub.uni-freiburg.de/diglit/buergi1659 (frdl. Hinweis von Jutta Krimm-Beumann).

[12]   Annalen des Abtes Peter Gremmelsbach, zit. nach F. L. BAUMANN, Geschichtliches aus Sanct Peter, in: FDA 14 (1881), S. 76.

Abb. 7 St. Peter, Neubau von 1727, Kupferstich von Jakob Andreas. Archiv (5) im Südflügel der Prälatur

würfen aus der ersten Hälfte des 18. Jahrhunderts Archiv und Bibliothek ihren Platz finden[13] (*Abb. 5*), aber noch Ende des Jahrhunderts wird mit Nachdruck zwischen Registraturen des Abtes und des Priors unterschieden[14]; dass der Abt ein eigenes, gewölbtes, fensterloses – also tresorartiges – Archiv in seiner Raum-Suite neben seiner Privatkapelle unterhält, deutet zumindest als Option ein Plan von 1728 an (*Abb. 6*) und so stellt es auch die Gesamtansicht aus der Vogelschau dar, die 1727 zur Einweihung des Neubaus erschien[15] (*Abb. 7*). Im Ausnahmefall kommt es bei solch kritischer Balance zum Skandal: 1471 fliehen Prior und Konvent von Ottobeuren mit den Vasa sacra und

---

[13] Vgl. GLA G St. Peter 122/2. Die Entwürfe, die nicht dem tatsächlichen Bau entsprechen, werden wohl später irrig auf *1760* datiert, auf eine Zeit, in der der Neubau des Konvents längst abgeschlossen ist.
[14] Vgl. GLA 102 Nr. 286. Ein Bauprogramm aus der ersten Jahrhunderthälfte unterscheidet auch zwischen Büchern des Konvents und des Hofes, vgl. GLA G St. Peter 122, 2b.
[15] Vgl. GLA G St. Peter 122/4. Dass dieser Raum einziger Archivraum im Kloster sein soll, ist wegen seiner geringen Größe unwahrscheinlich. Der Entwurf sieht ein weiteres Gewölbe nur für den Bibliothekssaal vor; er gilt allerdings auch nur dem Abtsflügel, seine Legende bezieht die Räume des nur angeschnittenen Konventteils nicht ein. Tatsächlich fand das *Archiv* in St. Peter dann aber doch seinen Platz im südwestlichen Flügel, also beim Abt: Das weist die Legende zu einer Vogelschau aus, einem Kupferstich Jakob Andreas Friedrichs aus der Mitte des 18. Jahrhunderts (GLA 65 Nr. 540, pag. 1077a).

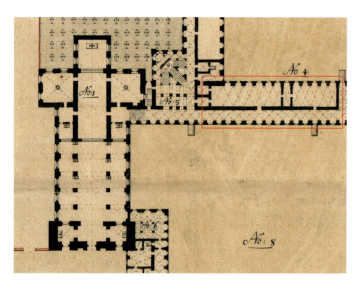

Abb. 8 St. Blasien, Kapitelsaal und Archiv vor dem Brand 1768

allen privilegiis und briefen[16] aus dem Kloster, da sie befürchten, dass ihnen der Abt mit militärischer Hilfe des Bischofs von Augsburg u. a. auch die Zuständigkeit für das Archiv abringen will; 1460 hatte er in einem Schlichtungsvertrag geloben müssen, dem Konvent die Verfügung über die Urkunden – also über die Besitztitel des Klosters – zu belassen. Es liegt nahe, dass solche Kompetenzprobleme auch zur Bildung mehrerer Archive in einem Kloster führen können, zu einem Archiv des Konvents und einem des Abtes. Generell setzt dabei der Abt – im Sinn absolutistischer Herrschaftsvorstellung – seine alleinige Kompetenz durch und kann das Konventsarchiv an sich ziehen. In Salem verrät aber wenigstens die Bezeichnung des an den Kapitelsaal angrenzenden Raums als *alt archiv*[17], dass es sich dabei um das ehemalige Konventsarchiv gehandelt haben wird. Auch in St. Blasien kann der Abt 1594 in einer *unio bonorum* gegenüber dem Konvent durchsetzen, dass der Prior alle Dokumente abzuliefern hat und künftig ein einziges Archiv allein der Verwaltung des Hofs zugeordnet ist – es dauert in St. Blasien aber noch einige Generationen, noch bis nach 1720, bis dies auch wirklich umgesetzt ist, und selbst noch 1806, als der aufgehobene Konvent aus St. Blasien nach Österreich flieht, nimmt er wenigstens das *Geistliche Hofarchiv* und damit wohl Reste des alten sanblasianischen Konventsarchivs mit[18]. In der Raumabfolge der älteren Baustadien – vor dem Brand von

---

[16] Zit. nach M. SVEC GOETSCHI, Klosterflucht und Bittgang. Apostasie und monastische Mobilität im 15. Jahrhundert (Züricher Beiträge zur Geschichtswissenschaft 7), Köln/Weimar/Wien 2015 S. 227, hier (S. 217 ff.) auch zum Folgenden.

[17] 1732, GLA G Salem Nr. 72 #V, Abb. bei KNAPP (wie Anm. 4), Katalog S. 60 zu Nr. 113a. Vgl. unten S. 144.

[18] Vgl. K. KRIMM, Das sanktblasianische Geistliche Hofarchiv in St. Paul, in: Schatzhaus Kärnten. Landesausstellung St. Paul 1991. 900 Jahre Benediktinerstift. 2. Bd., Beiträge, Klagenfurt 1991, S. 644f.

1768 – lässt sich dieses sanblasianische Konventsarchiv nicht ohne weiteres lokalisieren. Der Marienkapelle sind in Erdgeschoss und Obergeschoss Räume mit Wandschränken vorgelagert. Das entspräche der erwähnten »klassischen« Stelle eines Armariums, aber die Schränke werden eher der Bibliothek gedient haben, bevor sie als Schatzkammer und Museum von Ignatius Gumpp (1736/1756) genauer beschrieben werden[19]. Im Neubau von Johann Michael Beer (ab 1728) schließen sich hier im Erdgeschoss nach Süden zwei große, gewölbte Säle an (*Abb. 8*), die sowohl den Mitteltrakt der ganzen Klosteranlage wie die Grenze des Konventbereichs markieren; erst weiter westlich residiert der Abt, beginnt die *Abtei*. In den beiden Sälen als den sichersten Räumen des ganzen Baukomplexes vermutet Ludwig Schmieder in seiner verdienstvollen Baustudie das sanblasianische Archiv[20] – wir würden ihm gerne folgen, wenn Schmieder an einer anderen Stelle des Konventsgebäudes einen Kapitelsaal ausweisen könnte. Trotzdem scheint Schmieder zumindest teilweise das Richtige zu treffen, denn Gumpp berichtet – was Schmieder übersieht –, dass das Klosterarchiv beim Abriss des Kanzlei- und Archivgebäudes von 1736 (darüber unten mehr) *in dz Convent in dz new erbaute Capitul Hauß* verlagert wird[21]. Einer der beiden Säle eignet sich also tatsächlich als Archiv; der Beer'sche Neubau von 1728 stellt die Raumfolge Kapitelsaal/Archiv wieder her oder ermöglicht sie zumindest. Das Archiv, das 1736 hier aufgestellt wird, enthält inzwischen aber offenbar sowohl Archivgut des Konvents wie des Abthofs.

Der Ort – oder besser: die Orte des Hofarchivs in St. Blasien vor 1768 scheinen zunächst eindeutiger lokalisierbar. Abt Franz I. (1638–1664) lässt in der *Vorderen Abtei* (an der Steina) unter der Kanzlei ein neues Archivgewölbe einrichten (*Abb. 9*). 1722 wandert dieses Archiv aus dem *kleinen, finsteren Gewölb*[22] mit der Kanzlei in ein eigenes Gebäude außerhalb der alten Klostermauern, einen umgebauten Kornspeicher. Von dessen Abriss haben wir eben gehört. Bis zur Fertigstellung des Abtsquartiers übersiedelt der Abt in den Konvent, die Kanzlei folgt ihm zumindest bis in Räume vor der Konventspforte, schließlich bezieht der Abt den nordöstlichen Eckrisalit der Prälatur. Die Kanzlei folgt ihm wiederum – und auch das Archiv[23] (*Abb. 10*). Aber hier bleiben Fragen offen. Das Abtsquartier enthält nur Verwaltungsräume, ohne ausreichende Kapazitäten für ein Archiv, das bereits einigen Umfang besitzt. Entsteht bei der Hofkanzlei zwangsläufig wieder ein eigenes Archiv, getrennt von dem Archiv beim Kapitelsaal im Konventstrakt? Das *Archiv* sei, erinnert sich der Archivar Moritz Ribbele in seinem Tagebuch, beim Brand von 1768 zusammen mit dem Kirchenschatz und dem Münzkabinett gerettet worden, und stellt dem das *Archiv in dem Hof Saal* gegenüber,

---

[19] Vgl. L. SCHMIEDER, Das Benediktinerkloster St. Blasien. Eine baugeschichtliche Studie, Augsburg 1929, S. 92, zum Folgenden allgemein S. 89–145.
[20] Ebda. S. 124.
[21] Ignaz Gumpp, Der Sonnen Auf- und Niedergang, i. e. Ortus et occasus monasterii S. Blasii, Stiftsarchiv St. Paul, Handschriften 204/6 S. 15 (Filmkopie: GLA Q St. Paul 745/419, Filmkopie auch im Hauptstaatsarchiv Stuttgart).
[22] Ebda. S. 14.
[23] Vgl. den Projektbericht zu einem Neubau an der Stelle, *wo vor der Brunst die Cantzley bis herfür ahn Celsissimi Wohnzimmer gestanden und das Archiv ware verwahrt worden*, GLA 99 Nr. 327 fol. 118.

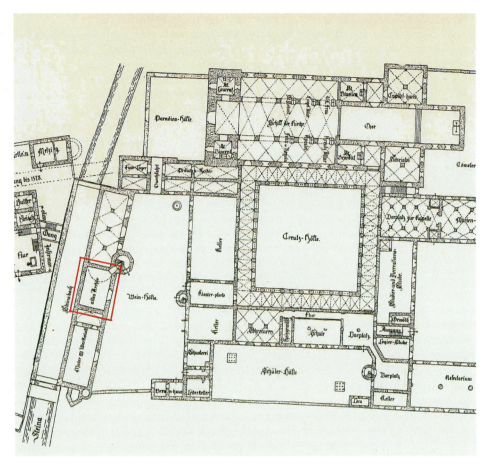

Abb. 9   St. Blasien, alte Kanzlei mit Archivgewölbe, vor 1722

in dem *vile acta ... durch das Feur verbrent oder durch den heftigen Sturmwindt vertragen worden.*[24]

Was wir für St. Blasien nur vermuten können – den direkten räumlichen Bezug von Kapitelsaal und Konventsarchiv, beide in deutlicher Distanz zum Hof des Abtes und dessen Archiv –, lässt sich in Salem einfacher nachvollziehen. Das Archiv neben dem Kapitelsaal, am heute sog. Bernhardusgang, ist in den Salemer Planquellen zwar nur ein einziges Mal vermerkt, aber zu einem entscheidenden Zeitpunkt: 1732, im selben Jahr, in dem der Archivkomplex in der Prälatur seine Vollendung erfährt. Die Quelle ist un-

---

[24]   Diarium des sanblasianischen Archivars P. Moritz Ribbele, Stiftsarchiv St. Paul im Lavanttal, Handschriften 167/2 fol. 3 (Filmkopie: GLA Q St. Blasien 738/557, Filmkopie auch im Hauptstaatsarchiv Stuttgart).

Abb. 10 St. Blasien, Abtsquartier (Nr. 20-22 Kanzlei und Archiv?) vor dem Brand 1768

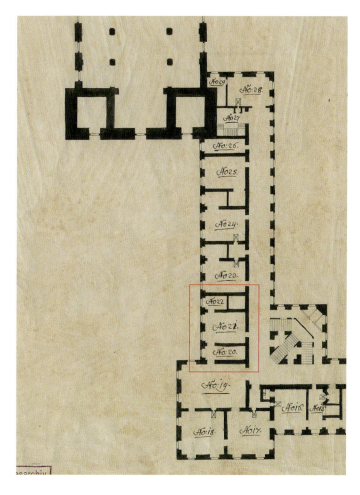

verdächtig; der Gärtner zeichnet in den Plan des Novizengartens Beete und eine Kegelbahn ein und notiert bei den Gebäudeanschnitten am Rand seines Blattes deren Raumfunktionen zur besseren Orientierung[25] (*Abb. 11*). Offenbar hat der Raum für das *alt archiv* noch keine neue Bezeichnung, das Archiv kann also noch nicht lange daraus entfernt worden sein. Im Kern ist es wohl im *Geistlichen Archiv*, im *Archivum regulare* aufgegangen, das in der Prälatur einen eigenen Raum erhalten hat[26]. In der Raumfolge des Abteiarchivs wird dieser kleinste der drei Räume zugleich sorgfältig dekoriert: Nur hier erhalten die Wandflächen zwischen Gewölbe und Archivkästen eine Ausmalung

---

[25] Vgl. Anm. 16.
[26] Vgl. zum Folgenden K. Krimm, Ex archivo Christi. Das Archiv des Klosters Salem, in: R. Brüning/U. Knapp (Hgg.), Salem. Vom Kloster zum Fürstensitz 1770–1830, Karlsruhe 2002, S. 28–35.

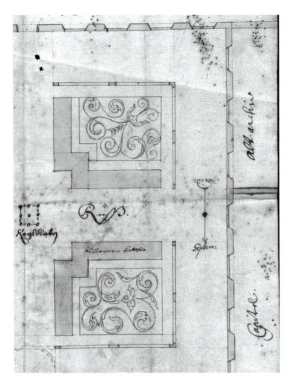

Abb. 11 Salem, Kapitelsaal und *alt Archiv*, 1732

Abb. 12 Salem, Geistliches Archiv, Wappen des Klostergründers Guntram von Adelsreute

Abb. 13　Salem, Geistliches Archiv,
Wappen des Klosters Salem

(*Abb. 12–14*). Das ikonografische Programm ordnet triumphal die Geschichte des Klosters, die Macht des Abtes und den geistlichen Auftrag des Ordens einander zu; der Heraldik, den Herrschaftszeichen von Stiftern, Wohltätern und Abt, steht mittig die Mahnung *ex archivo Christi* gegenüber: *Quid prodest homini, si universum mundum lucretur, animae vero suae detrimentum patiatur?* (»Was nützt es dem Menschen, wenn er die ganze Welt gewönne , aber doch Schaden nähme an seiner Seele?«). Abt und Konvent, weltliche Herrschaft und geistliche Gemeinschaft im Kloster sind in den Zeugnissen des Archivs vereint.

Die drei Salemer Archivräume im Neubau von Franz Beer, das *Geistliche* oder *Innere Archiv*, das *archivum maius* und ein Vorraum für den Archivar (*Abb. 15*), spiegeln zusammen in ihrem Grundriss zumindest in der Länge den darüber liegenden *Hof Saal*, den heute sog. Kaisersaal, die architektonische Demonstration der Reichsunmittelbarkeit des Klosters[27]; wie der Kaisersaal im zweiten Geschoss, nehmen die Archivräume im Erdgeschoss auch die Mitte des östlichen Prälaturflügels ein. Zugleich kommen sie in die Mitte zwischen Geistlicher und Weltlicher Kanzlei zu liegen, die im Erdgeschoss jeweils die Eckrisalite der Prälatur einnehmen. Für eine Vielzahl von Klosterarchiven –

---

[27]　Vgl. zur Einführung U. Knapp, Kaisersäle reichsunmittelbarer Zisterzienserklöster, in: K. Krimm/M. M. Rückert (Hgg.), Zisterzienserklöster als Reichsabteien (Oberrheinische Studien 36, Ostfildern 2017, S. 59–105.

Abb. 14 Salem, Geistliches Archiv, Matthäus-Zitat *ex archivo Christi*

gerade auch bei kleineren Konventen, die keine Trennung von Konvents- und Abtsarchiv kennen – dürfte diese Nähe zur Kanzlei ein erstes Indiz für die Lokalisierung sein: Aus dem Verwaltungsbedarf der Kanzlei entsteht mit der Zunahme der Schriftlichkeit der eigene, besonders gesicherte Archivraum. Gewiss wird das Archiv auch gelegentlich als die geistliche Waffenkammer des Klosters oder, wie von der Säckinger Äbtissin, als dessen Kleinod gepriesen – aber es finden sich auch nüchternere Einschätzungen, und die beiden Salemer Baumeister schlagen nach dem Brand von 1697 mit viel praktischem Sinn vor, *in einem so loblichen Gottshaus* wie Salem sei *nichts nöttigers als ain recht angestölltes Kranckhenhaus, Brieffgewölb, Gefenckhnuss und Salvo honore Secreten*[28], also Spital, Archiv, Gefängnis und Klosetts.

Sicherung des Archivraums bedeutet dabei vor allem Schutz vor Feuer. Kein Archiv kommt ohne steinernes Gewölbe aus, das *gewelbe* als pars pro toto ist ja auch die geläufige Bezeichnung dafür. Aus den Erfahrungen der vielen Brände – zuletzt 1678 – formuliert ein Bauprogramm aus St. Peter vom Anfang des 18. Jahrhunderts: *Erstens mues die zugleich Convent undt hoff bücher gewölbt werden / 2. Wie nit weniger der keller under*

---

[28] GLA 95 Nr. 85 #5 und #6. Zur Nähe von Kanzlei und Archiv vgl. auch die vagen Andeutungen für Kloster Schuttern in einem Bericht von 1809, vgl. S. ZUMBRINK, Kloster Schuttern – Die barocke Klosteranlage, in: L. GALIOTO u. a. (Hgg.), Kloster Schuttern. Archäologie, Baugeschichte, historische Kontexte, Lindenberg 2017, S. 87–105, hier S. 101.

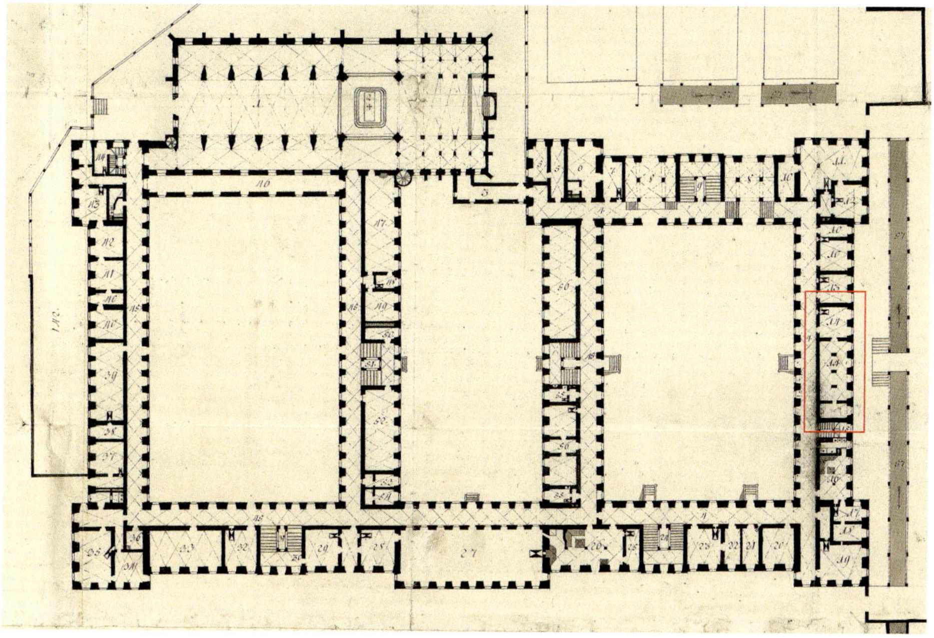

Abb. 15   Salem, westlich der Konvent, östlich die Prälatur mit den Archivräumen, um 1803

*der abbtey. / 3. Mehr auch das archiv und das völlige undere gebäw*²⁹. Natürlich kann nicht in jedem gewölbten Raum neben der Kanzlei das Archiv vermutet werden. In Ettenheimmünster sind die angrenzenden Gewölberäume heizbar – damit fallen sie für das Archiv aus –, sodass man dort für das Archiv bzw. die Registratur allenfalls einen kleinen, gefangenen, unheizbaren Raum in Anspruch nehmen kann, der in die Kanzlei eingezogen ist³⁰ (*Abb. 16*). Auch ist das Gewölbe wichtiger als das, was vielleicht sonst noch unter diesem Gewölbe verwahrt wird. Die Besitzergreifungskommissare, die 1806 das Archivgut der sanblasianischen Propstei Berau für Württemberg versiegeln wollen, werden *in das Brodt- und Grümpel Gewölb* geführt, wo *in zwo Kisten die Archiv Akten aufbewahrt sind*³¹.

Dass auch unter schwierigsten Bedingungen das Gewölbe unverzichtbar ist, kann ein Sonderfall zeigen, der wieder nach Säckingen zurückführt. Äbtissin Maria Cleopha Schenk von Castell – die den Wert ihres Archivs im Brief an den Konstanzer Bischof Marquard von Rodt so herzbewegend zu schildern weiß – steht 1691 als österreichischer Landstand mit ihrem Damenstift in den oberrheinischen Truppenbewegungen unter

---

[29]   GLA G St. Peter 122, 2b.
[30]   Vgl. GLA G Ettenheimmünster 4.
[31]   11. Februar 1806, Promemoria des sanblasianischen Paters Frowin Meister, Stiftsarchiv St. Paul im Lavanttal, Papierhandschrift 35/6 fol. 36 (Filmkopie: GLA Q St. Blasien 757/130, Filmkopie auch im Hauptstaatsarchiv Stuttgart).

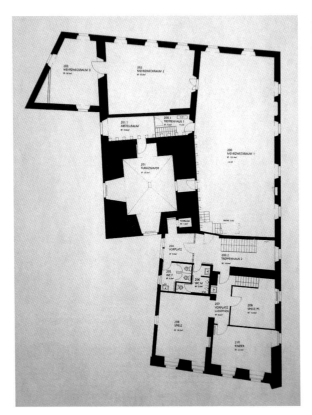

Abb. 18　Klingnau, Burg, Grundriss des 2. Obergeschoss, 2011

Abb. 19　Klingnau, Burg, Archivraum im 2. Obergeschoss

Abb. 20　Klingnau, Burg, Wappen des Bischofs von Konstanz als Gewölbeschlussstein im Archivraum des 2. Obergeschossses

Unsere Vorstellungen von Archivgewölben lassen sich leicht mit mittelalterlichen Bauten wie dem Klingnauer Schlossturm verbinden. Tatsächlich behält das Gewölbe als stabilisierende Deckenkonstruktion seine Funktion ja bis ins 18. und auch noch 19. Jahrhundert. Ein prägnantes, spätbarockes Beispiel dieser als selbstverständlich verstandenen Bauaufgabe liefert in unserem Zusammenhang die Deutschordenskommende Mainau. Mehr Schlossanlage als geistlicher Konventbau, fällt das Mainauer Raumprogramm doch wegen des Kommendencharakters und des erhöhten Verwaltungsbedarfs der geistlichen Gemeinschaft aus dem weltlichen Residenzschema heraus[35]. Die Pläne aus der Werkstatt Bagnatos bilden gerade die Räume um die Kanzlei besonders sorgfältig aus (*Abb. 21*), zu Lasten des Zimmerkanons für die fürstliche Repräsentation. In der Abfolge *Rendtambt, Canzlei, Schreib Cabinett, Tägliches arcivf vor die abschriften der dockomenten, Registratuhr* und *Arcivf der doccomentten*[36] begegnen wir sehr exakten Vorstellungen von funktionierender Verwaltung. Anders als üblich ist dieser ganze Verwaltungskomplex aber nicht im Parterre untergebracht, sondern in der *zweiten und mittleren Condiegnation*, also im 1. Obergeschoss, in einem Stockwerk, in dem es üblicherweise keine Gewölbe mehr gibt wie im Parterre. So auch hier[37] – mit Ausnahme des Archivs *der doccomentten*, das alleine ein Gewölbe erhält (und sich bis heute als Gewölberaum von den sonst ungewölbten Zimmern abhebt[38]). Und so fraglos ist dieser Standard, dass selbst ein Umbauplan, der das Treppenhaus repräsentativer anordnen, den ganzen Kanzleibereich verschieben und das Archiv quer zur bisherigen Position weiter westlich unterbringen will, auch hier den neuerlichen Einzug eines Gewölbes dafür in Kauf nimmt[39].

Die Nähe zur Kanzlei bringt es wohl auch mit sich, dass das Archiv an deren oft herausgehobener Position im Gesamt der Klosteranlage teilhat. Immer wieder begegnen Kanzleien in Eckrisaliten: in Ettenheimmünster, in Salem – die geistlichen und weltlichen Kanzleien bilden die sprichwörtlichen »Eckpfeiler« der Verwaltung –, in St. Blasien im Verbund mit dem Abtsquartier. Ähnlich wickeln sich in Gengenbach die Kanzleiräume ab, im Westflügel zwischen dem großen mittleren Entrée und dem nördlichen Eckrisalit (*Abb. 22*); die Flucht reicht vom Großkelleramt über kleinere Räume – darunter auch ein *Archiv*, wohl eher eine Registratur – bis zur großen *Schreib Stube*. Der

---

[35] Vgl. zum Folgenden H. M. GUBLER, Johann Caspar Bagnato, 1696–1757, und das Bauwesen des Deutschen Ordens in der Ballei Elsaß-Burgund im 18. Jahrhundert, Sigmaringen 1985, hier S. 278–292.

[36] Entwurf um 1739, GLA G Mainau 4, vgl. GUBLER (wie Anm. 28), S. 283.

[37] Vgl. den Schnitt GLA G Mainau 7.

[38] Für die frdl. Erlaubnis des Augenscheins danke ich Björn Graf Bernadotte/Mainau.

[39] GLA G Mainau 8. Die Chronologie der Pläne ist unsicher; der zugehörige Schriftwechsel (GLA 93 Nr. 36) reicht von 1738 bis 1743. Jedoch scheint die Änderungsplan nicht aus der Bagnato-Werkstatt zu stammen, vgl. die Raumbezeichnung *chancellery, archive*. – Ob Bagnato bei seinem Ausbau der Kommende Beuggen auch das dortige Rentamt umgestaltet, ist nicht ersichtlich. Westlich an das »alte« Schloss anschließend, enthält es, einem der Mainau gegenüber einfacheren Bedarf entsprechend, *die Rentamtsstube. Ein Kammer daneben zur Registratur...; dann das gewelbte Archiv mit einer eisernen Thüre*, vgl. die Bauaufnahmen von 1808, GLA G Beuggen 7a (Entwurf), 7b (Legende), 8 (Ausfertigung) und 14 (spätere Kopie), dazu GUBLER (wie Anm. 28), S. 225ff. und Kreuz und Schwert. Der Deutsche Orden in Südwestdeutschland, in der Schweiz und im Elsaß, Mainau 1991, S. 186ff.

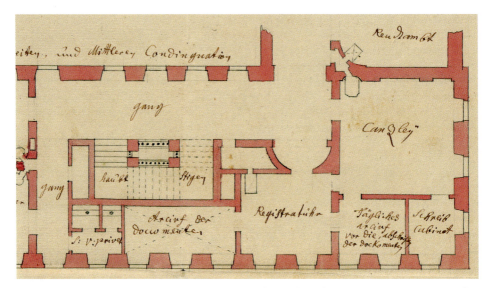

Abb. 21   Mainau, Deutschordenskommende, Kanzlei- und Archivräume, Werkstatt-Entwurf Caspar Bagnato, um 1739

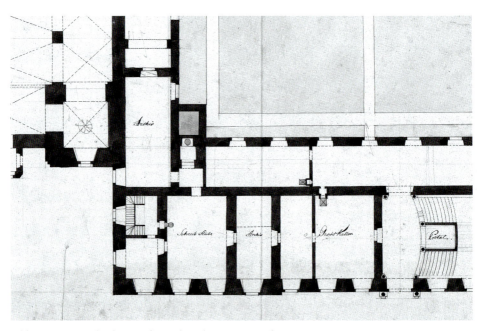

Abb. 22   Gengenbach, Kanzlei und Archivräume, nach 1803

Abb. 23 Allerheiligen, Bauaufnahme, nach 1805

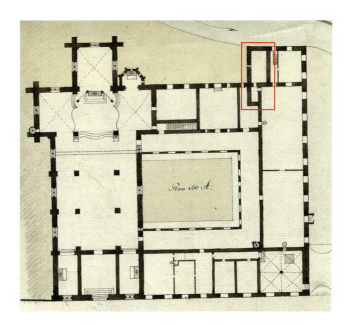

Gengenbacher Archivraum schließt unmittelbar nördlich an, wiederum erhält nur er auch ein Gewölbe (das andere Gewölbe im Parterre zeichnet die Klosterküche aus, am entgegengesetzten Ende, im südwestlichen Eckrisalit: die weite Entfernung zur Küche als stets potentiellem Brandherd ist fast immer wichtig! Den dritten, südöstlichen Eckbau erhält in Gengenbach die Bibliothek)[40]. Ähnlich, wenn auch viel bescheidener, in dem kleinen Franziskanerinnenkloster Zur heiligen Dreifaltigkeit in Säckingen: So wie Refektorium und Kapitelsaal im Erdgeschoss, hebt sich im Obergeschoss das Archiv als größerer Eckraum aus der Reihe der kleinen Zellen heraus[41]. Und auch im abgeschiedenen Prämonstratenserkloster Allerheiligen im Nordschwarzwald erhält das Archiv im südöstlichen Eckrisalit des Konventbaus nicht nur seine besondere Position, sondern auch besonderen Schutz (*Abb. 23*). Die Mauern sind zum Gebäudeinneren hin deutlich verstärkt, ein ebenso dick ummauerter, fensterloser Vorraum erschwert den Zugang zusätzlich. Leider halten erst die Bauaufnahmen der Säkularisationszeit diesen Befund fest (um ihn mit Vermauerung des Vorraums und einem Mauerdurchbruch vom Archiv zum Museum auch gleich komfortabler für ein geplantes Konvikt machen zu wollen), sodass

---

[40] Vgl. die Bauaufnahmen von 1803, GLA G Gengenbach 1–3. Eine scheinbar ähnliche Situation findet sich auf einem Nutzungsplan für St. Peter von 1807, nach der Säkularisation: Kanzlei und *Archiv* nördlich des Entrée unmittelbar nebeneinander (GLA G St. Peter 25). Die älteren Pläne aus St. Peter zeigen hier aber stets Kanzlei und Registratur; für das Archiv ist der Raum zu klein.

[41] Vgl. die Bauaufnahme von 1782, entstanden wohl im Vorfeld der Säkularisation von 1784: GLA G Säckingen 6.

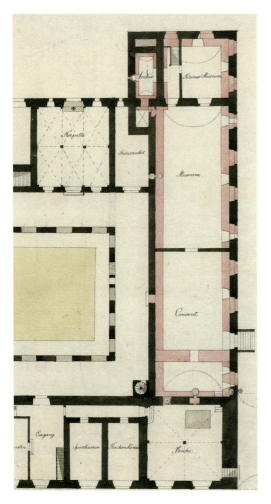

Abb. 24 Allerheiligen, Umbau des Archivs im Eckrisalit, Entwurf, nach 1805

nicht mehr festzustellen ist, ob hier ein älterer, eckturmartiger Bauteil sichtbar wird[42] (*Abb. 24*). Wie in Gengenbach ist auch in Allerheiligen die Entfernung zur Küche so groß wie möglich.

Die Angst vor Feuer, die wohl die meisten dieser Schutzmaßnahmen diktiert, müsste konsequent zum Bau von einzeln stehenden Gebäuden für Kanzlei und Archiv führen – aber dieser Weg wird nur selten beschritten. Die Vorstellung vom Archiv als einem Tresor des Klosters, der versteckt und unzugänglich bleiben soll, ist wohl stärker; vielleicht rührt ja auch der Mangel an genauen Planangaben und Baubeschreibungen zu

---

[42] Vgl. GLA G Allerheiligen 3. Auch nach dem Brand in St. Blasien von 1768 wird in der Neubauplanung besonders darauf geachtet, dass die *Hoff Kuchl … dz zum Archiv nöthige Spatium* erhält (o.D., GLA 99 Nr. 327 fol. 119).

Abb. 25 Petershausen, Verwaltungsgebäude mit Archiv, Entwurf, 17. Jh.

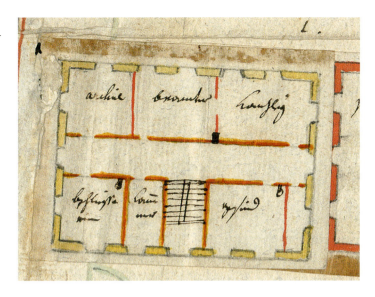

Archivräumen nicht zuletzt gerade aus solchen Ängsten – der St. Galler P. Gabriel Hecht fordert in seiner Programmschrift *Palatium felicitatis* von 1716 geradezu, *Archivum sit in tutissimo ... Loco, optime munitum, nullique nisi Capitularibus notum* (»Das Archiv soll an einem völlig sicheren Ort sein, der aufs Beste befestigt und niemandem außer den Kapitularen bekannt ist«)[43]. Bei kleineren Konventen kann die Auslagerung des Archivs aus dem engeren Klostergeviert wohl auch einmal ein qualitatives Absinken in die Klasse der Wirtschaftsnebengebäude bedeuten: In Petershausen soll ein solches Häuschen (*Abb. 25*) offenbar auf einer Ebene Kanzlei, Beamtenzimmer, Archiv sowie Schlafkammern für Gesinde, Beschließer und Mägde aufnehmen[44]. In seinen neuen *Kavalierbau* verlegt das Damenstift Buchau 1709 sein Archiv; es ist zwar ein westlicher Anbau an das Konventsgebäude, aber doch ein eigener Bereich außerhalb der Klausur, in dem das Archiv in einem *gewölbten, feuerfesten Locale zur ebenen Erde* untergebracht wird[45]. Die Auslagerung des sanblasianischen Archivs in ein eigenes Kanzleigebäude von 1722 haben wir schon kennengelernt. Der Zeitzeuge, der Registrator Ignaz Gumpp, erlebt diesen Bau (*Abb. 26*) so sehr als Teil seiner eigenen Biografie im Kloster, dass er hier zu Wort kommen soll; es ist eine Art Nachruf nach dem Abbruch seiner offenbar sehr geliebten Arbeitsstelle: *Den 25.te May [1736] hatt man weithers angefangen abzubrechen die grosse, schöne Cantzley sambt dem newen Archiv. Dies Gebäw war eines von denen ältesten gebäuen, undt der Spicher genanth, wo meiner Zeith noch die Früchte seyndt verwahrt worden ... Nachdem aber Abbt Blasius ein zimlicheres orth sowohl für das Archiv, welches zuvor in einem kleinen, finstern Gewölb under der Abbtey aufbehalten war, als auch für die Cantzley, welche zuvor ob dem Archiv gleich undter des Praelaten*

---

[43] Stiftsarchiv St. Gallen, Bd. 375, S. 92f. (frdl. Mitteilung von Hans Haselbauer/St. Gallen).
[44] Vgl. GLA G Petershausen 21.
[45] Staatsarchiv Sigmaringen, Dep. 30/14 T 6 Nr. 33, zit. nach SEIGEL (wie Anm. 5), S. 28.

zimmer gewessen ist, ... sich zu bauen belieben lassen, so hat er disses alte, an den Mauern aber sehr feste Bawwerckh oder Spicher rings umb durchbrechen, mit grossen hellen Liechteren versehen, und biß ettlich 20ig Schuch verlängeren und an die Hoff-Ring Maur anschliessen lassen. Daß Portal und oberste Gesimbs ware alles von schönen gehawenen quader-steinen sambt denen fensterstöckhen gezieret. Zu oberst daß Wappen Abbtens Blasii sambt denen Buchstaben B.A. [Blasius Abbas] *1722.*

Die unterste contignation [Stockwerk] *ware der Eingang über 6 steinerne Treppen hinauf; rechter Hand des Registratoris Zimmer, linckher Hand der Gang ad Loca bei der Steina, und dann ein hölzern commode stiegen in den anderen stockh; an dißer der Eingang zu dem Archiv, welches lang ware 56 Schue, breit 36 Schueh* [ca. 17x11 m]. *Dz gantze gebaüw aber haltete in sich 90 Schueh in die Länge, 44 in die Breithe* [ca. 27x13 m], *durch auß mit einem sehr starckhen Gewölb versehen, dz auf 6 steinernen Pfeiler ruhete, hatte in allem 11 Fenster mit eyßernen Gätter versehen 4 gegen Oriens, 3 gegen Mittag, 4 gegen Occidens, ein angenemmes, lustig- und luftiges Gemach, in welchem allß Registrator manche stundt gearbeithet.*

Die andere Contignation bestundt in der Cantzley gegen dem Hoff-Brunnen, und hatte in allen [erg.:Seiten] *4 Fenster, an welcher ein zeitlicher Oberambtman oder Cantzler sein besonderes Stüblin hatte. In der Mitten von der Cantzley war ein heller Gang, an welchem rechter Hand 4 und linckher Hand 2 kommliche grosse Kammeren für die Cantzlisten gebawen waren. Zu hinderest aber linckher Hand ein besondere Verhörstube sambt einer Kammer, rechter Hand aber zu hinderst gieng ein verborgene Stiegen in den Saal hinauf.*

Die 3te Contignation ware gewidmet gegen den Hoff-Brunnen 4 Kammern für die Botten, hinderwerths ware ein grosser hocher Saal für die Comoedien abzuhalten, auf welchem 3mahl die exhibitiones geschehen seyndt, die erste wurde gehalten under Abbten Blasio anno 1724 zu Ehren und in Gegenwarth des Fürsten Frobenii [von Fürstenberg] *seiner Gemahlin und Printzen von Mößkirch. Die andere under Abbt Francisco an seinem hochen Namens Tag 1727. Die 3te anno 1733 von denen Fratribus Studiosis an meinem Namens Tag. Dißeobere Contignation mit einem schönen holländischen Dach* [Walmdach] *versehen sambt denen Botten Cammern ist jedoch niemahl außgebawen worden und ungetäferet verpliben, biß man sie lesthin den 2te Juni sambt den Dach Stuehl wider abgebrochen hat*[46].

Die wunderliche Kombination von Archiv und Theater ist wohl nicht ganz ernst zu nehmen, es dürfte sich um die temporäre Nutzung eines großen, leeren Dachbodenraums handeln. Der funktionalen Idylle »seines« Kanzleibaus lässt Gumpp als Kontrast die nachfolgende Wanderschaft von Kanzlei und Archiv durch das neue Abteigebäude folgen. Beide Linien laufen dabei wieder auseinander: 1755 übersiedelt die Kanzlei in einen eigenen Komplex von Verwaltungsbauten, die Bagnato in Hufeisenform um das große Klostertor legt (so weit vom Kloster entfernt, dass sie beim Brand von 1768 verschont bleiben); die neue Kanzlei erhält zwar einen stattlichen Registraturraum, das Archiv bleibt aber offenbar »bei Hof«. Daran ändert vermutlich auch die Brandkatastrophe wenige Jahre später nichts. Sobald feststeht, dass die Abtei überhaupt wieder an derselben

---

[46] Stiftsarchiv St. Paul im Lavanttal, Papierhandschriften 204/2, S. 13–15 (Filmkopie: GLA Q St. Paul 745/419, Filmkopie auch im Hauptstaatsarchiv Stuttgart).

KLOSTERARCHIVE 157

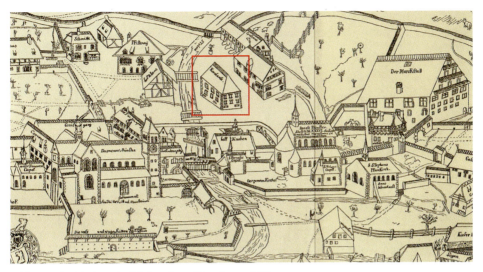

Abb. 26 St. Blasien, Archiv im ehem. Kornhaus, 1728

Abb. 27 Fischingen, vergitterte, ausklappbare Archiv-Fenster im Erdgeschoss

Stelle errichtet werden soll – und man nicht Österreich verlässt und auf reichsunmittelbarem Terrain ganz neu beginnt –, sucht man den künftigen Platz des Archivs wieder im Trakt der Abtei, rechts von der nun zentral positionierten Kirche. Das Archiv soll *mit hinlänglichen, stattlichen Gewölb wie auch N*[ota] *B*[ene] *mit einer vom Fundament herkommenden starcken Scheid Maur* [Brandmauer] *bis über das Dach hinaus bewahrt seyn*[47] – aber wo es wirklich zu liegen kommt, verraten weder die erhaltenen Bauberichte noch Reisende, die das neue Archiv besichtigen und bewundern. Dabei erwähnt Friedrich Nicolai immerhin zwei Gewölbe, in denen 400 Kisten verwahrt werden[48].

Auch den modernisierten Feuerschutz in St. Blasien registriert Nicolai mit Anerkennung. Die Fenstergitter – das Archiv liegt wohl im Parterre – lassen sich von innen aufklappen, um die Archivkästen schnell herauswerfen zu können (*Abb. 27*). Bei aller Verschiedenartigkeit der Konstruktion gehören solche Fluchtkästen zur Grundausstattung aller Archive im Alten Reich – aus der Ansammlung transportabler Kästen entsteht ja erst das Archiv. In St. Blasien stehen 4 bis 5 Kästen (zu ca. 110x60 cm) aufeinander, durch Füßchen ist für die Durchlüftung der Kastenstapel gesorgt[49]; in Einsiedeln garantiert eine raffinierte Schrägstellung der Kastenklappen auch die Belüftung des Inneren, das in Fächer oder Schubladen (in St. Blasien: für plangelegte Urkunden!) geteilt sein kann. Da jede schnelle Flucht die Ordnung der Kästen wieder gefährdet, nummerieren die Salemer Archivare die Kästen (*Abb. 28*) und lassen die Nummern sorgfältig auf den Wandputz über dem Kastenstapel malen, damit die Kästen bei der Rückkehr wieder ihren richtigen Platz finden[50].

Diese ausgeklügelte Flüchtungsvorsorge konkurriert freilich mehr und mehr mit dem täglichen Bedarf einer wachsenden schriftlichen Verwaltung, die in standfesten, offenen Regalen bewegliche Papierablagen braucht. Im Salem begegnet man dieser Schwierigkeit mit einem doppelten System der Lagerung: Die Pfeiler, die das Archivgewölbe tragen, werden mit festen Schränken ummantelt, deren Fächer allmählich die Rechnungsserien oder die *Gebundene Acta* füllen; in den Rahmen der Schranktüren spannen sich Textilflächen, um die Lüftung des Inneren zu garantieren (*Abb. 29*). Die Fluchtkästen stapeln sich an den Wänden und zwischen den Fenstern; dort sind sie dem »Notausgang« am nächsten. Dass schwere, fast immer eiserne Türen mit komplizierten Schlössern den Zugang ins Archiv sichern, versteht sich bei so viel ängstlicher Sorgfalt von selbst (*Abb. 30*).

Das Klosterarchiv ist also ein besonders gehüteter Raum, in dem kein Fremder Zutritt erhält; im besten Fall gibt der Archivar einem Benutzer Abschriften heraus. Der Unterschied zur Bibliothek ist größer kaum vorstellbar; die beiden Institutionen, die im

---

[47] Baumemorandum, o.D., GLA 99 Nr. 327 fol. 119.
[48] Beschreibung einer Reise durch Deutschland und die Schweiz im Jahr 1781, Band 12, Berlin/Stettin 1796, S. 137 ff. Vgl. auch Georg Wilhelm ZAPF, Reisen in einige Klöster Schwabens, Erlangen 1786, S. 83.
[49] Vgl. NICOLAI (wie Anm. 48), S. 138.
[50] Vgl. auch die durch einen dekorativen Aufsatz als »Schrank« verkleideten Fluchtkästen des Klosters Heiligkreuztal, heute im Staatsarchiv Ludwigsburg (http://www.landesarchiv-bw.de/hstas/dauerausstellung/kapitel_objekte.php?kapid=1&objektid=12, Aufruf am 5.9.2017). Noch eindrucksvoller in ihrer hohen ästhetischen Qualität bei gleicher Funktionalität für schnelle Flüchtung die Fischinger Wandtruhen, vgl. S. 163.

Abb. 28 Salem, Fluchtkästen des Archivs

Abb. 29 Salem, Pfeilerschränke des Archivs

Abb. 30 St. Gallen, Schloss der ehem. Archivtür (?)

Abb. 31 Salem, Ofen im Arbeitszimmer des Archivars

klösterlichen Scriptorium ihre gemeinsame Wurzel haben, entwickeln sich weit auseinander. Die Bibliothek wird zum Raum klösterlicher Repräsentation, das Archiv kann und will dem nichts entgegensetzen. Aber das stimmt nicht ganz. Auch das *Innere Archiv* in Salem, das wir schon kennengelernt haben, ist ein Schauraum, der sich in durchdachter Überbietung in der Raumfolge als deren Höhepunkt präsentiert. Der Besucher betritt durch den Arbeitsraum des Archivars (*Abb. 31–33*) – immerhin mit einem schmucken Kachelofen – das *Archivum Maius*, dessen Schrankfelder mit Schriftkartuschen und Fruchtgirlanden nicht üppig, aber durchaus dekorativ ausgemalt sind. Im *Archivum Regulare* trifft ihn dann die Pracht der klösterlichen Heraldik und des Sinnspruch-Programms, das ihn schon in den Klostergängen begleitet hat. Und im Benediktinerkloster Fischingen im Thurgau hat sich das Verhältnis zwischen Bibliothek und Archiv geradezu umgekehrt: Gemessen am Repräsentationsaufwand des Archivs ist der anderthalbgeschossige Bibliothekssaal mit seinem sparsamen Stuck, schlichten Bücherregalen und zurückhaltendem heraldischen Programm nahezu auf seine Funktionalität zurückgefahren. Der Archivraum explodiert dagegen in der Farbigkeit der Hölzer (*Abb. 34*), flächiger Deckenausmalung (*Abb. 35*), Illusionsscherzen (*Abb. 36*) und dominierender Heraldik und Wortsymbolik; zusammen mit dem danebenliegenden Wappenraum ist er ein offenes Lehrbuch von Klostergeschichte und -herrschaft. Dass solche Prachtentfaltung in einem offensichtlichen Schauraum keine Ausnahme von der Regel – und damit deren Bestätigung – zu sein braucht, lehrt der intarsierte Rundschrank des

Abb. 32 Salem, Liste der dem Großkelleramt zinspflichtigen Orte, Kanzleihilfsmittel in Kanzleischrank, 17./18. Jh.

Abb. 33 Salem, Notiz im Kanzleischrank (über Abgaben?), 1750

Klosters Rot an der Rot von 1736, der seit 2013 wieder an seinem Platz im reich stuckierten Heilig-Geist-Turm des Klosters steht und wohl tatsächlich als Archivschrank gelten darf[51].

Das Kloster St. Gallen selbst, als dem Ausgangspunkt unserer Beobachtungen zu einer archivischen Baugeschichte, stellt die ursprüngliche Verbindung von Bibliothek und Archiv offenbar früh wieder her. Für das späte Mittelalter werden noch die Sakristei – wohl unter dem Glockenturm der Klosterkirche – und die Pfalz des Abtes als Verwahrorte genannt (vielleicht in der Verteilung der Kompetenzen, von der nun schon mehrfach die Rede war?)[52]. Seit 1551 ist das Archiv aber im neuen Bibliothekstrakt, im Westflügel des Konvents, nördlich neben der Bibliothek untergebracht (*Abb. 37*). Die-

---

[51] Als solcher bis 2013 im Württembergischen Landesmuseum verwahrt, vgl. http://www.jugendhaus-rot.de/newsmeldung/article/rundschrank-von-abt-hermann-vogler.html (Aufruf am 5.9.2017).

[52] Vgl. Ph. LENZ, Reichsabtei und Klosterreform. Das Kloster St. Gallen unter dem Pfleger und Abt Ulrich Rösch 1457–1491 (Monasterium Sancti Galli 6), St. Gallen 2014, S. 489ff. Für alle frdl. Auskünfte zu den Quellen im Stiftsarchiv, zur Literatur und zur aktuellen Diskussion in Stiftsarchiv und -bibliothek über die archivische Raumgeschichte bin ich Hans Haselbauer/St. Gallen sehr zu Dank verpflichtet.

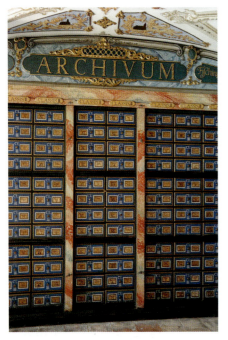 

Abb. 34 Fischingen, Archiv*trucken* (-kästen) hinter Holzverblendungen

Abb. 35 Fischingen, Illusionsmalerei an der Innenseite der Archivtür

sen Zusammenhang will auch Gabriel Hecht in seinen Neubauplänen aus den 1720er Jahren bewahren. Indem er aber an das Archiv – ein Geschoss über der Bibliothek – eine noch größere *Kunstkammer*[53] anschließt und für beide Räume auch dekorative Elemente vorsieht, verdeutlicht er eine Zugehörigkeit des Archivs zu den Schatz- und Schauräumen der Fürstabtei, die bis dahin so nicht besteht. Wo im Neubau des Bibliothekstraktes von Peter Thumb (1758–1765) dann das Archiv tatsächlich seinen Platz erhält, ist nicht ganz sicher; sehr wahrscheinlich ist es bis zu den Fluchten und Umbrüchen der napoleonischen Epoche[54] der gewölbte und mit eiserner Tür verwahrte Raum unter dem ebenso sorgfältig gesicherten Manuskriptenraum. Dieses Archivgewölbe schließt nach Süden

---

[53] Zit. nach W. VOGLER/H. M. GUBLER, Der St. Galler Stiftsbezirk in den Plänen von P. Gabriel Hecht 1720–1726, Rorschach 1986, S. 101 u. a. Vgl. zum Folgenden ebda. S. 77–80, zur Programmschrift Hechts von 1716, dem *Palatium felicitatis* und seinen Anweisungen für das Archiv, S. 40 ff.; zum Bestand von 1719, vor Beginn der Planungen Hechts, vgl. ebda., Tafelband Taf. XVII. In Tafel III und XI (Grundrisse für Archiv und Kunstkammer) sind die quadratischen Signaturen doch wohl als Gewölbepfeiler zu deuten, nicht als Schränke wie in der darüberliegenden Kleiderkammer (die kein Gewölbe benötigt), vgl. dagegen ebda. S. 78 Anm. 37.

[54] Vgl. P. ERHART, Die Odyssee des Stiftsarchivs zwischen 1797 und 1805, in: Fürstabtei St. Gallen – Untergang und Erbe 1805/2005, St. Gallen 2005, S. 99–106.

Abb. 36   Fischingen, Decke des Archivraums, Wappen des Abtes und der sieben Klosterherrschaften

Abb. 37   St. Gallen, Archiv (17) und Bibliothek (16) nördlich der Kirche, 1719, Gabriel Hecht

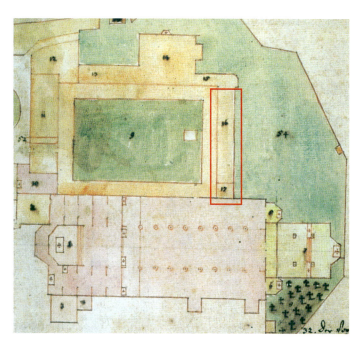

Abb. 38   St. Gallen, ehem. Archivraum (?), heute Lesesaal der Stiftsbibliothek

an die Bibliothek an und ist heute deren Lesesaal (*Abb. 38*)[55]. Freilich sind beide Räume – Archiv und Manuskriptenraum – bauhierarchisch deutlich unterschieden. Für die schon früh berühmten Handschriften des Klosters bildet ein Ensemble kostbarster Intarsienschränke unter einem nicht weniger aufwendigen Deckenstuck seit der Bauzeit den hochfeierlichen, repräsentativen Rahmen, eine Art Miniaturausgabe des Bibliothekssaals. Das Archiv darunter bleibt – wenn unsere Raumtopographie stimmt – reiner Funktionsraum, gesichert und nicht als Schauraum gedacht.

Das St. Galler Beispiel zeigt eine weitere, späte Variante in der Topographie des Klosterarchivs im Kloster: das Archiv als Ort der Gelehrsamkeit und der ehrwürdigen Klostergeschichte. Sie findet sich eher selten; die Zuordnung des Archivs zum Abt und dessen Kanzlei überwiegt, sie verdrängt auch den älteren Zusammenhang von Archiv und Konvent bzw. Archiv und Kapitel. Vereinzelt hat sich noch die Verortung des Archivs im baulichen Kontext des Chors der Klosterkirche erhalten. Überall ist das Archiv aber ein besonderer Raum: in der Sicherung durch Gewölbe und Verschluss, in der Vorbereitung zur Flucht. Oft entspricht dem auch eine besondere Position innerhalb der Raumfolge wie in der Klosteranlage als ganzer. Ob es immer wie ein *Kleinod* behandelt wird, sei dahingestellt; dass es den Charakter und die Bedeutung eines Tresors besitzt, drückt sich immer auch in seiner baulichen Gestalt aus. In seiner Sonderform sollte es in der Forschung zum Klosterbau mehr beachtet werden.

---

[55]   E. POESCHEL, Die Kunstdenkmäler des Kantons St. Gallen, Bd. III, Die Stadt St. Gallen, 2. Teil, Das Stift, Basel 1961, erwähnt den Archivraum nicht.

Der Archivraum in Schloss Weikersheim

VON LEA DIRKS

Ein wohlbestelltes Archivum, Diarum unnd Geschicht-Registratur
ist bey allen Regierungen, Cantzleyen und Gerichten
ein sehr nötig unnd nutzlich Werk[1]

Wie nötig auch die Grafschaft Hohenlohe-Weikersheim ein *wohlbestelltes Archivum* hatte, wird bereits im Jahr 1730 deutlich, als der damalige Landesherr Graf Carl Ludwig (1674–1756) sein Dekret zur Verbesserung des Ökonomiewesens in der Grafschaft verfasste. In seinen Beschreibungen weist er deutlich auf Missstände bei der Arbeit seiner Kanzleibediensteten hin, die sich darin äußern, dass *bei der Canzlei, die meisten Geschäfte sehr lang und über die Zeit unexpedirt liegen bleiben. Wann hiernächstens die Instructiones verfertigt und einem jeden seine ordentliche Arbeit zugeteilt werden wird, hoffen wir, dass dieser Unordnung abgeholfen werden können*[2].

In Schloss Weikersheim hat sich ein Archivraum erhalten, der mit Schränken bis zur Decke und äußerst dekorativen Schubkästen eingerichtet ist (*Abb. 1*). Über 200 Jahre lang wurden hier im Schlossarchiv alle wichtigen Dokumente der Regierung aufbewahrt. Im 20. Jahrhundert ist der gesamte Inhalt des Weikersheimer Schlossarchivs ans Hohenlohe Zentralarchiv in Neuenstein gegangen, wo die Bestände heute professionell betreut und erhalten werden.

Ist die Einrichtung eines Archivs in Schloss Weikersheim der alleinige Versuch, Ordnung im Verwaltungsapparat der Herrschaft herzustellen, oder logische Konsequenz, um der stetig größer werdenden Masse an Schriftgut und Rechtsdokumenten Herr zu werden? Die Bauaufgabe »Archiv«, die Geschichte des Archivwesens und die Bestände sind meist Hauptaugenmerk wissenschaftlicher Untersuchungen. Beim Thema »Archiv« bedarf es jedoch interdisziplinärer Fragestellungen, um Genese und Aufgabe von Archiven umfassend beleuchten zu können. Folgender Beitrag möchte sich daher verstärkt auf die Analyse des Raumbildes und der künstlerischen Gestaltung des Archivraumes in Schloss Weikersheim konzentrieren. Kunsthistorische Betrachtungsweisen von Archiven und deren Ausstattung sind bisher quasi nicht existent. Die Ausführungen

---

[1] THEODOR REINKINGK, Biblische Policey, Das ist: Gewisse auß Heiliger Göttlicher Schrifft zusammengebrachte, auff die drey Haupt-Stände, als geistlichen, weltlichen und häußlichen gerichtete Axiomata, oder Schlußreden […], Frankfurt 1663, S. 317–322.
[2] Hohenlohe Zentralarchiv Neuenstein (HZAN): We 50 Bü 2572.

Abb. 1   Archivraum Schloss Weikersheim

zum Weikersheimer Archiv sollten daher auch viel mehr Anstoß für weitere Betrachtungen sein und dürfen nicht als abschließend verstanden werden.

Regieren und Verwalten – die Administration der Grafschaft

Da es keine kontinuierliche hohenlohische Linie in Weikersheim gab, sind die Verhältnisse im Archiv Weikersheim kompliziert. Bei der Kanzlei oder Regierung handelte es nicht um eine einzige Behörde, sondern um mehrere, abhängig davon, welche Linie jeweils in Weikersheim ansässig war bzw. über das Amt in Weikersheim verfügte. Bereits unter Graf Albrecht von Hohenlohe, der in Weikersheim von 1573 bis 1575 regierte, gab es eine Kanzlei, die von seinem Bruder Graf Wolfgang II. (1546–1610) fortgeführt wurde. Auch unter dessen Sohn Georg Friedrich (1569–1645) und seinen Nachfolgern Graf Siegfried (1619–1684) und schließlich Graf Carl Ludwig (1674–1756) gab es eine Kanzlei in Weikersheim. In der Zwischenzeit waren die Kanzleien in Neuenstein und Öhringen für die Herrschaft Weikersheim zuständig. »Kanzlei Weikersheim« ist im Sinne einer Endprovinienz zu verstehen. Es war die Behörde, die das Schriftgut am Ende verwahrte. Später – im 18. Jahrhundert – wurde die Zentralbehörde nicht mehr Kanzlei, sondern *Regierung* genannt[3].

In der Grafschaft Hohenlohe-Weikersheim war die Regierung dreigeteilt: Das Konsistorium war zuständig für die Kirchenverwaltung und für alle Kultusfragen, die Kammer befasste sich mit den Finanzen der Herrschaft und war oberste Finanzbehörde (*Cammer-Cassa*), während die Kanzlei für Innen- und Außenpolitik zuständig war.

Im besten Fall erledigte die Kanzlei wenige bedeutende Angelegenheiten in Eigenregie, während wichtige Dinge dem Landesherrn zur Entscheidung vorgelegt werden sollten. Dazu hätte ein Rat oder auch mehrere gemeinsam eine Stellungnahme verfassen sollen, um sie dem Grafen zu übergeben. So die Theorie – aus den *Pflichtmeßigen Bedencken* von 1740 erfahren wir, dass in der Kanzlei große Unordnung herrschte[4]. Mehrfach häufen sich Klagen darüber, dass die Kanzleiräte nur selten gemeinsame Sitzungen abhielten und *daß die meinste* [sic!] *von Unsern Bedienten die Nachmittags Zeit lieber zum Spiehlen und Spazierengehen als arbeiten anwenden*[5], wodurch einiges an Vorgängen und Aufgaben unbearbeitet blieb. Eine Analyse der herrschaftlichen Ausgaben gestaltet sich kompliziert. Das Einnahmen- und Ausgabensystem wurde teilweise unzureichend verschriftlicht und ist darüber hinaus intransparent. Aus den knappen Einträgen in den Rechnungsbüchern können wir keine Rückschlüsse daraus ziehen, welche Schreiner die Schubkästenwände für das Archiv in Weikersheim gefertigt haben. Ebenso verhält es sich umgekehrt mit den eingereichten Rechnungen der Schreiner – zu ungenau sind die überlieferten Beschreibungen über die ausgeführten Tätigkeiten, als dass sich dem Archivraum ein bestimmter Schreiner oder Künstler zuordnen lassen würde.

Die Kammer war nach heutigen Maßstäben schlecht organisiert. Ob oder inwieweit sich dies nach 1740 verbesserte, können wir allerdings nicht mehr nachvollziehen[6]. Dass das Archiv jedoch bereits wenige Jahre später in den Inventaren erstmals als eigenständiger Raum Erwähnung findet, lässt vermuten, dass dem Grafen eine nachhaltige Ordnung und der Erhalt seiner Regierungsunterlagen als durchaus wichtig erschien. Die Verwaltung der Grafschaft produzierte jede Menge Verträge, Rechnungen, Protokolle und Urkunden – die stetige Erweiterung des Rauminventars mit Registraturen spricht jedenfalls dafür, dass auch künftig ebendiese Unterlagen zu abgeschlossenen Vorgängen und Verfahren hier im Archivraum strukturiert und sicher aufbewahrt werden sollten.

---

[3] P. SCHIFFER, Findbuch We 40. Kanzlei betreffend Amt Weikersheim I: https://www2.landesarchiv-bw.de/ofs21/olf/einfueh.php?bestand=19924 (letzter Aufruf: 06.01.2018).
[4] J. KNIEPP, Finanzen und Verwaltung der Grafschaft, Internes Dossier der Staatlichen Schlösser u. Gärten Baden-Württemberg (kurz: SSG), 2005, S. 3–4.
[5] HZAN: We 50 Bü 2572.
[6] KNIEPP (wie Anm. 4), S. 3–4.

Das Archiv – eine gewollte Ordnung von Wissen

Der Archivraum im Kontext der Baugeschichte von Schloss Weikersheim

Der etwa 47 qm große Archivraum liegt im Erdgeschoss des Südflügels von Schloss Weikersheim. Als Teil des sogenannten Saalbaus gehört er zu den ältesten Teilen der gesamten Schlossanlage. Die Baugeschichte des Saalbaus reicht bis in die Renaissance zurück und beginnt mit Graf Wolfgang II. von Hohenlohe-Weikersheim (1546–1610). Im Haus Hohenlohe sah die Erbfolge vor, dass alle Söhne den Vater beerbten. Das bedeutete wiederholte Teilungen der Grafschaft. Im Jahr 1586 fiel Wolfgang II. per Losentscheid der Weikersheimer Teil der Grafschaft zu und damit eine mittelalterliche Wasserburg, über deren Erscheinungsform wir nur wenig wissen. Die lange Zeit unbewohnte Burg entsprach jedoch anscheinend nicht den landesherrlichen Ansprüchen des Grafen, da er sich bereits wenige Jahre nach Erhalt des Regierungssitzes zum Neubau eines Schlosses entschied. Der niederländische Architekt Georg Robin legte einen außergewöhnlichen Grundriss vor: das Schloss sollte als gleichseitiges Dreieck angelegt werden. Ab 1595 begannen die Arbeiten am sogenannten Saaltrakt, dessen Innenausbau sich bis 1603 erstrecken sollte[7]. Die Raumstrukturen für das spätere Archiv wurden somit bereits im 17. Jahrhundert geschaffen, bevor schließlich Mitte des 18. Jahrhunderts der Ausbau und die Nutzung zum Archivraum als solches erfolgten. In der Zeit des Dreißigjährigen Krieges kam die Bautätigkeit im Weikersheimer Schloss und Garten zum Erliegen. Erst das Jahr 1708 bedeutete eine zweite Blütezeit; per Los wurde Graf Carl Ludwig (1674–1756) das Schloss zugeteilt. Für Schloss Weikersheim, wie wir es heute kennen, sind zwei Epochen bedeutsam: Die bereits erwähnte Zeit um 1600 unter der Herrschaft Wolfgangs II. sowie die vom Barock geprägte Regierungszeit des Grafen Carl Ludwig. Auch im Archivraum bilden sich beide Epochen ab: Während die leere Raumschale bereits unter Graf Wolfgang II. im 16. Jahrhundert durch den Bau des Saaltraktes angelegt wurde, wurde das dekorative Schubladensystem des Archivraums erst in der Mitte des 18. Jahrhunderts eingerichtet, nachdem der gewölbte Raum im Erdgeschoss durch vergitterte Fenster und eine massive Eisentür mit Spezialschloss vor unberechtigtem Zutritt gesichert worden war[8]. Carl Ludwig residierte hier fast ein halbes Jahrhundert und ließ sich die Wohnräume im Barockstil neu einrichten, bevor er im Jahr 1756 ohne Erben starb. Damit erlosch die Linie Hohenlohe-Weikersheim; das Schloss blieb zwar im Besitz der Hohenlohe, war ab dieser Zeit jedoch nur zeitweise bewohnt. Seit 1967 ist das Schloss im Besitz des Landes Baden-Württemberg.

Der Ausbau zum Archiv

Die erhaltenen Inventare von Schloss Weikersheim geben uns heute Auskunft über die Genese des Archivraums. Der *Mobiliensturz bei der gräflichen Hofhaltung vorgenom-*

---

[7] C. FANDREY, Schloss Weikersheim, Berlin/ München 2010, S. 6f.
[8] W. SCHÖNTAG, Archivgut als bewegliche Kulturdenkmale. Denkmalschutz im Archivwesen und Pflege nichtstaatlichen Archivguts, in: Denkmalpflege in Baden-Württemberg 28 (1999, 3), S. 163–166, hier S. 1.

Abb. 2   Inventar von 1743

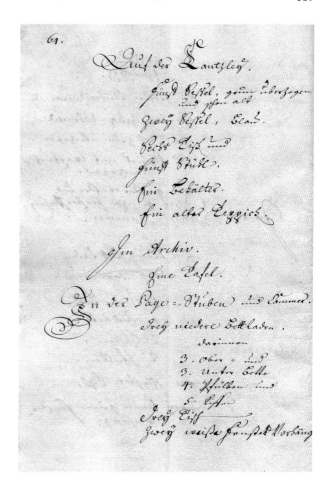

men zu Weikersheim den 27. November 1716[9] ist das früheste erhaltene Inventar des 18. Jahrhunderts. Das Archiv und damit auch die Ausstattung erfuhr zu diesem Zeitpunkt allerdings noch keine Erwähnung – ebenso wenig wie in den darauffolgenden Inventaren aus den Jahren 1725, 1730 und 1731[10]. 1743[11] traten der Archivraum und auch die *Cantzley* erstmals in Erscheinung – jedoch spärlich ausgestattet mit einem einzigen Tisch (*Abb. 2*). Die weitere Ausstattung stagnierte in den nächsten Jahren – lediglich ein Stuhl kam bis zum Jahr 1758 hinzu. In der Kanzlei befanden sich zu diesem Zeitpunkt an Aufbewahrungsmöbeln allerdings bereits *3 kleine Behälter* und bis 1760 sogar

---

[9] HZAN, Inventar 1716: We 110 Bü 159.
[10] Alle HZAN: Inventar 1725: We 49 Bü 2523/ Inventar 1730: We 110 Bü 163/ Inventar 1731: We 110 Bü 164.
[11] HZAN: Inventar 1743: We 110 Bü 168.

1 kleine Registratur. Zu eben diesem Zeitpunkt findet sich ein aufschlussreicher Eintrag für das Archiv: *1 langer Tisch, 1 Stuhl, 1 ganze Registratur bleibt beständig*[12].

Neben der Tatsache, dass erstmals seit Nennung des Archivs im Jahr 1743 der Raum über eine eigene Registratur verfügte, die auf tatsächliche Archivierung von Schriftstücken schließen lässt, stechen die Wörter *bleibt beständig* hervor. Aus ihnen lässt sich schließen, dass schon vor 1760 die erste vollständige Registratur in den Raum gekommen sein muss. Die Durchsicht der Rechnungen für den in Frage kommenden Zeitraum bringt Ernüchterung. Weder verweisen die durchgeführten Arbeiten im Schloss an irgendeiner Stelle auf den Archivraum, noch können Rückschlüsse auf bestimmte Schreiner gezogen werden, die für die Fertigung in Frage kommen. Es sollte daher in Betracht gezogen werden, dass die aufgeführte Registratur nicht extra für den Archivraum angefertigt wurde, sondern bereits an anderer Stelle im Schloss vorhanden war und eventuell umgeräumt wurde. Die Vermutung scheint nicht unbegründet, vergleicht man die Inventare von 1769[13] und 1805/1806[14]. Werden im erstgenannten in der Regierung (zuvor *Canzley*) noch: *4 kleine Registratur und 1 Schrank so von der Seniorats-Cassa erkauft worden*, genannt, befinden sich selbige 1805/1806 unter dem im Archiv beschriebenen Inventar. Im Regierungs-Archiv sind ab sofort gelistet (zuvor *Archiv*): *1 langer Tisch, 1 Stuhl, 1 ganze Registratur, 4 kleine Registratur Stück, 1 Schrank so von dem Seniorats-Cassa erkauft worden*, wohingegen *Auf der Regierung* keine Registraturen mehr vorhanden sind. Dies spricht dafür, dass es durchaus Praxis war, Möbel in andere Räume zu verlegen, und zeigt zugleich, dass der Bedarf an Behältnismöbeln im Weikersheimer Archiv gegen Ende des 18. Jahrhunderts zunehmend größer wurde. Der Archivraum und seine heutige Erscheinung sind somit Resultat eines Entwicklungsprozesses und nicht Ergebnis einer einzigen Arbeit. Vielmehr wurde die Archivausstattung aufgrund steigender Nachfrage angepasst und entsprechend erweitert. Wie eingangs formuliert, kann der Beitrag keine abschließende Untersuchung sein – für eine genaue Datierung und Zuordnung von Schreinern sowie Künstlern müsste der Zeitraum der zu sichtenden Archivalien erheblich ausgeweitet werden, was diese Arbeit in ihrem Umfang nicht leisten kann.

Die Archivmöbel – Ordnung von Wissen und Macht

»Wissen« – und damit das eigentliche Gut der Archive, war äußerst verlustanfällig. Das Errichten von Aufbewahrungsmöbeln, die die Witterung von den Papieren fernhalten sollten, waren somit unabdingbar[15]. Feuer und Wasser waren weitere große Gefahren für den Erhalt von Akten und Urkunden. Vor beiden Gefahren sollte die Archivarchitektur schützen. Gegen Brände entwickelte man im Laufe des 17. und 18. Jahrhunderts einige Strategien. Im Wesentlichen ging es immer darum, das Übergreifen von Feuer, das außerhalb ausgebrochen war, auf das Archiv unmöglich zu machen. Das erreichte man wie in Weikersheim vorwiegend durch eiserne Türen, Gewölbestrukturen und Böden, die

---

[12] HZAN: We 110 Bd 403.
[13] HZAN: We 49 Bü 3065.
[14] HZAN. We 90 Bü 191.
[15] M. FRIEDRICH, Die Geburt des Archivs. Eine Wissensgeschichte, München 2013, S. 161.

nur aus Steinen und Putz bestanden[16]. Idealerweise sollten Archive zudem geschlossene Bereiche darstellen, die von der Umgebung der anderen Räume klar abgetrennt waren. Möglichst wenige Türen im Raum stellten eine Möglichkeit dar. Zudem wurde der Einbruchschutz erhöht, indem Archivtüren, häufig mit zwei, drei oder wie in Weikersheim sogar mit vier Riegeln versehen wurden. Das Schlüsselloch selbst hatte keine Funktion, die massive Eisentür konnte erst geöffnet werden, wenn ein bestimmter Knopf gedrückt wurde, der das hinter einer Blende verborgene echte Schlüsselloch offenbarte. Schottete die massive Archivtür einerseits ab, war sie andererseits eben gerade auf Grund ihrer auffälligen Gestaltung mit Beschlägen und Riegelwerk Ein- und Ausladung für den Besucher zugleich. Das Archiv sollte gezeigt und verborgen werden. Die Tür konnte bereits Neugier wecken auf das, was sich wohl dahinter verbergen würde[17].

Kisten, Schränke, Truhen sind für Struktur und Ordnung von Wissen im Raum von grundlegender Bedeutung. Die Frühe Neuzeit gilt allgemein als der Übergang von Truhen zu Schränken. Die Truhe als klassisches Behältnis für Urkunden war obsolet geworden. Lange Zeit hatten einfache Kisten zur Aufbewahrung von Akten gedient. Auf Grund der Möglichkeit, diese bei Gefahren – wie Krieg oder Feuer – relativ unkompliziert in Sicherheit bringen zu lassen, wurden Truhen dennoch weiterhin auch als Aufbewahrungsmöbel in Auftrag gegeben. Während Truhen *unbequem zum Gebrauch* seien, so hätten sie doch den *einzigen Vorteil, daß man sie im Fall der Noth kann wegschleppen lassen*[18].

Große Schrankwände prägen hingegen den Gesamteindruck des Archivraums in Weikersheim. Die Kombination aus Schranksystem und Schubladen – hier sogar wandfeste Einbauten – hatte die Truhe als Archivmöbel in Weikersheim endgültig abgelöst und suggerierte somit Sesshaftigkeit.

Genau 476 Schubladen bilden im Archiv ein großflächiges Möbelensemble, das den vorhandenen Raum optimal ausnutzt. Die Wandflächen sind vollständig mit übereinander gestellten Einbauschränken ausgekleidet, die sich der Raumstruktur des Erdgeschossgewölbes mit seinen Spitzbögen anpassen. Auf den ersten Blick präsentiert sich der Raum als einheitliche, homogene Schöpfung, erst bei genauer Betrachtung fallen die unterschiedliche architektonische Machart und künstlerische Gestaltung der Schubkästen auf.

Eine ganze Registratur eingepasst in die südliche Stirnseite des Raums, *vier kleine Registratur Stück* an den Längsseiten, sowie *ein Schrank* an der Fensterseite – so gliedern sich die fünf Registraturen im Archiv. Das Archivmöbel muss als strategisches Instrument verstanden werden, um Ordnung entwickeln zu können. Dementsprechend war das *Legen in Fächer* in der Anleitungsliteratur des 18. Jahrhunderts ein großer Schritt auf dem Weg zur Verwandlung ungeordneter Dokumentenbestände in Serien strukturierter Aktenbüscheln[19]. Die Schränke waren nicht nur Mittel, um Wissen zu strukturieren und

---

[16] K. LEISKAU, Architektur und Geschichte der staatlichen Archivzweckbauten in Deutschland 1871–1945, 2 Bde., Marburg 2008, hier: Band 1: Text, S. 27.
[17] FRIEDRICH (wie Anm. 15), S. 167f.
[18] JOHANN STEPHAN PÜTTER, Anleitung zur Juristischen Praxi. Wie in Teutschland sowohl gerichtliche als aussergerichtliche Rechtshändel oder andere Canzley – Reichs- u. Staatssachen schriftlich oder mündlich verhandelt werden, Göttingen 1765, S. 285f.
[19] FRIEDRICH (wie Anm. 15), S. 175.

Abb. 3 Archivschrank

eine systematische Ordnung herzustellen, sondern mussten darüber hinaus den praktischen Zweck im Alltag eines Archivars erfüllen: das leichte Auffinden der Dokumente.

Wenn man weiß, dass die gesuchten Akten in Registratur I zu finden sind, reduziert sich die Zeit der Suche. Die Effizienz von Archiven hängt davon ab. Man muss nicht nur wissen, welche Einzelstücke zu welchem Thema vorhanden sind, sondern auch, wo sich jedes Dokument befindet[20]. Für den Archivar muss erkennbar sein, welcher Schrank welche Unterlagen beinhaltet. Umso wichtiger war dies, wenn Aufbewahrungsmöbel verschlossen waren, wie die Schubkästen in Weikersheim. Kurze Inhaltsübersichten auf Etiketten geben Auskunft darüber, was sich in den Schubladen an Akten befindet. Zusätzlich wurden die Registraturen durch Ziffern und Buchstaben markiert. Jedes Segment ist mit einer römischen Ziffer, jeder Schrank mit einem Buchstaben und jede Schublade mit einer römischen Ziffer bezeichnet. Die Schubladen sind jedoch nicht alle fortlaufend nummeriert; vielmehr beginnt mit jedem der Segmente eine neue Zählung. Die Nummerierung erfolgt in jedem Spitzbogen nach demselben Prinzip: Oben links beginnend sind die Schubkästen schlangenförmig bis nach rechts unten beziffert. Die Akten jeder Schublade wurden dem Format der Schubladen entsprechend in Oktav- und Quartbüschel gefaltet, verschnürt und senkrecht in mehreren Reihen in die Schubladen gestellt. In jeder Schublade waren die Akten fortlaufen nummeriert. Mit dieser Lokatur hatte jedes Büschel seinen eigenen Platz im Archiv und konnte bei Bedarf schnell herausgesucht werden.

Der einheitliche Gesamteindruck des Archivs wird durch den immer gleichen architektonischen Aufbau der Registraturen, deren künstlerische Gestaltung sowie Beschriftung erzeugt. Betrachtet man die jeweiligen Segmente jedoch im Detail und vergleicht sie untereinander, fallen Unterschiede auf.

Alle Registraturen bestehen im unteren Aufbau zunächst aus zwei übereinander gestellten Archivschränken, darüber folgt ein sich verjüngendes Schubkastensystem. (Abb. 3) Die vier Schränke an den Längsseiten bestehen jeweils aus fünf Fächern. Die oberen Schubkastenelemente sind ebenfalls nach dem gleichen Schema aufgebaut: Die Anzahl der Schubladen nimmt mit jeder Reihe nach oben hin ab, ebenso wie die Breite der beiden äußeren Schubladen. Die inneren Schubladen hingegen bleiben dabei im Format gleich. Passgenaue Holzverkleidungen füllen die Zwickel, die sich durch die rechteckigen Schubladen und Rundung der Stichkappen ergeben.

Trotz der gleichen Machart verhält sich die Ausführung der fünf Registraturen im Detail anders. So gleicht keine Registratur der anderen in Anzahl oder Format der Schubladen, was auf die räumlichen Gegebenheiten zurückzuführen ist. Um den Platz der Wände optimal nutzen zu können, musste das Schubkastensystem den unterschiedlichen Maßen der Gewölbe angepasst werden. (Abb. 4)

Nicht allein auf der Architektur der Möbel beruht der einheitliche Gesamteindruck – die dekorative Bemalung der Schubladenfronten betont diesen zusätzlich. Durch die aufwendige künstlerische Gestaltung wird zudem deutlich, dass es nicht alleiniges Ziel gewesen ist, eine optische Zusammengehörigkeit der verschiedenen Segmente zu erreichen. Meist stand bei der Einrichtung von Archivräumen ein funktionaler Ansatz im

---

[20] Ebd.

Abb. 4   Schubkastensystem an der Ostwand des Archivraums

Vordergrund. Archivmöbel übernahmen aber auch repräsentative Aufgaben, weshalb in solchen Fällen mehr Aufwand zur Gestaltung und Dekoration der Schränke betrieben wurde[21]. Bei dem Archivraum in Weikersheim handelt es sich genau um solch einen Fall. Die Malereien auf den Registraturschubladen imitieren hochwertiges Nussbaumholz. Durch die aufwendige Technik der Holzmalerei sollte das Aussehen von edlem einheimischen Holz erreicht werden[22]. Die Archivmöbel sind aus einfachem Fichtenholz gefertigt, die dekorative Holzmalerei wertet das Material auf. Dies lässt die Vermutung zu,

---

[21] Ebd. S. 166.
[22] K. Schönburg, Historische Beschichtungstechniken, Berlin 2002, S. 284.

Abb. 5   Schublade der Ostwand im Detail

dass der Archivraum auch als Ausdruck herrschaftlicher Repräsentation gedacht werden muss, ja sogar als Instrument der Herrschaft. Archive beherbergten eine spezifische Wissensform, die für die Herrschaftsausübung eine immer größere Rolle spielte. Das Archiv war schließlich der Ort, an dem jene verbindlichen Rechtsdokumente lagerten, auf denen Macht basierte – mit anderen Worten: das Archiv legitimierte die Position eines jeden Herrschers. Das Archiv wurde somit zum Bindeglied zwischen Wissen und Macht, wodurch es die politische Ordnung der Herrschaft festigen konnte[23]. Diesen Gedanken weiter zu führen, scheint wünschenswert, kann an dieser Stelle jedoch nicht geleistet werden.

Die Schubladenfronten wurden – wie bereits erwähnt – allesamt in Holzmalerei gearbeitet, sind jedoch von deutlich unterschiedlichen Qualitäten. Den beiden Registraturen an der Ostwand und dem gegenüberliegenden linken Archivschrank sind der dynamische Duktus, die kontrastreiche und dunkle Farbigkeit gemeinsam (*Abb. 5*). Das rechte Segment an der Westwand hingegen zeigt sich weitaus heller in der farbigen Ge-

---

[23]   G. Didi-Huberman / M. K. Ebeling, Das Archiv brennt, Berlin 2007, S. 52f.

Abb. 6   Rechtes Segment der Westwand

Abb. 7 Schubladen an der Stirnseite

Abb. 8   Archivraum im Königsberger Schloss, vor 1945

staltung und zurückhaltender in der Pinselführung (*Abb. 6*). Der Segmentbogen an der Stirnseite weist eben diese Eigenschaften auf, wohingegen sich die Archivschränke links und rechts neben der Eingangstür von allen anderen Registraturen im Raum in ihrer Machart, sowohl künstlerisch als auch architektonisch, vollkommen unterscheiden und damit aus dem optischen Gesamtbild deutlich herausfallen. Die Schubladen sind flacher und breiter gearbeitet, der Holzmalerei wird durch breite Binnenrandmalereien weniger Fläche eingeräumt und die Griffe sind überwiegend als Holzknäufe gearbeitet. (*Abb. 7*) Die Griffe der vier kleinen Registraturen sind hingegen allesamt aus Eisen gefertigt, in runder und eckiger Form. Ein Detail, welches sich jedoch durch Distanz bei der Betrachtung zu verlieren scheint; der einheitliche Charakter dominiert.

Die beschriebenen Unterschiede in Machart und Gestaltung der Archivmöbel sprechen dafür, dass die Ausstattung nicht aus einem Guss ist, sondern mit der Zeit wuchs und bei Bedarf erweitert wurde. Wie die Inventare über eine stetig wachsende Ausstattung des Archivs berichten, zeigt sich diese Entwicklung auch in der stilistischen Analyse der Möbel selbst.

Die Registraturschränke an der Stirnseite müssen die ältesten Möbel im Archivraum sein, die in den Folgejahren durch die *vier kleinen Registraturen* an Ost- und Westwand ergänzt wurden. Der Segmentbogen oberhalb der Tür ist auf Grund seiner Machart ebenfalls in diesem Zusammenhang gearbeitet worden und stellt somit eine nachträgliche Ergänzung zu den beiden Registraturschränken an der Stirnseite dar.

Exkurs: Das Archiv im Königsberger Schloss

Die europäische Archivkultur war stets am überregionalen Austausch von Ideen interessiert – wechselseitige Anregungen wurden gesucht und waren entscheidend für Organisation und Gestaltung von Archiven. Wandfeste Schubkastensysteme wie in Weikersheim gab es durchaus auch an anderer Stelle[24]. Eine bemerkenswerte Ähnlichkeit weist der Weikersheimer Archivraum jedoch vor allem zu jenem im Königsberger Schloss auf (*Abb. 8*) Das »Kanzleiarchiv« im ehemaligen Remter des Marstallhauses befand sich im Nordflügel des Schlosses. Nachdem der Flügel im Jahr 1541 zerstört und anschließend wieder aufgebaut wurde, wurde hier das Kanzleiarchiv eingerichtet und mit Aktenschränken samt Schubladen versehen[25]. Das Königsberger Archiv scheint in seiner optischen Gestaltung eindeutigen Vorbildcharakter für das Archiv in Weikersheim zu haben. Schriftlicher Austausch oder ein Besuch des Schlosses durch die Herrschaften in Weikersheim konnte bisher leider nicht nachgewiesen werden. Dass es in der Vergangenheit unter Graf Wolfgang II. bereits künstlerische Beziehungen zu Königsberg gab, ist jedoch belegt. Wolfgangs Sohn Georg Friedrich hatte während Hochzeitsfeierlichkeiten die prächtigen Räume des Schlosses kennengelernt und seinem Vater davon berichtet. Graf Wolfgang II. holte daraufhin Kalkschneider Gerhard Schmidt aus Königsberg an seinen Hof, wo dieser unter anderem die hervorragenden Stuckarbeiten im Rittersaal

---

[24] Hier sei beispielsweise auf das Archivgewölbe in der Freiburger Gerichtslaube verwiesen.
[25] W. D. WAGNER, Das Königsberger Schloss. Eine Bau- und Kulturgeschichte, 2 Bände, hier: Band 1: Von der Gründung bis zur Regierung Friedrich Wilhelms I. (1255–1740), Regensburg 2008, S. 109.

von Schloss Weikersheim ausführte[26]. Holte man sich also im 18. Jahrhundert erneut Anregungen aus Königsberg? Die Vermutung liegt nahe, kann jedoch nicht eindeutig belegt werden.

Zusammenfassung

Das Archiv in Weikersheim präsentiert sich auf vielfältige Weise: als dekorativer Raum, geprägt von Einheitlichkeit und scheinbarer Symmetrie, als Strukturelement, als Wissensordnung. Wurde jahrzehntelang in Weikersheim darauf verzichtet, den Akten durch angemessene Lagerung und Räumlichkeiten den notwendigen Respekt zu erweisen, änderte sich dies Mitte des 18. Jahrhunderts, als unter der Herrschaft Graf Carl Ludwigs das Archiv erstmals als Raum in den Inventaren genannt wird. Von Schwierigkeiten in der Archivbenutzung, von Unordnung, wie sie in den *Pflichtmeßigen Bedenken* 1740 noch anklingen, sollte hier nichts mehr zu spüren sein. Vielmehr unterstrich der optische Gesamteindruck eine Stilisierung des Archivs als reibungslos benutzbaren Wissensort. Der Anspruch nach optischer Einheitlichkeit bei maximaler Nutzung der Fläche erfüllte sich im Archivraum von Schloss Weikersheim. Das Archiv als Ursprung von Wissen und Macht wurde zugleich dessen Ausdruck – daher stets *bey allen Regierungen/Cantzleyen und Gerichten ein sehr nötig unnd nutzlich Werk.*

---

[26] Ebd. S. 158.

Ein solid- und von anderen abgesondertes Gebäu. Das Fürstlich Fürstenbergische Archiv in Donaueschingen als wegweisender Archivbau des 18. Jahrhunderts

VON ANDREAS WILTS

Das Fürstenbergarchiv ist ein Bijou, nicht allein wegen der reichen Bestände zur Geschichte des Hauses Fürstenberg und seiner ehemaligen Territorien, sondern vor allem auch wegen des Gebäudes selbst (*Abb. 1*)[1]. Es wurde bereits 1756–1765 erbaut, als einer der frühesten selbständigen Archivbauten überhaupt. Zu seiner Zeit war es ein sehr fortschrittlicher Bau, mit innovativen architektonischen Lösungen für das Problem, Archivalien dauerhaft und sicher aufzubewahren. Und es hat sich bis heute nahezu unverändert in seiner ursprünglichen Form erhalten. Dies ist kein Zufall oder das Ergebnis klammer Kassen. Die fürstenbergischen Archivare wussten um den Rang ihres Gebäudes und pflegten es deshalb behutsam.

Vor dem näheren Blick auf das Gebäude und seine Architektur gilt es, die historischen Zusammenhänge zu beleuchten. Welches war der Standard im Archivbau um 1750? Warum beschritt ein kleineres Fürstentum eigene Wege und errichtete einen der ältesten selbständigen Archivbauten überhaupt?

Philipp Ernst Spieß, Verfasser einer bedeutenden archivtheoretischen Schrift, nannte 1777 die Gründe für eine gute Bezahlung der Archivare. Seine Ausführungen erlauben einen abgrundtiefen Blick in damalige Archive: Es lasse […] *sich nichts beschwerlichers und mühseeligers als die Einrichtung eines Archivs denken, als welche überdiß noch mit dem Verlust der Gesundheit sehr genau verknüpft ist. Die Seele verliert durch tägliche*

---

[1] G. TUMBÜLT, Das Fürstlich Fürstenbergische Archiv zu Donaueschingen, in: Archivalische Zeitschrift 3. F. 1 (1915), S. 189–210; K.S. BADER, Archiv und geschichtliche Landeskunde. Ein Jahrhundert wissenschaftlicher Arbeit im F.F. Archiv zu Donaueschingen, in: Archivalische Zeitschrift 50/51 (1955), S. 57–69; H. WIESER, Das Fürstlich Fürstenbergische Archiv zu Donaueschingen. Ein Beitrag zur Baugeschichte, in: Schriften des Vereins für Geschichte und Naturgeschichte der Baar 25 (1960), S. 223–249; E. H. ELTZ, Die Modernisierung einer Standesherrschaft. Karl Egon III. und das Haus Fürstenberg in den Jahren nach 1848/49, Sigmaringen 1980, S. 135–166; A. WILTS, Die alte Hofbibliothek – Ein traditionsreiches Haus und sein Ort in der Geschichte der Donaueschinger Residenz, in: GÄBELE & RAUFER ARCHITEKTEN (Hgg.), Alte Hofbibliothek Donaueschingen. Neue Perspektiven, Freiburg i.Br. 2012, S. 118–133.

Abb. 1   Das Fürstenbergarchiv in Donaueschingen

scharfe Anstrengung nach und nach ihre Kräffte, das tiefe Nachdenken und Beurtheilen macht hypochondrisch, der Cörper wird durch die dumpfigte, kühle und ungesunde Lufft in den Gewölbern, die man doch nicht vermeiden kan, verderbt und zu Flüssen geneigt, und wie viel schädlichen Geruch verursachen nicht alte halbvermoderte oder vom Ungeziefer zerfressene und besudelte Acten? wie viel Staub muß die Brust einnehmen? nicht zu gedenken des Verlusts der Augen, welchem man ausgesetzt ist, und dergleichen mehr[2].

Im 18. Jahrhundert, zu einer Zeit, als Einfälle feindlicher Kriegstruppen noch eine allzu realistische Gefahr darstellten und in Dörfern und Städten viele Häuser aus Holz bestanden, hatte der Schutz der Archive vor Feuer, Plünderung und Raub oberste Priorität[3]. Archive wurden deshalb zumeist nicht in freistehenden Archivgebäuden unter-

---

[2]   P.E. Spiess, Von Archiven, Halle 1777, S. 15–16.
[3]   Grundlegende Arbeiten zur Geschichte der Archivbauten sind W. Leesch, Archivbau in Vergangenheit und Gegenwart, in: Archivalische Zeitschrift 62 (1966), S. 11–65; V. Rödel (Hg.), Umbruch und Aufbruch. Das Archivwesen nach 1800 in Süddeutschland und im Rheinland (Werkhefte der staatlichen Archivverwaltung Baden-Württemberg A 20), Stuttgart 2005; K. Leiskau, Architektur und Geschichte der staatlichen Archivzweckbauten in Deutschland 1871–1945, Marburg 2008, Online-Dissertation, http://archiv.ub.uni-marburg.de/opus/frontdoor.php?source_opus=2093&la=de.

gebracht, sondern vor fremden Blicken und Zugriffen verborgen, im unmittelbaren Umfeld des Eigentümers. Sie befanden sich bevorzugt in Nebenräumen und Kellern von Klöstern, Regierungsgebäuden, Rathäusern und Kanzleien, Burgen und Schlössern. Sie hatten im Idealfall gewölbte Decken, eiserne Türen und Fensterläden sowie transportable Archivkästen zur schnellen Evakuierung der kostbarsten Schätze. Die in diesen Gewölben herrschenden, für Archivare und Archivalien gleichermaßen nachteiligen klimatischen Bedingungen, wie sie Spiess so eindringlich schildert, nahm man dabei als quasi unvermeidlich hin.

Selbständige Archivgebäude waren dagegen bis ins späte 19. Jh. hinein die große Ausnahme, und selbst bei den wenigen frühen Beispielen stellt sich fast immer die Frage, ob sie den Namen tatsächlich verdienten. Immer wieder werden die Archivtürme von Burgen und Schlössern angeführt. Es gibt sie in Südwestdeutschland seit dem 15. Jahrhundert, z. B. im markgräflichen Baden-Baden und in Fürfeld, der Residenz des ritteradeligen Geschlechtes von Helmstatt[4]. Es sind eher Festungstürme mit eingelagerten Archivalien, keine Gebäude, die schon eine spezielle, für archivische Bedürfnisse entwickelte Architektur hatten. Meterdicke Mauern, schießschartengroße Fenster, Archivräume, die nicht vom Erdgeschoß, sondern nur vom darüber liegenden Stockwerk oder über eine Brücke zugänglich waren, enge Wendeltreppen, steinerne Plattformen als Dachabschluss, das ganze Repertoire des Befestigungswesens findet man.

Bestenfalls Marksteine auf dem Weg zu selbständigen Archivgebäuden waren auch die Archive in Stuttgart und Basel. In Stuttgart ließ Herzog Christoph von Württemberg um 1560 neben seinem Residenzschloss einen Archivpavillon mit zwei übereinanderliegenden gewölbten Archivräumen und einem separaten Arbeitszimmer für die Archivare errichten, ein durchaus fortschrittlicher Bau also[5]. Es war allerdings nur ein Anbau. Herzog Christoph, der eifersüchtig über sein Archiv wachte, bestand auf einer Wendeltreppe, die von seinen Privaträumen hinüberführte. Zudem erhielt das Gebäude ein Flachdach mit Balustrade, damit es als Lustgarten genutzt werden konnte. Auf eine Unterkellerung wurde fahrlässigerweise verzichtet. Beides war langfristig sehr negativ. Man wurde der von oben und unten eindringenden Feuchtigkeit nicht Herr. Zu Anfang des 19. Jahrhunderts, als das Archiv aus allen Nähten platzte, wurde das Gebäude aufgegeben.

Das Archiv der Markgrafen von Baden-Durlach in ihrer Nebenresidenz Basel entstand zwischen 1736–1738 unmittelbar neben dem markgräflichen Palais und ordnet sich diesem in der Architektur völlig unter[6]. Zudem befanden sich nur im Erdgeschoß gewölbte Archivräume. Der wesentlich größere Teil des Hauses, insgesamt drei Stockwerke, hatte normale Holzdecken und beherbergte vermutlich Kanzlei- und Wohnräume. Die gewölbten Räume waren mit doppelten Eichen- und Eisentüren, Fenstergit-

---

[4] E. LACROIX/P. HIRSCHFELD/H. NIESTER, Stadt Baden-Baden (Die Kunstdenkmäler des Grossherzogthums Baden 11, 1), Karlsruhe 1942, S. 256–260; K. ANDERMANN, Der Archivturm des Schlosses in Fürfeld. Ein Zweckbau des 15. Jahrhunderts, in: Archivnachrichten 48 (2014), S. 49.

[5] E. SCHNEIDER, Zur Geschichte des württembergischen Staatsarchivs, in: Archivalische Zeitschrift 2 (1891), S. 54–77; R. KRETZSCHMAR, Zögerlicher Pragmatismus ohne Vision. Das württembergische Archivwesen nach 1800, in: RÖDEL (wie Anm. 3), S. 215 – 280.

[6] K. KRIMM, *Das Erste Staatsgebäude*. Archiv- und Verwaltungsbau in Karlsruhe um 1800, in: RÖDEL (wie Anm. 3), S. 373–417.

tern und eisernen Läden sehr gut gesichert und verdankten ihrer Lage im Hochparterre ein günstiges Raumklima. Im Vergleich zum Archiv der Württemberger in Stuttgart war damit viel gewonnen. Größter Nachteil war auch hier der begrenzte Platz in einem nicht vollständig für Archivzwecke nutzbaren Gebäude. Von vornherein nur als Schatzkiste für die wichtigsten Archivalien der Markgrafen bestimmt und daher nicht auf größeren Zuwachs ausgelegt, waren bereits 1755, nur zwanzig Jahre nach der Erbauung, alle Raumreserven erschöpft.

Auch das Archiv der Kurfürsten von Braunschweig-Lüneburg in Hannover zählt mit einer Bauzeit von 1713–1721 zu den frühesten freistehenden Archivbauten überhaupt[7]. Allerdings musste sich das Archiv ein Gebäude mit der Staatsbibliothek teilen, und obwohl die Archivalien mit zwei Stockwerken den größten Teil des Gebäudes einnahmen, waren es die Bauformen einer barocken Bibliothek, die dem gesamten Bauwerk den Stempel aufdrückten. Die acht gewölbten Archivräume erstreckten sich jeweils über zwei Geschosse und hatten auf dem Fußbodenniveau des oberen Geschosses eine umlaufende Galerie. Wie in einem barocken Bibliothekssaal konnten deshalb im oberen Teil der Gewölbe nur an den Wänden entlang Archivschränke und -regale aufgestellt werden. Die Raumausnutzung war schlecht, der Transport der Akten beschwerlich.

Man findet also vor dem Fürstenbergarchiv allenfalls Ansätze zu eigenständigen Archivbauten. Es handelt sich um mittelalterliche oder frühneuzeitliche Festungstürme, die archivisch genutzt wurden, um Anbauten an Schlössern, Burgen oder Kanzleigebäuden, die ganz oder teilweise für ein Archiv genutzt wurden, um Kombinationslösungen von Archiv, Bibliothek und fürstlicher Sammlung. Der erste selbständige Archivbau war, ich lasse mich gerne eines Besseren belehren, das 1756–1765 errichtete F.F. Archiv in Donaueschingen. Unmittelbar im Anschluß folgte 1763–1766 das Haus Nassau-Oranien mit einem repräsentativen Archivgebäude in Dillenburg[8].

Beide Bauten fanden zunächst kaum Nachfolger, und dies obwohl auch in der archivtheoretischen Literatur spätestens um 1800 allenthalben das freistehende Archivgebäude als bestmögliche Bauform empfohlen wurde[9]. Aufgrund des relativ geringen Stellenwerts, den die Archive in der öffentlichen Wahrnehmung und in der Hierarchie der Verwaltung hatten, konnten selbst die großen Landesarchive nur dann mit einem Neu-

---

[7] M. HAMANN, Geschichte des Niedersächsischen Hauptstaatsarchivs in Hannover, Erster Teil, in: Hannoversche Geschichtsblätter, N. F. 41 (1987), S. 39–87; W. NESS/I. RÜTTGERODT-RIECHMANN/G. WEISS/M. ZEHNPFENNIG, Stadt Hannover (Baudenkmale in Niedersachsen 10.1), Braunschweig/Wiesbaden 1983, S. 88f.

[8] Zu Dillenburg siehe LEISKAU (wie Anm. 2), Bd. 1, S. 18 und Bd. 2, Abb. 9 und den Beitrag von R. PONS in diesem Band. Ein früher Archivbau wurde 1766- 1769 auch in Lauterbach neben dem dortigen Amtsgebäude der Freiherren Riedesel zu Eisenbach errichtet. Der Fachwerkbau hatte ein massives Fundament, war jedoch nicht unterkellert und gab reichlich Anlass zu Klagen über desolate klimatische Zustände und fehlende Sicherheitsstandards. Das Gebäude sah zudem neben dem Archiv auch weitere Nutzungen in einem Saal, verschiedenen Stuben und Kammern vor. C. REUTHER, Ein Archivneubau der Riedesel zu Eisenbach in Lauterbach aus den Jahren 1766–1769, in: Archivnachrichten aus Hessen 12/1 (2012), S. 71–75.

[9] K.F.B. ZINKERNAGEL, Handbuch für angehende Archivare und Registratoren, Nördlingen 1800, S. 78–79; G.A. BACHMANN, Über Archive, deren Natur und Eigenschaften, Einrichtung und Benutzung nebst praktischer Anleitung für angehende Archivbeamte in archivalischen Beschäftigungen, Amberg und Sulzbach 1801, Bd. I, S. 58–66.

bau rechnen, wenn dieser im Verbund mit einem Regierungsgebäude oder einer anderen Sammlung erfolgte. Auf diese Weise wurden in Karlsruhe 1788–1792, in Stuttgart 1822–1826 und München 1828–43 die neuen Landesarchivgebäude errichtet, in Karlsruhe bezeichnenderweise ohne Unterkellerung, ein Rückschritt gegenüber dem bereits erreichten Standard, mit dem man sich ein zusätzliches Stockwerk erkaufen wollte[10].

Warum leistete sich angesichts all dessen ein verhältnismäßig kleines Fürstentum wie Fürstenberg bereits 1756 einen so aufwändigen innovativen Bau[11]? Die treibende Kraft war Fürst Josef Wilhelm Ernst zu Fürstenberg (1699–1762), ein Landesherr, der um die große Bedeutung eines wohl verwahrten und geordneten Archivs für sein Fürstentum wusste (*Abb. 2*)[12]. Die hohe Wertschätzung des Archivs war schon in der Erziehung des Fürsten begründet. Als früh verwaister Sohn des Fürsten Prosper Ferdinand (1662–1704) aus der ökonomisch recht zerrütteten Stühlinger Linie des Hauses Fürstenberg hatte Josef Wilhelm Ernst unter der Aufsicht seines Vormundes, des Reichskammerrichters und späteren kaiserlichen Prinzipalkommissars Froben Ferdinand zu Fürstenberg (1664–1741) eine relativ unstandesgemäße Ausbildung genossen. Sie bereitete ihn auf eine Laufbahn als Wirtschafts- und Verwaltungsfachmann, weniger auf ein Leben als Reichsfürst vor. An die Privaterziehung durch einen Hofmeister und die üblichen adeligen Bildungsreisen nach England, Frankreich und Italien hatte sich ein Studium der Rechtswissenschaften an den Universitäten Dillingen, Wien, Straßburg und Utrecht angeschlossen. In Straßburg war Josef Wilhelm Ernst mit einer Thesenverteidigung promoviert worden[13].

Diese Erziehung und Ausbildung hat ihn zeitlebens geprägt. Als 1716 und 1744 die Besitzungen der ausgestorbenen fürstenbergischen Linien in Heiligenberg und Meßkirch an ihn fielen und er damit erstmals wieder seit Jahrhunderten sämtliche fürsten-

---

[10] Vgl. zu Karlsruhe KRIMM (wie Anm. 6), zu Stuttgart KRETSCHMAR (wie Anm. 5) und zu München LEISKAU (wie Anm. 3), S. 21–24.

[11] Das Archiv des benachbarten Fürstenhauses Hohenzollern-Sigmaringen befand sich noch zu Beginn des 19. Jhs. in einem lediglich 35 qm großen, mit 12 tragbaren Kisten und wenigen Regalen ausgestatteten Raum des Schlossturmes, W. BERNHARD, Das Fürstlich Hohenzollernsche Archiv in Sigmaringen von 1803 bis zur Gegenwart, in: Zeitschrift für Hohenzollerische Geschichte 9 (1973), S. 9–78 und V. TRUGENBERGER, *Wichtige Schriften ... wie Mist vermenget*. Die Archive des hohenzollerischen Fürstentümer im 18. und 19 Jahrhundert, in: RÖDEL (wie Anm. 3), S. 175–197.

[12] Am 7. Febr. 1756 beschied Fürst Josef Wilhelm Ernst, dass mit dem Bau eines selbständigen Archivgebäudes begonnen werden solle, da ihm an der Bewahrung des Archivs alles gelegen sei. Archiv und Registratur sollten schnellstmöglich in vollkommene Ordnung gebracht werden. Deshalb sei auch zu überlegen, ob nicht mehr Personal für das Archiv angestellt werden müsse (Fürstlich fürstenbergisches Archiv Donaueschingen, künftig: FFA DS, Hauptkasse, Bausache XIII/1). In ähnlich positiver Weise äußerte sich am 24. Oktober 1777 sein Nachfolger, Fürst Josef Wenzel. Er sehe *die gute Verfassung und ächte Einrichtung unsers fürstlichen Hauptarchivs als die Seele des ganzen Staatskörpers* an (FFA DS, Archiv, Archivsache I/1).

[13] E. MAUERER, Südwestdeutscher Reichsadel im 17. und 18. Jahrhundert. Geld, Reputation, Karriere: Das Haus Fürstenberg (Schriftenreihe der Historischen Kommission bei der Bayerischen Akademie der Wissenschaften 66), Göttingen 2001, S. 343–348; E. JOHNE, Fürst Joseph Wilhelm Ernst zu Fürstenberg. Seine Bedeutung für die staatlichen und kulturellen Verhältnisse in den Fürstenbergischen Landen, in: Badische Heimat 25 (1938), S. 291–304.

Abb. 2 Fürst Joseph Wilhelm Ernst zu Fürstenberg (1699–1762), um 1735, Gemälde eines unbekannten Künstlers

bergischen Territorien in einer Hand vereinen konnte, richtete sich sein ganzes Augenmerk sofort darauf, im neuen Residenzort Donaueschingen eine effizient arbeitende Zentralverwaltung aufzubauen und die ökonomische Situation des Fürstentums zu verbessern[14]. Der ursprünglich geplante Bau einer repräsentativen dreiflügeligen Schlossanlage, mit dem sich so mancher Duodezfürst in dem Wahn, mit Ludwig XIV. mithalten zu müssen, hoffnungslos übernahm, wurde nach der Fertigstellung nur eines Seitenflügels eingestellt. Fürst Josef Wilhelm Ernst heiratete eine Frau aus dem böhmischen Hochadel, Gräfin Anna von Waldstein, und machte Karriere in habsburgischen Diensten. Er brachte es wie sein Vormund Froben Ferdinand bis zum Amt des Prinzipalkommissars in Regensburg. Er lebte in Prag, Wien und Regensburg, nicht in Donaueschingen. Hier entstanden deshalb zwischen 1732 und 1765 anstelle eines repäsentativen Schlosses nur noch Gebäude, die das Fürstentum und seine Zentralverwaltung schnell voranbringen konnten, Verwaltungs- und Wirtschaftsgebäude, eine neue Brauerei, Zehntscheune und Fruchtkasten, mehrere Beamtenwohnhäuser, ein großzügiges Re-

---

[14] Zum Ausbau Donaueschingens zur Residenz siehe WILTS (wie Anm. 1).

Abb. 3   Die Residenz Donaueschingen, 1827, Aquarell von Wilhelm Scheuchzer

gierungsgebäude und – als Seele des ganzen Staatskörpers – das Archiv (*Abb. 3*). Zunächst war dieses Gebäude allerdings gar nicht vorgesehen. Es folgte aus den bereits genannten Erbschaften. Mit jedem eingegliederten Territorium wuchs fast zwangsläufig der Raumbedarf der Donaueschinger Zentralverwaltung und des angegliederten Archivs. Scheinbar für die Ewigkeit bestimmte räumliche Lösungen wurden dadurch immer wieder schnell von der Realität überholt. In vierzig Jahren mußte das Archiv dreimal umziehen, wobei sich jedes Mal die Ansprüche an die Größe und die Qualität der Räumlichkeiten hochschraubten, bis Josef Wilhelm Ernst 1756 Nägel mit Köpfen machte.

Zunächst, nach dem Umzug von Stühlingen nach Donaueschingen im Jahre 1720, war das Archiv im Schloss untergebracht (*Abb. 4*), in jenem Seitenflügel der projektierten dreiflügeligen Schlossanlage, der anfänglich alles aufzunehmen hatte, was die neue Residenz benötigte, eine Wohnung des Fürsten, Wohnräume der leitenden Beamten und die wichtigsten Behörden der fürstenbergischen Zentralverwaltung, all dies relativ improvisiert, vorläufig, als Vorstufe für eine endgültige Lösung, die das voll ausgebaute Schloss bringen sollte[15].

---

[15]   FFA DS, Hauptkasse, Bausache I/1.

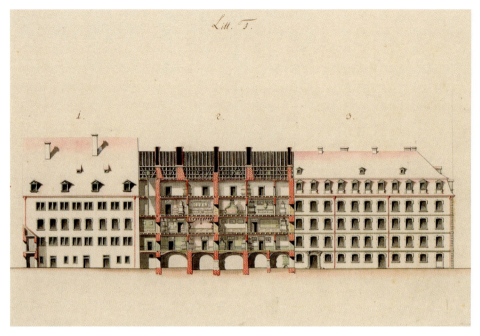

Abb. 4   Einzig ausgeführter Seitenflügel des Schlosses, 1814

Als um 1730 die großartigen Schlossbaupläne zu Grabe getragen wurden und stattdessen mit dem Bau gesonderter Verwaltungs-, Wohn- und Wirtschaftsgebäude begonnen wurde, erhielt das Archiv im Erdgeschoss des neuen Kanzleigebäudes in der Haldenstraße sein neues Domizil, jetzt definitiv in speziell hergerichteten Archivräumen mit starken Mauern und Gewölben, eisernen Türen und Fensterläden (*Abb. 5f.*)[16]. Eine auf Dauer tragfähige Lösung war auch dies nicht. Schon bald wurde von den Archivaren der allzu geringe Platz und der fehlende Brandschutz bemängelt, da im Kanzleigebäude auch zwei Haushaltungen und zahlreiche Feuerstätten untergebracht waren[17]. Die Lage spitzte sich zu, als 1744 die Meßkircher Linie ausstarb. Sie wurde vollends unhaltbar, als im Jahre 1748 der frischverheiratete Erbprinz das Donaueschinger Schloss bezog, und zwar nicht nur für kurze Aufenthalte, wie Fürst Josef Wilhelm Ernst, sondern als ständige Residenz. Für die dort ansässigen Behörden und Beamten gab es jetzt keine Zukunft mehr. Sie mussten das Gebäude langfristig räumen. Mit der Ausgliederung des Archivs aus dem Kanzleigebäude waren beide Probleme, der Platzbedarf der Verwaltung und der Brandschutz des Archivs am einfachsten zu lösen. 1748/49 wurde der Bauplatz für das neue Archivgebäude ausgewiesen[18]. Dennoch dauerte es noch fünf Jahre,

---

[16]   FFA DS, Hauptkasse, Bausache XIV/1 und FFA DS, Archiv, Archivsache I/1 zum 18. Juni 1733.
[17]   FFA DS, Hauptkasse, Bausache XIV/1 zum 5.6.1745.
[18]   FFA DS, Hauptkasse, Bausache XXXIII/1 zum 3.8.1748 und zu 1749.

Abb. 5 Kanzleigebäude (im Vordergrund), um 1910

bis die Baumaßnahmen tatsächlich in Angriff genommen wurden. Die um die Finanzen des Fürstentums besorgte Zentralverwaltung schob das Problem vor sich her[19]. 1756 war es Fürst Josef Wilhelm Ernst endgültig leid: *Wohledl- und Edlveste, besonders Liebe und Getreue ... Unsere Meinung ist nicht ein prächtig- und kostbahres Gebäu zu einem Archiv auszuführen, sondern Wir verlangen lediglich ein solid-dauerhaft- und vom Feuer wohl verwahrtes Gebäu*[20]. Unverzüglich solle mit dem Bau begonnen werden. Zugleich ordnete der Fürst eine Aufstockung des Personals an, damit ein bereits geordnetes und vortrefflich erschlossenes Archiv in das neue Gebäude einziehen konnte. Nachdem Registrator Merk, seines Zeichens Mitglied der Regierung, schon 1739 den Titel Archivar erhalten hatte und ihm zwei Gehilfen zugeordnet worden waren, kamen 1756 zwei weitere Adjunkten hinzu[21].

Verschiedene Lösungen und Pläne wurden für den Archivbau vorgelegt und wieder verworfen. Sie waren allesamt sehr experimentell und innovativ (*Abb. 7f.*). Es gab schließlich für ein solches selbständiges Archivgebäude nur wenige Vorbilder. Ein Plan

---

[19] FFA DS, Hauptkasse, Bausache XIII/1 zum 20.2.1756.
[20] FFA DS, Hauptkasse, Bausache XIII/1 zum 3.3.1756.
[21] FFA DS, Hauptkasse, Bausache XIII/1 zum 3.3., 11.5. und 22. 5.1756)

Abb. 6 Archivraum im Kanzleigebäude (später Lesesaal der Hofbibliothek)

sah ein vom Keller bis zum Dach vollständig aus Stein errichtetes Archivgebäudes vor[22]. In manchen Details erinnert das großzügig dimensionierte dreistöckige Bauwerk noch an die Archivtürme und –pavillons des 15. und 16. Jahrhunderts, speziell an den Stuttgarter Archivbau Herzog Christophs von Württemberg. Es hat z. B. eine altmodische Wendeltreppe. Sie ermöglichte die optimale Raumausnutzung der einzelnen Stockwerke für durchgehende Archivsäle. Für die allfällige Flüchtung des Archivs bei Gefahr und den täglichen Aktentransport war sie allerdings eher hinderlich. Zudem begegnet auch hier ein Flachdach mit Dachgarten und Ballustrade. Hier dachte der Architekt sicherlich nicht an das Vergnügen der Archivare. Für sie ist nicht einmal ein eigenes Arbeitszimmer vorgesehen. Es ging ausschließlich darum, den brandgefährdeten hölzernen Dachstuhl zu vermeiden.

Welch große Rolle der Brandschutz bei den Planungen der Architekten spielte, zeigt auch ein zweiter Entwurf[23]. Auf den ersten Blick wirkt das Gebäude mit seinem geschwungenen Dach und dem reichen Fassadenschmuck fast wie ein Lustschlösschen des Rokoko. Der Aufriss enthüllt dann allerdings lauter feuerfeste Gewölbe. Selbst das Dach ist gewölbt und dank seiner geschwungenen Form den harten Witterungsverhältnissen in der Baar zweifellos besser angepasst als ein Flachdach.

---

[22] FFA DS, Hauptkasse, Bausache XIII/1. Der Entwurf liegt der Akte bei.
[23] Ebd.

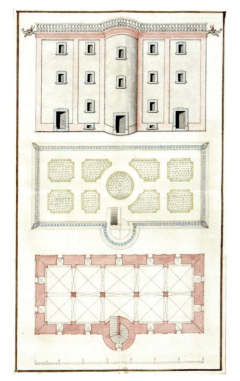 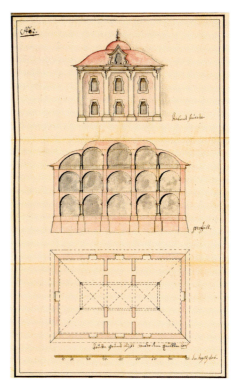

Abb. 7–8   Entwürfe eines Archivgebäudes von unbekannten Architekten

Selbst, als die Baumaßnahmen im April 1756 bereits begonnen hatten, wurde noch an den Plänen gefeilt, um das bestmögliche Ergebnis zu erzielen. Franz Joseph Salzmann (1724–1786), der mit seinem Plan zum Zuge gekommene Architekt, hatte zunächst einen recht klein dimensionierten Bau mit zwei Stockwerken, Keller und einem gewölbten Dachstuhl vorgeschlagen und vom Fürsten genehmigt bekommen (*Abb. 9*)[24]. Neben dem großen Kanzleigebäude hätte er sich allerdings sehr bescheiden, fast wie ein Landhäuschen ausgenommen. Auch konnte es mit seinem begrenzten Platz kaum all jene Bedürfnisse und Wünsche befriedigen, die von Seiten der Verwaltung und des Archivars an den Architekten herangetragen wurden, kaum war mit den Ausschachtungsarbeiten begonnen worden. Franz Joseph Salzmann besserte daher nach und schlug vor, die Grundfläche deutlich zu vergrößern, das Gebäude um ein Stockwerk zu erhöhen und anstelle des eingeschossigen Kellers einen zweigeschossigen vorzusehen. So könne auch die Meßkircher Bibliothek untergebracht werden, eine der größten und wertvollsten Bibliotheken im südwestdeutschen Raum. Und die Archivare hätten anstelle eines kleinen Vorraumes zum Aktenausheben ein richtiges Arbeitszimmer. Mit dem größeren,

---

[24]   Ebd.

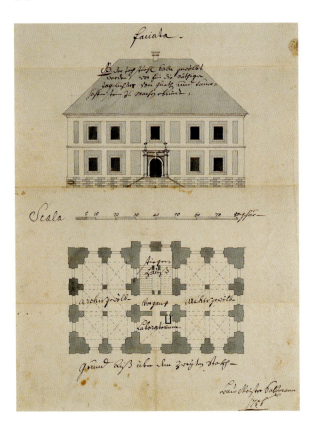

Abb. 9   Erster Entwurf des Fürstlich Fürstenbergischen Hofbaumeisters Franz Joseph Salzmann

von der Brauerei besser nutzbaren Keller ließen sich alle dadurch verursachten Ausgaben relativ schnell refinanzieren[25].

Diesmal war es der Fürst, der zu bremsen versuchte und im Mai nochmals sein Credo wiederholte: *Unser Meynung war nie ein kostbahres und weitschichtiges, sondern ein solid- und von anderen abgesondertes Gebäu zu einem Archiv aufführen zu laßen.* Man solle es deshalb bei zwei Stöcken belassen. Nach wie vor könne ein Teil der Archivalien in der Kanzlei gelagert werden[26]. Diesmal wurde er von der gleichen Verwaltung überstimmt, die noch 1748 versucht hatte, einen neuen Archivbau zu hintertreiben.

Neun Jahre wurde schließlich an dem neuen Archivgebäude gebaut. Auf die riesige Summe von 80.000 fl. beliefen sich die Gesamtkosten. Es war damit teurer als alle anderen Gebäude, die die Fürstenberger des 18. Jahrhunderts in ihrem neuen Residenzort Donaueschingen errichten ließen, teurer selbst noch als der Torso des Schlosses, die monumentale Pfarrkirche und das stattliche Kanzleigebäude[27].

---

[25]   FFA DS, Hauptkasse, Bausache, Vol. XIII/1 zum 29.4.1756.
[26]   FFA DS, Hauptkasse, Bausache, Vol. XIII/1 zum 15.5.1756.
[27]   Die Details zur Baugeschichte des Archivs breitet Wieser (wie Anm 1) aus. Zu den Baukosten siehe Tumbült (wie Anm. 1), S. 199.

DAS FÜRSTLICH FÜRSTENBERGISCHE ARCHIV IN DONAUESCHINGEN

Abb. 10   Fürstenbergarchiv, um 1960

Das Fürstenbergarchiv ist bis heute nahezu unverändert so erhalten, wie es 1756–1765 errichtet wurde. Deshalb lohnt eine detaillierte Beschreibung des Gebäudes (*Abb. 10f.*). Das Gebäude ist mit ca. 30 Meter Länge, 16 Meter Breite und insgesamt sechs ober- und unterirdischen Stockwerken für ein Archivgebäude sehr großdimensioniert. Doch damit fügt es sich perfekt in die Reihe der fürstenbergischen Verwaltungsgebäude an der Haldensstraße ein. Dieser städtebauliche Gedanke ist aber auch fast schon das einzige Zugeständnis an die äußere Erscheinung und Repräsentation des Gebäudes. Es kommt nach Außen so massig und massiv daher, wie es nach Innen gebaut ist.

Die Freitreppe und das Portal mit dem schönen Wappengitter (*Abb. 12*) sind deshalb der einzige Schmuck. Die Fenster sind vergittert und durch eiserne Läden verschlossen. Durch diese reine Zweckmäßigkeit hebt es sich entscheidend ab von den früher oder später erbauten Archivbauten, die als Anbauten oder Kombilösungen mit Bibliotheken ihre Funktion verbergen müssen und sich als normale Verwaltungsgebäude präsentieren.

Auch im Inneren des Gebäudes ist alles funktional und auf den bestmöglichen Schutz der Archivalien ausgerichtet. Daneben sind aber auch die Arbeitsbedingungen der Archivare nicht außer Acht gelassen worden. Alle Wände und Decken sind aus Stein und mehr als einen Meter dick. Die Decken sind kreuzgratgewölbt. Sämtliche Türen sind aus Eisen und fast zwei Zentner schwer. All das zusammen, dicke Mauern, kreuzgratgewölbte Decken und Eisentüren, garantiert höchste Tragfähigkeit und bestmöglichen Brandschutz, aber auch verhältnismäßig geringe Klimaschwankungen.

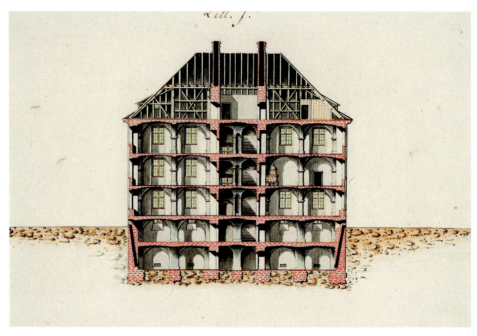

Abb. 11   Gebäudequerschnitt, 1814

Abb. 12   Schmiedeeisernes Gitter über dem Eingangsportal des Archives

Die beiden übereinanderliegenden, ca. 9 Meter tiefen Kellergeschosse (*Abb. 13*) bestehen als einzige Räume des Archivs komplett aus Bruchstein. Salzmann hatte zu Recht argumentiert, daß nur Kalkstein auf Dauer der Feuchtigkeit in derart tiefen Kellergewölben standhalten würde. In den Obergeschossen sind dagegen nur noch die sichtbaren konstruktiven Teile wie Pfeiler, Treppenstufen, Fenster- und Türgewände aus Bruch-

Abb. 13   Gewölbekeller

stein, sonst wurden preiswertere Ziegel verwandt und die Wände verputzt. Die Böden wurden mit leichter zu reinigenden großen Sandsteinplatten belegt.

Die beiden Keller hatten und haben ökonomische und klimatische Vorteile. Zum einen konnten, wie bereits mehrfach erwähnt, hier die Bierfässer der gegenüberliegenden Brauerei gelagert werden. Von den Kellern führt deshalb ein direkter Gang hinüber zur Brauerei. Dies hatte Fürst Josef Wilhelm Ernst so bestimmt. Das sündhaft teure Archivgebäude sollte wenigstens einen Teil seiner Baukosten wieder einspielen. Wichtiger, zumindest aus der Sicht des Archivs, ist jedoch bis heute der klimatische Nutzen dieser Art von Unterkellerung. Beide Kellergeschosse sind außergewöhnlich gut belüftet und schützen dadurch das Gebäude effektiv vor einer Durchfeuchtung von unten. Das untere hat zu diesem Zweck Lüftungsschächte. Das obere reicht über das Straßenniveau hinaus und ist ringsum durchfenstert. Die Luftfeuchtigkeit im Gebäude ist dadurch bis heute im tolerablen Bereich, zumindest in den Räumen, die von vornherein als Archivräume vorgesehen wurden. Im ersten Kellerstock, der heute auch für die Unterbringung von Archivalien genutzt wird, ist die Feuchtigkeit nur leicht erhöht. Klimatisch schlechter ist da schon der ebenfalls für die Unterbringung von Archivalien genutzte Dachstuhl. Hier kommt es vor allem im Frühjahr und Sommer zu stärkeren und dem Bestand der Archivalien abträglichen Temperatur- und Klimaschwankungen.

Keine Wendeltreppe, sondern ein großzügiges Treppenhaus mit äußerst komfortabel bemessenen Stufen und einem kunstvoll geschmiedeten Treppengeländer erschließt das gesamte Gebäude (*Abb. 14f.*). Es ist für den Transport auch größerer Aktenmengen ge-

Abb. 14   Treppenhaus

radezu prädestiniert. Neben dem vorderen Haupteingang gibt es einen zweiten, ebenso großen Hinter- oder Notausgang, ein Faktum, das in dieser Zeit noch keineswegs selbstverständlich ist und bei einer allfälligen Evakuierung der Archivalien höchst bedeutsam sein kann.

Rechts und links des Treppenhauses liegen auf jedem Stockwerk zwei vollständig separierte Gewölbe, so daß sich Brände nicht ausbreiten können. Sie haben auf drei Seiten je zwei Fenster. Diese sind gegen Einbrecher durch starke eiserne Gitter und gegen Feuer und schädlichen Lichteinfall durch eiserne Läden geschützt. Bei Bedarf lassen sie sich zur guten Durchlüftung der Räume öffnen. Die Zugänge haben schwere Stahltüren.

All dies ist im 18. Jahrhundert keineswegs selbstverständlich. Wir haben gesehen, dass es Magazine ohne Lüftungsmöglichkeiten gibt, hohe Säle, die sich im oberen Teil kaum nutzen lassen und andere Unbequemlichkeiten. Vom Archiv der Freiherren von Riedesel, auch dies ein späterer selbständiger Archivbau, wird berichtet, daß Mäuse und Katzen nach Belieben durch die niedrigen Fenster Ein- und Ausgang hatten und Passanten sich mit einem Griff durchs Fenster bei den Akten bedienen konnten[28].

Die wertvollsten Archivalien befinden sich seit eh und je in den beiden Gewölben des Erdgeschosses und zwar in Fluchtkisten, so dass sie bei Kriegsgefahr schnell und rei-

---

[28] REUTHER (wie Anm. 8), S. 73.

DAS FÜRSTLICH FÜRSTENBERGISCHE ARCHIV IN DONAUESCHINGEN 197

Abb. 15   Im Treppenhaus sind Spolien aus abgerissenen fürstenbergischen Gebäuden, Grabsteine, Denkmäler und großformatige Stammbäume ausgestellt

bungslos in Sicherheit gebracht werden konnten (*Abb. 16*). Die Kisten enthalten jeweils vier Schubladen. Sie sind mit geschmiedeten Schlössern versehen. Damit sie bei allfälligen Transporten nicht durcheinandergeraten können, sind sie mit Gewölbebezeichnung A und B versehen und fortlaufend nummeriert. Die Flüchtung des fürstenbergischen Archivs vor allem vor französischen Heeren war übrigens im 17. und 18. Jh. keine Seltenheit. 1796 brachten z. B. 17 große Wagen das Archiv in die neutrale Schweiz nach Feuerthalen in Sicherheit. Auch im Zweiten Weltkrieg wurden die wichtigsten Stücke ausgelagert, diesmal auf die Burg Wildenstein im Donautal[29].

Während es in den meisten Archiven im 18. Jahrhundert nur den zwischen Schränken und Regalen eines schlecht beleuchteten und ungeheizten Archivgewölbes aufgestellten Tisch für allfällige Recherchen und Ordnungsarbeiten gab, sah Salzmann bereits im Jahre 1756 ein großzügiges helles Arbeitszimmer vor (*Abb. 17*)[30]. Es wurde mit einem Kachelofen beheizt, der wegen der Brandgefahr allerdings über Nacht zu löschen war.

---

[29]   H. WIESER, Das Fürstlich Fürstenbergische Archiv, in: Mitteilungen für die Archiv- und Registraturpflege in den Gemeinden und Kreisen von Baden-Württemberg 1 (1954), S. 17–19, 27–30 und 34–37, hier S. 18f.; FFA DS, Archiv, Archivsache II/1.

[30]   ZINKERNAGEL (wie Anm. 9), S. 79 fordert als Ausgleich für dunkle Archivgewölbe freundliche Arbeitszimmer: *Dergleichen Arbeitszimmer sollten, wenn es thunlich wäre, immer eine schöne, heitre Aussicht ins Freye haben, damit Aug und Geist, durch Anstrengung ihrer Kräfte ermüdet, an dem frohen Anblicke der Natur sich auf einige Minuten erquicken und stärken könnten.*

Abb. 16   Gewölbe A mit Fluchtkisten

Abb. 17   Benutzerzimmer

Auch ein Parkettfußboden wurde schon unmittelbar nach dem Einzug auf den Sandsteinplattenboden gelegt. Archivar Merk hatte dies in einer Suplik an den Fürsten mit der Angst um seine Gesundheit begründet. Das massiv aus Stein gebaute Gebäude brauche noch Jahre bis es ganz ausgetrocknet sei. Aus dem Gewölbe unter dem Arbeits-

Abb. 18 Büro des Archivars

Abb. 19 Schmiedeeisernes Schloss

Abb. 20 Bibliotheksraum

Abb. 21–23 Details des Bibliotheksgestühls

Abb. 24   Eingangstür der Bibliothek

zimmer würde die Feuchtigkeit hochsteigen und selbst in den stärksten Mann hineinkriechen. Schon jetzt, zu Beginn des Herbstes verspüre er *an Leib und Füßen auch bei geheiztem Arbeitszimmer mancherlei kleine, vorhin ungewohnliche Rupfer*[31].

Für die Archivare und Registratoren waren jeweils Schreibtische in den Fensternischen bestimmt. Ein zusätzlicher, 250 Jahre alter Arbeitstisch in der Mitte des Raumes hat 60 Schubladen. Als das Archiv noch das Staatsarchiv des Fürstentums Fürstenberg war und deshalb wie ein Tresor vor fremden Blicken und Benutzern geschützt wurde, diente das Arbeitszimmer mit seinen Tischen ausschließlich den Archivaren und Registratoren. Heute forschen hier die wissenschaftlichen und heimatkundlichen Benutzer des Archivs. In der früheren, mit drei Schlössern extra gut gesicherten Schatzkammer des Archivs befindet sich heute das Büro des Archivars (*Abb.* 18f.).

Im zweiten Obergeschoss wurde schon zur Erbauungszeit ein barockes Bibliotheksgestühl aus dem fürstenbergischen Schloss Meßkirch eingebaut (*Abb. 20–24*). Es stammte von dem Meßkircher Schreiner Xaver Gogel und wurde für den wesentlich größeren Bibliotheksraum im Archiv erweitert[32]. Das Archiv beherbergte ursprünglich die Arbeitsbibliothek der benachbarten fürstlichen Zentralverwaltung. Deshalb weisen die meisten Kartuschen am Kopf der Regale auf juristische Sachgebiete, wenige auf Theologie, Philosophie, Musik, Handschriften und Inkunabeln. Heute steht hier die

---

[31]   FFA DS, Hauptkasse, Bausache, Vol. XIII/1 zu1765.
[32]   Zum Bibliotheksgestühl siehe WIESER (wie Anm. 1), S. 244.

Arbeitsbibliothek des Archivs mit Werken zur badischen, württembergischen und fürstenbergischen Geschichte.

Im Gebäude des Fürstenbergarchivs wurden auf eine für die damalige Zeit sehr innovative Weise die verschiedenen Anforderungen des Archivbauwesens – Brandschutz, Klima, Arbeits- und Benutzungsbedingungen – in Einklang gebracht. Das Fürstenbergarchiv ist deshalb ein einzigartiges Denkmal der Archivgeschichte. Es hat sich jedoch auch bis zum heutigen Tage als lebendiges Archiv bewährt. Geboten wäre vielleicht eine stärkere bauliche Trennung der Magazine von den Räumen der Verwaltung und der Benutzer.

Auch eine weitere Optimierung der klimatischen Bedingungen wäre sicherlich wünschenswert und möglich. Die Magazinräume sollten leicht temperierbar sein, um sie bei schnellen Klimaumschwüngen, vor allem im Frühjahr, gegen jegliche von außen eindringende Feuchtigkeit zu schützen.

Sicherheit in schwerer Zeit.
Der Bau des Dillenburger Archivs 1764–1766

VON ROUVEN PONS

Das Dillenburger Archivgebäude ist einer der ältesten reinen Archivzweckbauten in Deutschland (*Abb. 1*)[1]. Erstaunlich daran ist, dass dieser ausgerechnet in einer Stadt errichtet wurde, die zu diesem Zeitpunkt kein Regierungssitz im engeren Sinn mehr war. Schon die letzten Jahrzehnte der Eigenständigkeit war das Territorium von einer Notstandsverwaltung geprägt gewesen, anschließend nur noch Befehlsempfänger; so oder so aber war keine innovative oder effiziente Landesverwaltung zu erkennen. Der letzte Regent des Fürstentums Nassau-Dillenburg, Christian, dessen Zentrale Dillenburg war, hatte 1739 ein völlig überschuldetes und handlungsunfähiges Territorium hinterlassen, das wegen der Kinderlosigkeit des Fürsten an seinen nächsten Verwandten, den Prinzen Wilhelm IV. von Nassau-Oranien, gefallen war. Nassau-Dillenburg war damit im 18. Jahrhundert zunehmend ohne eigenen Aktionsradius gewesen und schließlich zum Anhängsel des in den Niederlanden residierenden Regenten aus dem Haus Nassau-Oranien geworden. Die Stadt hatte ihre Funktion eines politischen Zentrums, die bereits unter Fürst Christian nur noch bedingt gegeben war, fast vollständig eingebüßt. Aber ausgerechnet hier erlebte der deutsche Archivbau eine seiner frühesten und kon-

---

[1] Die Meinung allerdings, es handele sich um den ältesten erhaltenen Archivbau in Deutschland, wie im DEHIO zu lesen, ist irrig: Hessen I. Regierungsbezirke Gießen und Kassel, bearb. von F. CREMER, T. M. WOLF u. a., München / Berlin 2008, S. 174; Hessen, bearb. von M. BACKES, München / Berlin, ²1982, S. 162. So auch noch R. PONS, Das zerrissene Archiv. Die wechselhafte Geschichte des Alten Dillenburger Archivs (1743 – nach 1950), in: Siegerland 91/1 (2014), S. 81–100, hier: S. 89. Älter sind Hannover (1725), hier aber noch verbunden mit der Bibliothek, und Donaueschingen (1763, vgl. dazu den Beitrag WILTS in diesem Band). Zu Hannover: M. BÄR, Geschichte des Königlichen Staatsarchivs zu Hannover (Mitteilung der k. preußischen Archivverwaltung 2), Leipzig 1900, S. 10. Zu Wertheim (1745), das allerdings nie bezogen wurde, vgl. P. MÜLLER, Negotia communia communiter negliguntur. Zur Geschichte des Löwenstein-Wertheimschen Gemeinschaftlichen Archivs, in: Württembergisch Franken 86 (2002), S. 297–320. Allgemein vgl. auch W. LEESCH, Archivbau in Vergangenheit und Gegenwart, in: Archivalische Zeitschrift 62 (1966), S. 11–65. Zum 1766–1769 errichteten Archiv der Riedesel zu Eisenbach in Lauterbach vgl. Ch. REUTER, Ein Archivneubau der Riedesel zu Eisenbach in Lauterbach aus den Jahren 1766–1769, in: Archivnachrichten aus Hessen 12/1 (2012), S. 71–75.

Abb. 1 Dillenburger Archivgebäude, vor 1970

sequentesten Ausführungen. Der folgende Beitrag wird die Entstehungsgeschichte des Gebäudes[2] in den Fokus nehmen, weniger die eigentliche Baugeschichte.

Das gefährdete Archiv

Die komplizierte Formierungsgeschichte des Archivs ist mittlerweile recht gut aufgearbeitet[3]. In der ersten Hälfte des 18. Jahrhunderts starben bis auf Nassau-Diez, das laut Testament des Prinzen Wilhelm III. von Nassau-Oranien 1702 dessen Erbe in den Nie-

---

[2] Bisher: F. LUTHMER, Die Bau- und Kunstdenkmäler der Kreise Biedenkopf, Dill, Ober-Westerwald und Westerburg, Frankfurt 1910 (Die Bau- und Kunstdenkmäler des Regierungsbezirks Wiesbaden 4), S. 58; LEESCH (wie Anm. 1), S. 63; H. WIONSKI, Baudenkmale in Hessen. Lahn-Dill-Kreis I (Denkmaltopographie Bundesrepublik Deutschland), Wiesbaden 1986, S. 71; an entlegener Stelle auch W. A. ECKHARDT, Entwürfe für ein Staatsarchivgebäude in Kassel 1833, in: F. P. KAHLENBERG (Hg.), Aus der Arbeit der Archive. Beiträge zum Archivwesen, zur Quellenkunde und zur Geschichte. FS Hans Booms (Schriften des Bundesarchivs 36), Boppard 1989, S. 337–356, hier: S. 345.

[3] Vgl. PONS (wie Anm. 1); E. BECKER, Beiträge zur Geschichte des Archivs und der Kanzlei des nassau-ottonischen Hauses zu Dillenburg, in: Siegerland 18 (1936), S. 63–72, 97–106, 138–147 und 19 (1937), S. 15–27, 54–61, 82–96.

derlanden angetreten hatte, alle ottonischen Linien der nassauischen Dynastie (Nassau-Katzenelnbogen) aus: Nassau-Oranien (1702), Nassau-Hadamar (1711) und Nassau-Siegen reformierte Linie (1734), Nassau-Dillenburg (1739) und Nassau-Siegen katholische Linie (1743). Alle Linien fielen sukzessive an Nassau-Oranien bzw. die bisherige Linie Nassau-Diez, das die Ländermasse von seinem Regierungssitz in Den Haag aus regierte und die seit 1607 aufgeteilte Region im Westerwald als Gesamtheit »Nassau-Oranien« verwaltete. Vor Ort fungierte die aus vier Kollegien zusammengesetzte örtliche Regierung (Landesregierung, Justizkanzlei, Rentkammer, Oberkonsistorium)[4]. Dillenburg war deshalb als Sitz der Provinzialregierung gewählt worden, weil Archiv und Registratur dort, in der ausgedehnten Festung des Schlosses, besser aufzubewahren waren als beispielsweise in Diez[5]. Die Gesamtregierung und damit auch der Fürst saßen in Den Haag, wo auch eine Deutsche Kanzlei (Deutsches Hofdepartement) eingerichtet worden war, die als Zentralinstanz für die deutschen Territorien wirkte[6].

Die Herrschaftsgewalt der Oranier war aber just in dieser Zeit brüchig geworden. 1751 war Prinz Wilhelm IV. von Nassau-Oranien jung verstorben, sein Sohn noch minderjährig. Die Witwe, Anna von Großbritannien, übernahm die vormundschaftliche Regierung. Mitvormund für die Niederlande war Herzog Ludwig Ernst von Braunschweig-Wolfenbüttel, für die deutschen Stammlande Herzog Karl von Braunschweig-Wolfenbüttel geworden[7]. Die hohe Verschuldung der deutschen Besitzungen, die Anfechtung der fürstlichen Rechte durch den nassau-siegenschen Thronprätendenten, Karl Heinrich Nikolaus, aber auch die schwierige Verhandlungslage um die Einführung der Primogenitur und die Verleihung der Reichsfürstenwürde waren nicht dazu angetan, Stabilität zu erzeugen[8]. Die Übertragung der Erbstatthalterwürde auf Prinz Wilhelm IV. von Nassau-Oranien hatte 1747 zu einer Stärkung der Dynastie geführt, die aber durch den frühen Tod rasch wieder ins Labile umkippte; und dies umso mehr, als Anna von Nassau-Oranien 1759 starb und der Erbe immer noch minderjährig war[9]. Die bei-

---

[4] Vgl. H.-J. PLETZ-KREHAHN, Die Entwicklung der Landesbehörden für Oranien-Nassau, in: Heimatjahrbuch für das Land an der Dill 32 (1989), S. 217–226. 1765 kam noch die Berg- und Hüttenkommission hinzu.

[5] Vgl. PLETZ-KREHAHN (wie Anm. 4), S. 221. Vgl. auch DERS., Der Geschäftsgang bei der Regierung des Fürstentums Oranien-Nassau, in: Heimatjahrbuch für das Land an der Dill 31 (1988), S. 50–56. Vgl. auch J. STEUR, Archiefordening van het huis Nassau in Dillenburg, in: Nederlands Archievenblad 59 (1954/55), S. 99–110.

[6] Vgl. B. WOELDERINK, Das Archiv des »Hoogduitse Hofdepartement« (Hochdeutsches Hofdepartement) der Statthalter Wilhelm IV. und Wilhelm V., in: H. LADEMACHER (Hg.), Oranien-Nassau, die Niederlande und das Reich. Beiträge zur Geschichte der Dynastie (Niederlande Studien 12), Münster 1995, S. 193–208. Vgl. auch DERS., Inventaris van de archieven van stadhouder Willem V 1745–1808 en de Hofcomissie van Willem IV en Willem V 1732–1794, Hilversum, Verloren 2005, S. 19–22.

[7] Vgl. W. HOFMANN, Die Stellung der Oranien-Nassauischen Regierung in Dillenburg während des Siebenjährigen Krieges, in: Nassauische Annalen 48 (1927), S. 124–168, hier: S. 129; WOELDERINK (wie Anm. 6), S. 195; N. BOOTSMA, Herzog Ludwig Ernst von Braunschweig-Wolfenbüttel (1718–1788), in: LADEMACHER (wie Anm. 5), S. 155–191, hier: S. 157–160.

[8] Vgl. K. E. DEMANDT, Die oranischen Reichsfürstentumspläne für Nassau-Dillenburg, in: Nassauische Annalen 82 (1971), S. 161–180; WOELDERINK (wie Anm. 6), S. 195.

[9] Vgl. M. RICHARD, Das Haus Oranien-Nassau, Lausanne 1969, S. 167–274; R. van DITZHUYZEN, Oranje-Nassau. Een biografisch woordenboek, Haarlem 1998, S. 44–45.

den Braunschweiger Herzöge übernahmen nun in der bisherigen Trennung eigenständig die vormundschaftliche Regierung sowohl der Niederlande als auch der deutschen Territorien. Die Länder standen inmitten des Siebenjährigen Krieges in ihrer Neutralität sehr gefährdet da, und davon war auch das in Dillenburg zusammengeführte Archivgut aller bis 1743 ausgestorbenen Linien des Hauses betroffen.

Aus den einzelnen nassauischen Residenzstädten, wo – neben dem Dillenburger Zentralarchiv (Geheimes Archiv) – das Schriftgut der einzelnen Fürsten und ihrer Behörden gelagert war, hatte man die Archivalien nach dem Aussterben der Linien sukzessive auf das Dillenburger Schloss geschafft. Fast 8.000 Urkunden und ca. 30.000 Aktenbände waren auf diese Weise in das verwaiste Residenzstädtchen gelangt und stellten große Herausforderungen an die Archivare und das Kanzleipersonal, der sie alle nicht gewachsen waren. Nicht nur, dass Ordnung und Erschließung unterblieben, auch die Unterbringung im Schloss war desaströs und gefährdete das Archivgut durch Feuchtigkeit[10].

Um zumindest dem Mangel entgegenzusteuern, wegen fehlender Repertorien nicht auf die Akten zurückgreifen zu können, hatte man sich 1747 entschieden, den in Braunschweig lebenden Gelehrten und Hofrat Anton Ulrich (von) Erath (1709–1773)[11] einzustellen. Seine Berufung war deshalb von besonderer Bedeutung, weil der oranischen Regierung daran gelegen sein musste, Rechtsansprüche zu wahren und zu verteidigen, was nur dann möglich war, wenn man die Rechtstitel in der *Weitläuffigkeit und Unordnung* auch finden konnte[12]. Erath tat dabei das einzige Vernünftige: Er ging die Sache unvermittelt an und verzeichnete das vorgefundene Archivgut in zwei dickleibigen, mehrbändigen Repertorien: Urkunden und Akten.

Dann brach 1756 der Siebenjährige Krieg aus. Auf welche Seite sich das Haus Oranien schlagen sollte, war durch das ›Renversement des Alliances‹ sehr zweifelhaft. Die klassische Bündnispartnerschaft zwischen Österreich und England sowie Frankreich und Preußen war zerbrochen: England stand nun an der Seite Preußens, und Österreich war mit Frankreich verbündet. Anna von Nassau-Oranien, eine geborene Prinzessin von Großbritannien, hätte sich am liebsten auf englischer Seite wiedergefunden. Auch der Herzog von Braunschweig hätte, als Gefolgsmann Preußens, gerne das Bündnis gegen Frankreich geschmiedet[13]. Andere Stimmen in den Niederlanden befürworteten aber eine Koalition mit Frankreich, wofür Handelsinteressen standen. Auch war zu bedenken, dass die Generalstaaten traditionell ein gutes Verhältnis zu Habsburg pflegten. Alles sprach daher dafür, die Neutralität zu wahren. Das hatte zur Folge, dass sowohl die Niederlande als auch die deutschen Besitzungen eine gewisse Rücksichtnahme bei den Kriegsparteien erfuhren, jedoch keinen wirklichen Rückhalt bei einer der Parteien hatten. Insbesondere die deutschen Länder setzte dies der Gefährdung aus.

---

[10] Hessisches Hauptstaatsarchiv (HHStAW) Abt. 170 III Nr. 1888 (3. Juni 1748).
[11] Vgl. O. RENKHOFF, Anton Ulrich von Erath 1709–1773, in: Nassauische-Lebensbilder 7 (1950), S. 54–66.
[12] HHStAW Abt. 172 Nr. 1902.
[13] Vgl. BOOTSMA (wie Anm. 7), S. 159; H. LADEMACHER, Geschichte der Niederlande, Darmstadt 1983, S. 204; HOFMANN (wie Anm. 7), S. 129; N. JAPIKSE, Die Oranier. Statthalter und Könige in den NiederlandenMünchen [1940], S. 323–326.

Abb. 2   Anton Ulrich von Erath

Schon bald nachdem dies erkannt worden war, hatte der Archivar Erath dafür plädiert, das Archiv nach Braunschweig oder Den Haag zu überführen (*Abb. 2*)[14]. Es war bisher in einem Saal mit Vorraum an der Nordseite des oberen Schlosshofes[15] des Dillenburger Schlosses in tragbaren Kisten untergebracht, die verhältnismäßig schnell zu flüchten waren (*Abb. 3*)[16]. Dies wurde jedoch nur für die *Hauptdocumente* gestattet, die 1755/60 nach Wolfenbüttel gebracht wurden und erst 1766 wieder nach Dillenburg zurückkamen[17]. Auch der preußische General Ferdinand von Braunschweig hatte das komplette Archiv 1760 nach Braunschweig schaffen wollen, was aber wegen der großen Entfernung unterblieb[18]. Erath ließ deshalb das restliche Archivgut in den Schränken, die zum Tragen für vier Personen eingerichtet waren, zunächst in das Souterrain des Schlos-

---

[14]   Vgl. RENKHOFF (wie Anm. 11), S. 57.
[15]   Vgl. E. BECKER, Beiträge zur Baugeschichte des Dillenburger Schlosses, in: Heimatblätter zur Pflege und Förderung des Heimatgedankens. Beilage zur Dill-Zeitung 1,16 (1. Dezember 1931), S. 61–63, hier: S 61; DERS.: Zur Baugeschichte des Archivgebäudes am Paradeplatz in Dillenburg, in: ebda. 1, 28 (Januar 1960), S. 1–4.
[16]   Vgl. die Zeichnungen des Archivs im Schloss von Catharina Helena Dörrien in HHStAW Abt. 172 Nr. 142; Niedersächsisches Landesarchiv Standort Wolfenbüttel A 1 Alt Nr. 485.
[17]   HHStAW Abt. 172 Nr. 80.
[18]   Vgl. C. HEILER, Dillenburg im Kriegsjahre 1760 und die Vernichtung des Stammschlosses der Oranier, neue Beiträge und kritische Untersuchungen, in: Nassauische Annalen 53/1 (1933); S. 9–56, hier: S. 16.

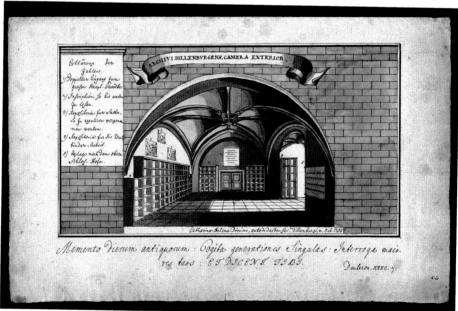

Abb. 3   Innenansichten der Archivgewölbe im Dillenburger Schloss von Katharina Helena Dörrien, 1755

ses, dann in die obere Orangerie in Dillenburg bringen und schließlich in das ca. 25 km entfernte Schloss nach Beilstein.

Denn die Gefahr, in die Kriegshandlungen einbezogen zu werden, war gerade 1759 akut deutlich geworden. Nachdem die Truppen des preußischen Generals Ferdinand von Braunschweig bei Bergen von der französischen Armee geschlagen worden waren, zog er sich mit ihnen nach Westfalen zurück. Die französischen Streitmächte vereinigten sich bei Marburg und Gießen, um ihm nachzufolgen. Im August 1759 wurden sie bei Minden geschlagen und nahmen den Weg wieder zurück. Ferdinand von Braunschweig rückte nach und bezog zwischen Gießen und Wetzlar sein Winterquartier[19]. Die Franzosen vertrieben derweil die nassau-oranischen Truppen aus dem Dillenburger Schloss und quartierten sich selbst dort ein[20]. Die Proteste des vormundschaftlichen Regenten bei Kaiser und Reichstag, dass die nassauischen Lande neutral seien und sich die französischen Soldaten widerrechtlich der Speicher und Kornvorräte bemächtigt hätten, nutzten nichts[21]. Die Neutralität ließ sich kaum noch durchhalten, zumal dann nicht mehr, als die Truppen Herzogs Ferdinands schließlich wiederum die französischen Besatzer aus Dillenburg vertrieben und das Schloss besetzten. Zwischen dem 13. und 15. Juli 1760 wurde das Schloss von der französischen Armee in Brand gesetzt, insbesondere auch deshalb, weil Hauptmann Düring auf dem Schloss dieses unnachgiebig verteidigen wollte.

Die Klage in Dillenburg über die Verletzung der Neutralität war groß. Schadensersatzforderungen des Herzogs Karl von Braunschweig, die sowohl gegenüber der Besatzungsmacht England als auch gegenüber den Angreifern Frankreich zu stellen waren, schleppten sich allerdings erfolglos bis 1779 hin[22]. Im Gegensatz zum Schloss überstand das ausgelagerte Archiv den französischen Beschuss. Nur Teile der Registratur im Schloss verbrannten. Wie mit der Ruine umzugehen sei, wussten die oranischen Beamten gleich. 1764 wurden Kanonen und Kugeln nach Rotterdam gebracht, die zerstörte Festung selbst zu schleifen, war bereits 1763 beantragt worden[23]. Herzog Karl wollte die Entscheidung nicht fällen, das Stammschloss des Hauses Nassau-Oranien, auf dem Wilhelm der Schweiger, die Identitätsfigur der ottonischen Linie des Hauses Nassau, geboren worden war, dem Erdboden gleich zu machen, während der Regent noch unmündig war. Als jedoch im Oktober 1763 die Kriegsgefahr wieder zu greifen war und der französische Marschall Soubise mit einer erneuten Besetzung des Schlosses drohte, erfolgt doch der Entschluss. Die Ruine sollte den Besatzern keine Möglichkeit zur Einquartierung mehr bieten. Sie sollte nicht mehr als *Verteidigungsstand* dienen, so dass der

---

[19] Vgl. HOFMANN (wie Anm. 7), S. 157.
[20] Vgl. ebd. S. 158.
[21] Vgl. L. GÖTZE, Die Vermögensverluste der Oranien-Nassauischen Lande durch französische Truppen während des Siebenjährigen Krieges, in: Nassauische Annalen 13 (1874), S. 330–343, hier: S. 334–335.
[22] Vgl. C. DÖNGES, Belagerung, Zerstörung und Schleifung von Schloss und Festung Dillenburg, Dillenburg 1904, S. 43.
[23] Vgl. E. BECKER, Schloss und Stadt Dillenburg. Ein Gang durch ihre Geschichte in Mittelalter und Neuzeit, o. O. u. J., S. 157.

Abriss in Angriff genommen wurde, der von 1764 bis 1778 unter der Leitung des Fähnrichs von Pfau, der an anderer Stelle noch von Bedeutung sein wird, auch erfolgte[24].

Für das Archiv hatte dies zur Folge, dass es in seine angestammten Räume nicht mehr zurückkehren konnte. Aus bestandserhalterischen Gründen konnte es aber auch in Beilstein nicht bleiben. Es wurde daher wieder in die Dillenburger Orangerie gebracht, wo es eine Weile blieb. Dann wurde der Archivar Erath vom Dienst suspendiert. Sein ehemaliger Gönner Hofrat Karl Heinrich von der Lühe († 1767)[25], der als Geheimer Rat beim Deutschen Hofdepartement in Den Haag fungierte, hatte zusammen mit Dillenburger Honoratioren gegen ihn Front gemacht, und Herzog Ludwig Ernst von Braunschweig-Wolfenbüttel hatte ihn des Dienstes enthoben. Neben archivischen Gründen wurde angeführt, dass er seiner Aufgabe als *custos* des Archivs nicht gerecht geworden sei und sich wie der *dominus archivi* verhalten habe, der selbst entscheiden wolle, was geheim sei und was nicht. Dies zielte darauf ab, dass Erath, der wohl recht selbstherrlich, kalt und geheimniskrämerisch auftreten konnte, auf eigene Faust Publikationen aus dem oranischen Archivgut vorgelegt und für Urkundenpublikationen anderer Archivgut aus Dillenburg eigenmächtig zur Verfügung gestellt hatte. Darum verschloss man ihm das Archiv und übertrug es seinem bisherigen Assistenten Martini. Wie es nun mit dem Archiv weitergehen sollte, blieb offen. Eine Lösung aber musste gefunden werden.

Entschluss zum Neubau

Die Mitglieder der Landesregierung in Dillenburg wurden am 3. Juni 1763 von dem in Dillenburg anwesenden Rat von der Lühe im Namen der vormundschaftlichen Regierung[26] aufgefordert, Gutachten vorzulegen, wie und wo das Archiv am besten unterzubekommen sei. War das Archiv ohnehin schon eine Art Zeughaus der Fürsten, um ihre Rechtsansprüche durchzusetzen und fremde Ansprüche abzuwehren, so war in der labilen Situation Nassau-Oraniens unter vormundschaftlicher Verwaltung die geordnete Aufbewahrung des Archivs und der darin gelagerten Rechtstitel schlichtweg unentbehrlich[27]. Dass Dillenburg dabei nur die Provinzhauptstadt der deutschen Lande war, schmälerte diese Einschätzung nicht, sondern potenzierte sie noch. Die vom Fürstensitz weit entfernten Gebiete, die, wie bewiesen worden war, besonders gefährdet, aber zugleich das ideelle Rückgrat des Hauses Nassau-Oranien waren, hatte damit gesichert zu werden. Denn Dillenburg war der Stammsitz des Hauses und das Zentrum der deutschen Stammlande, aus dem heraus das Haus Nassau in seine Bedeutung hineingewachsen war. In den Niederlanden politisch ungleich potenter, machtpolitisch und finanziell, positionierte sich das Haus Nassau aber erst durch seine souveränen Territorien im

---

[24] Vgl. DÖNGES (wie Anm. 22), S. 46–47.
[25] HHStAW Abt. 3036 Nachweis 3608.
[26] HHStAW Abt. 172 Nr. 602 (3. Juni 1763), fol. 1.
[27] Zu dieser Aufgabe des Archivwesens vgl. J. F. BATTENBERG, Der Funktionswandel des Archivwesens im frühen 19. Jahrhundert. Das Beispiel Hessen-Darmstadt, in: V. RÖDEL (Hg.), Umbruch und Aufbruch. Das Archivwesen nach 1800 in Süddeutschland und im Rheinland. Tagung zum 200-jährigen Bestehen des Generallandesarchivs Karlsruhe am 18./19. September 2003 in Karlsruhe (Werkhefte der Staatlichen Archivverwaltung Baden-Württemberg A 20), Stuttgart 2005, S. 281–297, hier: S. 284–285.

Deutschen Reich in der frühneuzeitlichen Adelsstruktur. Die Lande waren die sichere Bastion im Hintergrund, vor dem die Fürsten agierten, den sie aber nicht verlieren durften[28]. Gerade das aber wurde bedenklich. Die Lage war schwierig und die Sicherung des Archivs in besonderem Maße geboten.

Die Mitglieder der Dillenburger Landesregierung wurden also, wie gesagt, zu einer Stellungnahme aufgefordert, wie mit dem Archiv weiter zu verfahren sei. Im Gespräch waren zu diesem Zeitpunkt bereits die Unterbringung in der Orangerie, im Waisenhaus, im Schloss oder die Errichtung eines Neubaus. Als Erster wurde der von seinem Dienst enthobene Archivar Anton Ulrich von Erath, der Mitglied der Landesregierung geblieben war, aufgefordert, sich zu äußern, damit dieses Gutachten zirkuliere und die anderen Kollegiumsmitglieder ihre Urteile abgeben konnten. Am 8. Juni 1763 schrieb er ausführlich, dass das Archiv an einem sicheren und beständigen Ort am besten untergebracht sei[29]. Erath erläuterte, dass Dillenburg das Zentrum des Landes sei und seit vielen Jahrhunderten *die praesidia des Landes, der Gesetz und Ihre Gerechtsame* bewahre. Leider aber sei die Stadt den Kriegsläuften der Zeit allzu sehr ausgesetzt und das Schloss *leider gantz eingeäschert worden*. Aber damit nicht genug. Die Stadt sei dadurch *bekanter geworden als nöthig und gut war* und werde bei jedem weiteren Kriegszug wieder den Parteien ausgesetzt sein. Deshalb bleibe zu überlegen, wie das Archiv an einem solch gefährdeten Ort sicher untergebracht werden könnte.

Wie gewünscht, nahm Erath die Gebäude dafür in den Blick: die Orangerie, wo es derzeit provisorisch untergebracht war, das Waisenhaus und das Schloss. Letzteres lag allerdings in Schutt, das Archivgewölbe müsse erst wieder aufgemauert werden. Auch sei das höher gelegene Gebäude immer der Gefahr eines Blitzeinschlags ausgesetzt. *Wo sollten die Menschen, wo sollte das Wasser nebst den übrigen Rettungs Miteln bei jetziger Bewantniß des Schloses herkomen?* Das Archiv sei deshalb in der Orangerie deutlich sicherer untergebracht als auf dem Berg, zumal es dort auch nicht der Waffengewalt ausgesetzt sei. Die Gefahr eines möglichen Hochwassers verneinte Erath, da die Orangerie erhöht genug liege, um diese Möglichkeit ausschließen zu können. Dafür sei es aber viel leichter, das Archiv, das in der letzten Zeit eine *machine ambulante* geworden sei, in seinen über 330 Schränken von dort innerhalb von acht Tagen nach Beilstein zu schaffen. Vom Schloss aus sei dies alles deutlich schwieriger. Und außerdem habe die Orangerie einen schönen Garten, in den sich der Archivar beim Arbeiten setzen könne.

Die dritte Option eines Archivquartiers – das Waisenhaus[30] – ließ Erath nicht gelten, da die Räume dort zu klein seien, um die Schränke nebeneinander stellen zu können. Die vielen Kammern wären jeweils einzeln zu verschließen, Ordnung nur schwer zu halten und das Ungeziefer könne sich von den benachbarten Scheunen schnell hinüberschleichen. Den Gedanken an einen Neubau tat er mit der lapidaren Bemerkung ab: *Auf ein*

---

[28] Vgl. R. PONS, Oraniens deutsche Vettern. Bedeutung und Selbstverständnis der ottonischen Linie des Hauses Nassau in der Frühen Neuzeit, in: Nassauische Annalen 126 (2015), S. 125–153.
[29] HHStAW Abt. 172 Nr. 602 (8. Juni 1763), fol. 46–59.
[30] Vgl. D. A. E. SATTLER, Das Waisenhaus zu Dillenburg. Die Geschichte eines verschwundenen Gebäudekomplexes, in: Nassauische Annalen 121 (2010), S. 125–166.

Gebäude zu denken, ist übrigens alsdann erst nothwendig, wenn es an alten fehlt. Für ihn stand daher fest, dass die Orangerie das geeignete Gebäude sei.

Der Regierungsrat Georg Wolrad von Koppelow (1723–1767), der 1747 Erath zur Ordnung des Archivs beigeordnet gewesen war[31], argumentierte am 10. Juni, dass das Archiv auch die Registratur der Landesregierung, der Justizkanzlei, der Rentkammer, des Oberkonsistoriums, verschiedener Kommissionen, Deposita und Debitmassen umfassen müsse. Von der fürstlichen Bibliothek, die damals üblicherweise im gleichen Gebäude untergebracht wurde wie das Archiv, ist bei den Planungen und Vorbereitungen nirgends die Rede. Ihre Relevanz wurde wohl deutlich geringer eingeschätzt.

Für ein Gesamtarchiv aller Behörden böte das Haus der Fürstin Isabella Charlotte (1692–1757), der Ehefrau des letzten Fürsten[32], das als Sitz der Regierungskollegien im Gespräch war, nicht genügend Platz, und wegen der vielen Öfen sei es zu großer Brandgefahr ausgesetzt. Die Orangerie müsse im Winter die Früchte und die Orangenbäumchen aufnehmen, weshalb das Archivgut nicht ebenfalls dort unterkommen könne. *Bey diesen Umständen sehe ich kein anderes Mittel ab, als bey der Fürstin Hauß ein steinernes feuersicheres Gebäude aufzuführen, wozu die Materialien von dem eingeäscherten Schlosse zum Theil ohne große Beschwerlichkeit zu bekommen wären*[33]. Auch die Wohnungsnot in Dillenburg lege die Empfehlung nahe, kein Gebäude umzuwidmen, sondern eine neues zu errichten.

Die anderen Regierungsmitglieder argumentierten ähnlich. Der Assessor Gottlob Georg Justus von Meusbach[34] berichtete am 8. September, dass das Haus der Fürstin zu klein, der Feuergefahr ausgesetzt und zu wenig dauerhaft sei[35]. Andere Bedenken galten gegenüber der Orangerie und dem Waisenhaus, so dass auch er dazu riet, ein neues Gebäude zu errichten. Insbesondere empfahl er die Errichtung *tüchtiger Gewölbe*, um das Registraturgut sicher aufzubewahren. Denn darunter sei eine größere Menge an Depositengeldern und die Debitmasse. Als Bauplatz könne das Gelände beim Haus der Fürstin dienen, also der Hofgarten, was auch insofern günstig sei, da die im Haus der Fürstin tagenden Regierungskollegien schnell auf das Registraturgut zurückgreifen könnten. Baumaterialien seien vom Schloss zu bekommen.

Kanzleidirektor Johann Eckhard Spanknabe († 1777)[36], der das Archiv für *das precioseste* hielt, auf dem die Landesregierung ruhe, hielt am 13. Juni 1763 die Orangerie für zu klein und zu schwer zu verteidigen, das an sich geeignete Schloss für im Abriss begriffen und plädierte daher auch für einen Neubau im Hofgarten. Um eine Feuergefahr zu verhüten, sollte das Gebäude aus Stein errichtet werden.

Erath war damit überstimmt, wenn er auch über das Verfahren wenig glücklich war und durch seine Stellungnahme die Kluft innerhalb des Kollegiums überaus deutlich

---

[31] HHStAW Abt. 3036 Nachweis 3040.
[32] Das Ehepaar lebte getrennt und die Fürstin hatte deshalb das Schloss am Rande der Stadt vor dem Hofgarten bezogen, vgl. SATTLER (wie Anm. 30), S. 129; DEHIO I (wie Anm. 1), S. 174: Das Gebäude war 1736 für die Fürstin gebaut und 1757 noch einmal verändert worden.
[33] HHStAW Abt. 172 Nr. 602 (10. Juni 1763), fol. 60–62.
[34] HHStAW Abt. 3036 Nachweis 3426.
[35] HHStAW Abt. 172 Nr. 602 (11. Juni 1763), S. 66–69.
[36] HHStAW Abt. 3036 Nachweis 5219.

zutage trat³⁷. Außer ihm, der den Riss der Orangerie immer noch nach Den Haag nachsenden wollte, waren alle für einen Neubau. Auch wird Herzog Karl von Braunschweig-Wolfenbüttel diesem Vorhaben ohnehin nicht ablehnend gegenübergestanden haben, da die Welfen in Hannover ja den ältesten eigenständigen Archivzweckbau in Deutschland errichtet hatten, wenn dieser auch noch mit einer Bibliothek gekoppelt war, und in Wolfenbüttel den ältesten freistehenden Bibliotheksbau (1717)³⁸. Solche Bauvorhaben waren dort also nichts gänzlich Neues. Zum 23. Juni lud von der Lühe zu einer Besprechung über die Unterbringung des Archivs und der Registraturen; die Entscheidung war immer noch abhängig davon, wie mit der Schlossruine zu verfahren sei. Sie fiel aber dann zugunsten eines Neubaus³⁹.

Im September 1763 wird davon berichtet, dass dem Fähnrich von Pfau und dem Bauaufseher Franz Moritz Terlinden der Auftrag zur Planung eines Neubaus zugegangen war. Damit sind die beiden Personen genannt, die den Bau entscheidend prägen sollten, wenn sie auch beide keine ausgewiesenen Architekten oder Bauingenieure waren. Johann Heinrich von Pfau (1729–1803) war Kartograph und Landvermesser. In Dillenburg als Sohn des dortigen Archivars Albert Heinrich von Pfau (* 1681) geboren, kehrte er 1750 nach seiner militärischen Ausbildung in Berlin wieder nach Dillenburg zurück und war bei Feld- und Waldvermessungsarbeiten in Dillenburg und Diez tätig. Eine feste Anstellung und Besoldung als Feld- und Waldvermesser schloss er aus und bewarb sich 1759 als Wegbereiter zur Instandsetzung ruinierter Straßen. Eine Anstellung wurde abgelehnt⁴⁰. Ab 1763 kartierte er die Ruine des Dillenburger Schlosses und war zugleich mit den Abbrucharbeiten betraut⁴¹. Mit der Errichtung von Gebäuden hatte er bis zu diesem Zeitpunkt nichts zu tun gehabt.

Bei Terlinden (1713–1794)⁴² sah die Sache anders aus, aber auch er war kein Architekt. Er stammte aus Wesel und war schon längere Zeit als Baumeister tätig. Seine Aufgaben bestanden jedoch vorrangig in der Bauaufsicht und in Bauuntersuchungen⁴³. In Allen-

---

37 HHStAW Abt. 172 Nr. 602 (17. Juni 1763), fol. 72–73.
38 Vgl. J. R. WOLF (Bearb.), Darmstadt in der Zeit des Barock und Rokoko, Band 2. Louis Remy de la Fosse, Darmstadt 1980, S. 83; M. HESSE, Handbuch der neuzeitlichen Architektur, Darmstadt 2012, S. 102.
39 HHStAW Abt. 172 Nr. 602 (22. Juni 1763), fol. 8.
40 Vgl. H.-W. KOTHE, Die frühen Feld- und Waldmessungen des Johann Heinrich von Pfau im Fürstentum Nassau-Oranien, in: Nassauische Annalen 97 (1986), S. 45–56. 1765 sollte eine Anzeige gegen Pfau wegen fehlerhafter Vermessungsarbeiten erfolgen.
41 Vgl. O. RENKHOFF, Pfau, Johann Heinrich von, in: Nassauische Biographie. Kurzbiographien aus 13 Jahrhunderten (Veröffentlichungen der Historischen Kommission für Nassau 39), Wiesbaden ²1992, S. 608; HHStAW Abt. 3036 Nachweis Nr. 4025.
42 http://www.menso.se/vdberg/1022.htm (Zugriff 20. Juli 2015). Terlinden war am 25. September 1747 von Fürst Wilhelm IV. von Nassau-Oranien zum Bauaufseher und Landmesser bestallt worden (Abt. 172 Nr. 1902; Abt. 3036 Nachweis 5443). Zu Terlinden vgl. auch BECKER (wie Anm. 15), S. 3.
43 1755 sollte er ein tropfendes Gewölbe im Schloss untersuchen, HHStAW Abt. 172 Nr. 601. Zu Terlinden vgl. Dillenburger Intelligenznachrichten XXVI 28. Juni 1794, S. 412 (Todesanzeige); K. SCHNEIDER, Baustoffproduktion als Aufgabe des Staates. Die nassau-oranische Ziegelhütte und Kalkbrennerei bei Herborn (1740–1830), in: Nassauische Annalen 124 (2013), S. 277–308, hier: S. 290.

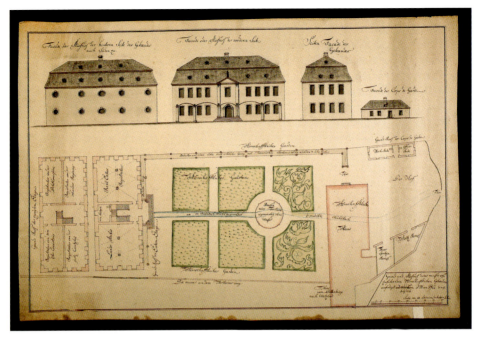

Abb. 4   Auf- und Grundriss des Dillenburger Archivgebäudes von J. H. von Pfau

dorf bei Haiger hatte er wohl allerdings 1749[44] und in Bicken 1756 die Kirchen errichtet: beides nüchterne, unprätentiöse Saalbauten[45].

Von Pfau hatte seinen Abriss in zweifacher Ausfertigung dem Rat von der Lühe, der sich in Dillenburg aufhielt, ausgehändigt, während Terlinden wegen einer Krankheit seinen Riss verspätet direkt der Regierung übergab, die ihn nach Braunschweig, an Herzog Karl, weitersandte.

Von Pfau sind zwei Lagepläne überliefert sowie der eigentliche Bauplan (*Abb. 4*)[46]. Das Gebäude sollte, wie der Bau Terlindens, vis-à-vis dem Haus der Fürstin stehen, damit über dem Mühlengraben. Zwischen beiden Gebäuden plante Pfau ein Blumenparterre mit einem Bassin in der Mitte. Die Hauptfront des Archivgebäudes bestand aus neun Achsen mit einem schmalen Mittelrisalit und recht hohem Mansarddach. Auch die Seitenfronten waren mit Fenstern versehen, während die Rückseite, wie bei Stallungen oder Kutschenremisen üblich, nur mit runden oder ovalen Fensteröffnungen aufwarten sollten. Die Fassade selbst wurde etwas verunstaltet durch einen Gang mit toskanischen Säulen, den der Architekt davor blendete. Laut Rechnungen handelte es sich hierbei um

---

[44]   Vgl. DEHIO I (wie Anm. 1), S. 5.
[45]   Vgl. DEHIO I (wie Anm. 1), S. 105. 1773–1775 sollte er nach dem Dorfbrand Nanzenbach wieder aufbauen, ebd. S. 669.
[46]   HHStAW Abt. 3011/1 Nr. 1482/1+2 H; KHA C 20 Nr. B 24; HHStAW Abt. 3011/1 Nr. 3279 V.

Kolonnaden aus sechzehn 8,5 Schuh hohen Säulen, die den trockenen Transport der Akten vom Archiv zum Kollegiengebäude gewährleisten sollten[47]. Womöglich hatte sich der in Berlin zum Offizier ausgebildete Pfau an dortigen Baulösungen Knobelsdorffs orientiert, der häufig Säulenkolonnaden einrichtete, so dass sie zu seinem Markenzeichen geworden waren[48]. Ob als ästhetische Übernahme oder aus rein praktischem Nutzen, dem Gesamteindruck des Gebäudes wären sie wohl eher abträglich gewesen. Im Inneren unterscheiden sich die beiden Planungen Terlindens und Pfaus nicht nennbar. Die Kostenkalkulation differierte allerdings um 1600 fl.[49], was sicherlich nicht zuletzt auch daran lag, dass Pfau die Gartengestaltung mitkalkulierte. So sollte das Bassin vor dem Archivgebäude zum Mühlbach vertieft werden, damit das Wasser mit Hilfe einer Schleuse im Brandfall angestaut werden und zu Löschzwecken dienen konnte[50].

Der Plan Terlindens vom August 1763 zeigt ein ästhetisch merkwürdiges, antiquiert anmutendes Gebäude in acht Achsen mit stark genuteten Lisenen, einem Mansarddach und für die Zeit ungewöhnlich kleinen Türen und Rundbogenfenstern (*Abb. 5*). Auf das Gebäude sollte mittig ein Gang mit sechs Pfeilern zulaufen, dessen genaue Gestaltung aus den Rissen leider nicht ersichtlich wird[51]. Der Gang war damit preiswerter als die Kolonnaden Pfaus. In diesem Gebäude sollten die Archive und Registraturen der Landesregierung, der Rentkammer, der Justizkanzlei, des Oberkonsistoriums und der Debitkommission untergebracht werden. Zur Verhinderung des Eindringens von Hochwasser steht es auf einem Sockel, der durch eine Freitreppe von acht Stufen überwunden werden muss. In der Mitte des Gebäudes befindet sich im Innern das Treppenhaus, an das sich im Untergeschoss zwei große Räume mit Kreuzgratgewölben anschließen: links das Landesarchiv, rechts die vormundschaftliche Rentkammerregistratur. Im ersten Stockwerk sind es jeweils zwei Räume: links die Registratur der Landesregierung und der Justizkanzlei, rechts die Registratur des Oberkonsistoriums und der Debitkommission. Auf halber Höhe der Treppe sollte eine Schreibstube angebracht sein[52].

Beide Aufrisse unterschieden sich jedoch kaum: Von Pfau ließ den Gang aus dem fürstlichen Haus rechterhand laufen, Terlinden mitten durch den Garten. Die unterschiedliche Fassadengestaltung nahm, den Quellen zufolge, niemand in den Blick, sondern man achtete ausschließlich auf die Lage und die Innengestaltung der Räumlichkeiten. In Braunschweig ließ man es jedoch damit nicht bewenden.

Der in Straßburg geborene Ingenieur und Major David Andreas Schneller (1723–1789) prüfte die Pläne Pfaus und Terlindens und fertigte einen neuen Riss des Gebäudes an. Schneller, der Mathematik, Geometrie, Feldmesserei, Vermessungskunde, Geodätie und Geographie am Collegium Carolinum in Braunschweig unterrichtete, hatte sich

---

[47] HHStAW Abt. 172 Nr. 603 (29. November 1763).
[48] Vgl. H.-J. GIERSBERG, Friedrich als Bauherr. Studien zur Architektur des 18. Jahrhunderts in Berlin und Potsdam, Berlin 2001, u. a. S. 48–49, S. 62, S. 89; HESSE (wie Anm. 38), S. 261–262.
[49] Die Kosten beliefen sich laut der Schätzung Pfaus auf 12.879 fl. 24 alb 4 kr. (HHStAW Abt. 172 Nr. 603, 29. November 1763), laut der Schätzung Terlindens auf 14.463 fl. 24 alb. (ebd., 19. Dezember 1763).
[50] HHStAW Abt. 172 Nr. 603, fol. 137
[51] HHStAW Abt. 172 Nr. 603, fol. 136.
[52] HHStAW Abt. 3001/1 Nr. 3367 H; Königliches Hausarchiv Den Haag (KHA) Inv. C 20 Nr. B 18.

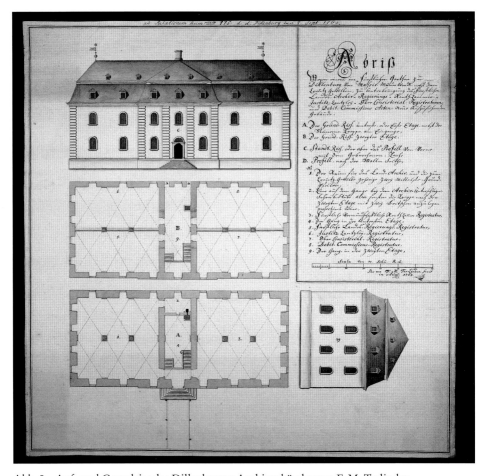

Abb. 5   Auf- und Grundriss des Dillenburger Archivgebäudes von F. M. Terlinden

auch intensiv mit Architekturtheorie beschäftigt[53]. Das sieht man seinem Gebäudeentwurf an, der wie die Kopie eines Standardplans des französischen Architekturtheoretikers Jacques François Blondel (1705–1774) für eine Maison de Plaisance aussieht (*Abb. 6*)[54]. Selbst die hochrechteckigen Fenster, die im Erdgeschoss – für eine Maison de Plaisance die Beletage – als Segmentbogenfenster ausgebildet sind, während sie in der

---

[53]   Die französischsprachigen Werke des Bernard Forest de Bélidor (1697–1761) hat er 1769 ins Deutsche übersetzt, vgl. Historische Anleitung zur Bildung tapferer und kriegskundiger Officiere in der Erzehlung der im vorigen Jahrhundert vorgefallenen merkwürdigen Vertheidigungen von Grave und Maguntz, Braunschweig 1774.

[54]   Vgl. W. HANSMANN, Baukunst des Barock. Form – Funktion – Sinngehalt, Köln ²1989, S. 147; R. H. FOERSTER, Das Barock-Schloß. Geschichte und Architektur, Köln 1981, S. 84.

Abb. 6 Auf- und Grundriss des Dillenburger Archivgebäudes von D. A. Schneller

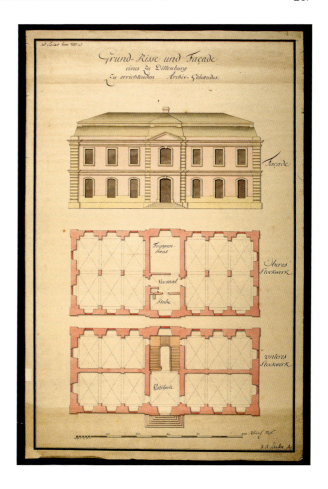

oberen Etage gerade Abschlüsse haben, sind von dort übernommen, obwohl ihnen im Archiv keine Aussage im Sinn des Decorums zukommt. Entstanden war so eine elegante Fassade mit genuteten Ecklisenen am Risalit und an den Gebäudeecken, die ästhetischen Ansprüchen an die »noble simplicité« Genüge leistete. Schönheit im Sinne der Maison de Plaisance leitete sich aus gelungenen Proportionen und der sicheren Verteilung von Wandmassen und Fenstern her[55].

Im Gegensatz zu den Entwürfen der Dillenburger Planer war das untere Stockwerk in vier Räume geteilt, das obere in zwei große[56]. Schneller hatte hierzu erläutert: Das Gebäude solle statt über den Mühlengraben dem herrschaftlichen Haus, also dem Schloss der Fürstin, benachbart sein, d. h. nicht direkt gegenüber, sondern seitlich vor das Gebäude gesetzt. Der Mühlengraben solle offen bleiben und das Fundament in

---

[55] Vgl. Hesse (wie Anm. 38), S. 143–144.
[56] KHA C 20 Nr. B 2.

einem Stück ausgeführt werden, weil der Graben nicht unter dem Gebäude hindurchgeführt werden müsse. Durch die neue Lage ziehe sich das Gebäude von der Landstraße und daher von Gefahren zurück und stehe auch trockener und besser[57]. Der von Pfau geplante bedeckte, 200 Fuß lange Gang könne damit wegfallen. Das Gebäude sei 116 Fuß lang und 46 Fuß breit. Anschließend schilderte Schneller die genaue Raumeinteilung im Innern und kam auf die Fassade zu sprechen. Sie *erfordert der Wohlanständigkeit nach, bey einem dergleichen Gebäude Solidität, Simplicität und gute Proportionen. Aus dem ersten Grunde stammen die aus Quaderstücken en pierres de refends [Ecksteinen] angebrachten Eck-Pfeiller und die ähnliche Brüstung der untern Etage her. Aus der zwoten Ursache sind alle zu sehr componirten Gesims und andere Zierathen vermieden und eine genau beobachtete Symmetrie, nebst den regelmäßigen Verhältnißen, der Höhe und Breite der Fenster und der Repartition ihrer Schäffte spricht für die Proportionen. Die ansehnliche Länge des Gebäudes giebt von sich selbst zu einer wesentlichen Schönheit, nemlich zu einem Risalit in der Mitte Anlaß. Ich entferne mich aber, in meinem Aufrisse von dem Risalit des Herrn Bau-Aufsehers Ter Linden, darum, weil ich nicht gerne mit Zuziehung der anliegenden Fenster eine äussere Vermengung des Vestibuls mit den nächsten Sälen und deren Mauer-Werck mache; und mir auch 26 Fuß Breite als 1/5 der gantzen Façade annehmlicher zu einen Vorsprung dünckt, als 47 Fuß, die über 1/3 der gantzen Länge des Gebäudes ausmachen. Das Risalit selbst, wird einer nach Art der Eck-Pfeiller, wieder en pierres de refends gemachten Verkröpfung mit der Haupt-Mauer verbunden. Seine gantze Höhe aber krönet ein Fronton [Giebel], oder an dessen Stelle, wenigsten ein Amortissement [Bekrönung]. Die Erhebung des Gebäudes über den Horizont ist anfänglich zur Vermeidung der Feuchtigkeit in denen Säälen 4 Fuß bis zum Rez-de-Chaussée, wodurch also eine Frey-Treppe von 6 bis 8 Stuffen nothwendig wird. Die untere Etage ist 21, die obere 20 Fuß hoch, und die gantze Façade erhält über den Crantz noch ein couronnement [Bekrönung] von 2 Fuß hoch, welches an den Ecken und an der Verkröpffung des Risalits eine Art acroteres [Attika] verschafft. Sonst sind die Etagen durch ein aus wenig Gliedern bestehendes Cordon [schmales Gesims] unterschieden, wovon das obere zugleich den Crantz vorstellen kann. [...] Das Tachwerck kann entlich, den Umständen gemäß, nicht anderst als gebrochen seyn.* Damit war Schneller der einzige, der sich auch über ästhetische Fragen Gedanken machte, was für seine bessere architektonische Schulung und Kompetenz spricht, aber auch dafür, dass man im entfernten Braunschweig allgemeinere bauästhetische Überlegungen anstellte und nicht nur aus der Not heraus erwachsene Sicherungsabsichten des Archivgutes berücksichtigte.

Herzog Karl von Braunschweig-Wolfenbüttel übersandte diesen Entwurf bereits am 23. Dezember 1763 nach Dillenburg mit der Bemerkung, das Gebäude sei nicht nur weit genug von den Wohnhäusern der Stadt entfernt, um eine Feuergefahr zu bannen, sondern es komme auch im Blickfeld der Wache zu stehen. Des Weiteren, und das spricht für den ästhetischen Blick des Braunschweiger Herzogs, könne der verdeckte Gang wegfallen, da die größere Nähe zum Regierungsgebäude einen Schutz vor dem Wetter un-

---

[57] HHStAW Abt. 172 Nr. 602 (19. November 1763), fol. 203 ff.

nötig mache. Die neue Anordnung der beiden Etagen lasse alles *dauerhaffter* erscheinen, als in denen vorhergehenden Rißen vorgeschlagen ist[58].

In Dillenburg wurde der Entwurf geprüft. Pfau nahm dazu Stellung, und diese Stellungnahme floss in das Schreiben des Bergdirektors Bierbrauer nach Braunschweig ein: Solle das Archiv nun in die obere Etage verlegt werden, während die kleineren Registraturen im Erdgeschoss ihren Raum fänden? *Das Archiv mögte in der Oberen Etage wohl noch beßer und trockner dann in der Unteren zu stehen kommen*[59].

Das Gebäude solle so weit als möglich vom Mühlbach entfernt gebaut werden, weil es vor dem Wasser sicherer sei und die Feuchtigkeit nicht in das Haus ziehen könne. Allerdings sei der Entwurf Pfaus von der zu bauenden Wache[60] besser einzusehen als der Schnellers. Bezüglich der Fenster genügt die von Pfau vorgeschlagene Höhe und Breite von 9 und 4,5 Fuß, um den Räumen ausreichend Luft und Licht zu verschaffen. Die bisherige Dicke der Gewölbe im Entwurf Pfaus basiere auf den Gewölben im Dillenburger Schloss. Im Dach solle eine Lucarne (Dachfenster) angelegt werden, auch müsse das Dach wegen des *in hiesigen gegenden fallenden Regens und vielen Schnees* steiler angelegt werden als von Schneller geplant. Im Innern sei auf eine steinerne Treppe zu achten.

Schnellers Entwurf scheint also unter Berücksichtigung der leichten Veränderungen der maßgebliche geworden zu sein, denn bereits Anfang Mai ist indirekt vom Baubeginn die Rede.

Schon zuvor, im März 1764, sollte dann die Legung der Fundamente angegangen werden. Allerdings äußerten Terlinden und Pfau Bedenken wegen der mangelhaften Qualität des Grundes im Garten und des zu hohen Grundwassers. Sie forderten die Fällung von einhundert Eichenstämmen, um daraus 63 Pfähle aus Eichenholz zu machen, die in den Boden gerammt werden könnten[61]. Pfau hatte mittlerweile die Baudirektion unter der Mitaufsicht Terlindens erhalten und beschaffte Baumaterial vom Schloss. Dies ging jedoch nicht ohne Zwischenfälle vonstatten, indem es bei den dortigen Sprengungen Fehleinschätzungen gab, die auch Privatgebäude in Mitleidenschaft zogen[62]. Obristleutnant Grützmann aus Braunschweig sollte diese Sprengungsmaßnahmen begutachten[63]. Auch die Planungen des Archivs wurden mittlerweile von Braunschweig aus beurteilt.

Herzog Karl von Braunschweig entschied am 2. April 1764: Das Gebäude solle in die Mitte des Gartens gesetzt werden, was bisher noch unklar geblieben war, damit es dem Mühlbach *entfremdet* sei[64]; trotzdem sei zu prüfen, ob man seitlich nicht einen Fanggraben errichte, um Hochwasser abzuhalten. Im Garten selbst solle es *einigermaßen schief* stehen, damit es von der Wache eingesehen werden könne, wofür auch Teile einer Einfriedigungsmauer abzureißen waren. Den Wünschen, die Fenster kleiner zu machen

---

[58] HHStAW Abt. 172 Nr. 602 (28. November 1763), fol. 167.
[59] HHStAW Abt. 172 Nr. 602 (14. Januar 1764), fol. 205 ff.
[60] Der Bau wurde Ende Juni 1764 begonnen. Es gab Probleme, weil das Gebäude den Eingang versperrte. Auch war zu überlegen, ob Feuerspritzen dort oder an anderer Stelle untergebracht werden sollen, HHStAW Abt. 172 Nr. 603 (28. Juni 1764).
[61] HHStAW Abt. 172 Nr. 603 (31. März 1764).
[62] HHStAW Abt. 172 Nr. 603 (2. April 1764).
[63] Das Gutachten in HHStAW Abt. 173 Nr. 4890/2.
[64] HHStAW Abt. 172 Nr. 603 (2. April 1764).

als von Schneller geplant, entsprach der Herzog. Allerdings unter der Bedingung, dass *die von ihm angegebene Proportion beobachtet werde*, was freilich ein deutlicher Widerspruch in sich war. Bezüglich der Dicke der Gewölbe forderte er ein erneutes Gutachten von Pfau und Terlinden ein. Über der Frontseite sei, damit der Dachboden besser zu besteigen sei, ein *Dach-Loch, in der Form eines Ochsen-Auges* und eine Falltür einzurichten. Das Dach selbst sollte nach dem Vorschlag Pfaus höher gemacht werden als von Schneller geplant, allerdings war Terlinden darüber zuvor zu befragen. Die Treppe sollte, wie sich alle einig waren, in Stein errichtet werden.

Damit konnte nun wirklich mit dem Bau begonnen werden, und Pfau bat im Mai 1764 um die Bewachung der Baustelle durch eine Schildwache in seiner Abwesenheit, damit keine Veränderungen vorgenommen würden und der Bau damit nicht schief gerate[65].

Der Grundstein wurde mit großem Zeremoniell am 15. Juni 1764 gelegt und spricht in seiner Symbolhaftigkeit für sich. Denn man wählte den bereits 60 Jahre zuvor für den Neuen Bau auf dem Dillenburger Schloss verwandten Grundstein, den Konsistorialrat Rau aus Herborn mit einer Inschrift versah:

> *Anno Christiano MDCCLXIIII*
> *Tutorio Nomine*
> *Imperante Carolo Guelphorum Duce*
> *Tabularium Publicum*
> *Ex Antiqua Nassaviorum Principum*
> *Natali Arce*
> *Bellicis Flammis Perdita*
> *ac Solo nunc Aequanda*
> *Huc Delatum Conditumque.*
> *Ne Nescias Serus Lector.*
> *Hic Positus Hodie Lapis Loquitur.*
> *Arcem dolet.*
> *Die XV. Junii.*

Bezug genommen wurde direkt auf das vernichtete Dillenburger Schloss als Stammsitz des Hauses, und damit trat der zu errichtende Archivzweckbau in dessen Tradition ein, ja an dessen Stelle[66]. Nach dem Verlust des Schlosses war das Archiv das einzige Element, das den zurückgebliebenen deutschen Ländern des Hauses Nassau-Oranien die direkte Bindung an die Herrscher in Den Haag vermitteln konnte bzw. diese direkt an Dillenburg kettete. Es war daher nicht nur für die Verwaltung unentbehrlich, sondern trug zur Identität eines Landes bei, das Kriegsnöten ausgesetzt war und immer mehr von der Herrscherfamilie und deren Lebensmittelpunkt abzutriften drohte. Gerade unter diesen Vorzeichen bleibt das gesamte Bauprojekt seltsam unspezifisch.

---

[65] HHStAW Abt. 172 Nr. 603 (3. Mai 1764).
[66] HHStAW Abt. 172 Nr. 603; E. BECKER, Beiträge zur Baugeschichte des Dillenburger Schlosses, in: Heimatblätter zur Pflege und Förderung des Heimatgedankens. Beilage zur Dill-Zeitung 4/17 (24. Dezember 1931), S. 65–66. Siehe insgesamt zur Baugeschichte die Beiträge Beckers in dieser Zeitung 1931 und 1960.

Wenn man bedenkt, dass gerade die Zeit nach 1763 in Deutschland durch mittlere und kleinere Territorien dazu genutzt wurde, ihre Eigenständigkeit und kulturelle Bedeutung durch reichspatriotische und nationalkulturelle Aktivitäten herauszustreichen, erstaunt es, dass in Dillenburg sowohl das Schloss geopfert als auch die Bedeutung des Archivs nicht baulich stärker hervorgekehrt wurde. Üblicherweise war das nationalkulturelle »Vorgehen [...] innovativ und kreativ, insofern es der auf Eindeutigkeit angelegten Machtpolitik der Großmächte die mannigfaltige Entwicklung von Wissenschaften, Schulen, Architektur, Literatur, Gärten und Parks entgegensetzte«[67]. In Dillenburg hätte es umso manifester werden können, da der Riss durch das Land selbst ging und das Territorium den kriegerischen Auseinandersetzungen völlig ausgesetzt war, so weit sogar, dass das letzte Zeichen des traditionellen Zusammenhangs von Dynastie und Land in Schutt und Asche gelegt worden war. Das Archivgut und das repräsentative Archivgebäude hätten von den Räten als Symbole dieses Zusammenhangs demonstriert werden können, weniger historisch gedacht als mit ganz aktuellem Bezug. Wie die Planungen gezeigt haben, blieben die Beamten jedoch in reinen Bahnen der Zweckdienlichkeit gefangen. Einzige Ausnahme war die Aufschrift des Grundsteins.

Zur Feier erschienen unter Begleitung einer Instrumentalmusik die Bauarbeiter, der Fronschreiber Jonas und der Geheime Justizrat Georg Adam von Rauschard. Dieser erklärte, dass der Grundstein ein Symbol dafür sei, dass das Gebäude unter dem Schutz des Landesherrn stehe und *gleichsam heilig sey*[68]. Er wurde unter den Gebäudeeingang gelegt und war mit einer kupfernen Tafel geziert worden.

Anschließend begannen die Bauarbeiten am Fundament, die jedoch im September 1764 schon wieder *ein anderer geschickter und erfahrener Bau-Meister aus dortiger Gegend* überprüfen sollte. Es ging dabei nicht nur um die Begutachtung des Angefangenen, sondern auch darum, dass Pfau und Terlinden vorgeschlagen hatten, das Gebäude auf einen Rost zu setzen. Uneins war man allerdings darüber gewesen, ob der Rost auf Pfählen aufzusetzen sei, wie es Terlinden forderte, oder nicht, wie von Pfau es befürwortete[69]. Als beide sich schließlich auf die Verwendung von Pfählen geeinigt hatten, erwies es sich, dass diese kaum 6 Fuß tief in den Boden einzurammen waren. Die Planungen scheiterten an den Gegebenheiten. Deshalb wurde der nassau-weilburgische Baumeister Johann Friedrich Sckell (1725–1810) nach Dillenburg geschickt, der noch am Anfang seiner Karriere stand und ab 1768 dann die Baumaßnahmen an der Wilhelmstraße in Dillenburg mitbestimmen sollte. Er hielt die von den Baumeistern in Dillenburg angeforderte Untersuchung des Grundes und des Rostes, auf dem das Gebäude zu stehen kommen sollte, für überflüssig[70]. Ein Rost ohne Pfähle genüge bei der vorgefundenen Qualität des Grundes völlig. Herzog Karl von Braunschweig ließ diese *aus guter Absicht* heraus entstandene zusätzliche Kostenverursachung auf sich bewenden, *in der Hoffnung, daß sie sich deren künfftige Ersparung beyderseits nicht minder, als die Tüchtigkeit des Gebäudes werden angelegen sein laßen.* Neu festgelegt wurde hingegen,

---

[67] Vgl. G. SCHMIDT, Wandel durch Vernunft. Deutsche Geschichte im 18. Jahrhundert, München 2009, S. 176.
[68] HHStAW Abt. 172 Nr. 603 (15. Juni 1764).
[69] Vgl. BECKER, 1960 (wie Anm. 15), S. 2.
[70] HHStAW Abt. 172 Nr. 603 (3. September 1764).

dass die Gewölbe der beiden Etagen 15 bis 16 Zoll stark sein sollten; auch wurde die Erhöhung des Daches genehmigt. Statt der von Schneller vorgesehene Dachbekrönung wurde nun ein steinernes Gesims angeordnet[71].

Die Arbeiten selbst litten aber bereits seit Juni 1764 unter den Misshelligkeiten zwischen Pfau und Terlinden. Pfau warf seinem Partner vor, dass *deßen unwißenheit nicht allein bekannt, sondern seine Passion und Eifer soweit getrieben ist, daß er sich nicht ermüdet, mir allerley Verwirrungen zu machen oder mich zu chicanieren suchet*[72]. Er warf ihm schließlich Unerfahrenheit und Eifersucht vor. Und so gingen neben den Bauarbeiten[73] die Streitigkeiten weiter, die auch ein deutliches Licht darauf werfen, was die Regierung von ihren beiden Baumeistern hielt. Denn auf das Gesuch Pfaus, ihn von seinen Arbeiten zu entbinden, erläuterte Bergdirektor Bierbrauer: *Welcher von beyden, der Fähnrich von Pfau oder der Baumeister Ter Linden eine Vorzügliche Geschicklichkeit in der Civil-Architectur, besonders in deren ausführung, besitze, finden uns außer stande zu beurtheilen, weilen jener so viel Wir wißen noch keine Gebäude, wenigstens in hiesigen Landen, aufgeführt, von diesem aber so lange Er in hiesigen Herrschafftlichen Diensten stehet, keine solche Massive Gebäude unter seiner aufsicht errichtet worden, folglich finden Uns auch außer stand ein ohnmasgebliches gutachten abzugeben, wen Von beyden hinfuhro die Direction des Archiv-Gebäudes alleinig zu übertragen, sondern Wir müßen solches Höherer Entschlieβung anheim stellen*[74]. Bierbrauer gab zu bedenken, dass Terlinden, sollten künftig Baufehler auftreten, immer Pfau dafür verantwortlich machen werde. Pfau konnte allerdings, da er nicht in wirklichen nassauischen Diensten stand, gegen seinen Willen nicht als Baudirektor festgehalten werden[75].

Vielleicht verursachte diese schwierige Lage, dass im Januar Cornelius Coester (1719–1776), der dreißig Jahre zuvor kurzzeitig Marburger Stadtbaumeister gewesen war und jetzt dort u. a. die Wasserkunst betreute[76], zur Besichtigung der Baustelle herbeigeholt wurde. Er sollte feststellen, ob die Mauern der Traglast wirklich standhalten könnten, und äußerte sich schließlich ausführlich[77]. Dass dabei wiederum das Fundament in Zweifel gezogen wurde und man auf eine Untersuchung desselben hoffte, obwohl das Gebäude darüber bereits sehr weit gediehen war, zeugt entweder vom Dilettantismus der Bauausführenden oder dem mangelnden Vertrauen der Verwaltung in ihre Baumeister[78]. Letzteres war gewiss gegeben, denn die Beamten hatten Pfau schon gekränkt, als Sckell aus Weilburg herbeigeholt worden war[79].

---

[71] HHStAW Abt. 172 Nr. 603 (3. September 1764)
[72] HHStAW Abt. 172 Nr. 603 (14. Juni 1764).
[73] HHStAW Abt. 173 Nr. 134.
[74] HHStAW Abt. 172 Nr. 604 (24. Januar 1765).
[75] HHStAW Abt. 172 Nr. 604 (24. Januar 1765).
[76] Vgl. A. HOFFMANN, Baukunst in Forschung und Praxis. Marburger Architekten und Ingenieure in althessischer und preußischer Zeit (Marburger Stadtschriften zur Geschichte und Kultur 84), Marburg 2006, S. 34.
[77] HHStAW Abt. 173 Nr. 4890/4. HHStAW Abt. 172 Nr. 604 (17. Januar 1765).
[78] Vgl. hierzu das Schreiben Eraths vom 29. September 1764, in dem alle Bedenken noch einmal zusammengefasst werden, HHStAW Abt. 173 Nr. 4890/4, fol. 51.
[79] Vgl. BECKER 1960 (wie Anm. 15), S. 2.

Coester bemerkte, dass das Fundament nach der Beschreibung *nicht nur hinlänglich, sondern überflüßig starck angelegt* worden sei. Ein Aufgraben verursache nur Kosten und bringe keine weitere Erkenntnis[80]. Ansonsten war der Baumeister nicht in der Lage, viel Substanzielles zu äußern. Lediglich auf die Frage, wie das große steinerne Gesims (Couronnement) am Dach am besten einzurichten sei, dass es bei Schnee oder Regen keine Schäden für das Mauerwerk nach sich ziehe, konnte er – der Fragestellung des Rates Dapping entgegenkommend – zu einem Hauptgesims aus Holz oder Stein als Ersatz für Schnellers *Couronnement* raten, weil es auch viel kostengünstiger sei[81]. Eine Zeichnung des preisgünstigen Altnativ-Gesimses lieferte Coester gleich mit[82]. Damit wurde das bisherige Gesims, das dem Gebäude einen repräsentativen Abschluss gegeben hätte, durch ein schmales, steinernes ersetzt, so dass das Mansarddach direkt ohne Verblendung auf dem Mauerwerk des Baukörpers sitzt. Damit war das, was schon länger als Vorstellung kursierte, noch einmal von einem neuen Bausachverständigen zu Papier gebracht worden.

Das Gebäude wurde nun in dieser Weise aufgezogen, seit April 1765 unter den alleinigen Leitung Terlindens[83], und konnte 1766 schließlich mit Hilfe von Fronarbeitern eingeräumt werden. Lediglich die fürstliche Bibliothek, die ebenfalls in der Orangerie eingelagert worden war, wurde nicht überführt, gelangte 1767 in das Kollegienhaus und erst 1775 ebenfalls in das Archivgebäude: ins Gewölbe für die Konsistorialakten[84]. Die Depositen folgten erst 1767, als am Archivgebäude auch die eisernen Läden eingebaut worden waren[85]. Entstanden war ein eleganter, nüchterner Spätbarockbau in Anlehnung an französische Planungen zur Maison de Plaisance. Durch die Reduzierung der Fenstergröße wirkt das Gebäude etwas aufgebläht und wandlastig, wie es die typische Architektur der Zeit nicht war. Das Dillenburger Archivgebäude ist deshalb zwar als »harmonischer Spätbarockbau«[86] zu bezeichnen, dessen Proportionen leicht verschoben sind, weil eben gerade auf Schnellers Proportionen wenig geachtet wurde, obwohl der Herzog dies angewiesen hatte.

---

[80] HHStAW Abt. 173 Nr. 4890/4 (8. Januar 1765), fol. 11.
[81] HHStAW Abt. 173 Nr. 4890/4 (31. Dezember 1765), fol. 20.
[82] HHStAW Abt. 173 Nr. 4890/4 (1. Januar 1765), fol. 12.
[83] Vgl. BECKER 1960 (wie Anm. 15), S. 3.
[84] HHStAW Abt. 172 Nr. 604 (30. April 1767). Für die Bibliothek wurde – wohl in den 70er Jahren – ein eigenes repräsentatives Gebäude gegenüber dem Kollegienhaus und vor dem Archiv geplant, vermutlich in jener Zeit, als auch die Wilhelmstraße bebaut wurde, HHStAW 3311/1 Nr. 3360 H. Vgl. auch Abt. 172 Nr. 604 (27. April 1765). Zum Umzug der Bibliothek in das Archivgebäude, HHStAW Abt. 172 Nr. 604 (11. Mai 1775); vgl. auch BECKER 1960 (wie Anm. 15), S. 3. 1780 sollte auch die Bibliothek Eraths im Archivgebäude untergebracht werden, HHStAW Abt. 172 Nr. 604 (26. August 1780). Der Archivar Martini hatte bereits 1767 den Einzug der Bibliothek für möglich erachtet, wenn die Gewölbe anders als geplant aufgeteilt würden, HHStAW Abt. 172 Nr. 604 (22. April 1767).
[85] HHStAW Abt. 172 Nr. 604 (6. April 1767). Zum Treppengeländer vgl. Abt. 173 Nr. 134. Das Türmchen auf dem Dach kam erst 1787 hinzu, als für die Bewohner der Wilhelmstraße eine sichtbare Uhr eingerichtet werden musste, vgl. DEHIO I (wie Anm. 1), S. 174.
[86] Vgl. Hessen. Baudenkmäler, bearb. von E. HERZOG u. a. (Reclams Kunstführer Deutschland IV), Stuttgart ³1967, S. 57.

Philipp Wilhelm Gercken beschrieb es 1786: *Was die äußere Einrichtung anlangt, habe ich solches [das Archiv] in einem sehr geräumigen und hellen, luftigen gewölbten Zimmer eine Treppe hoch mit eisernen Thüren, Fensterläden etc. vor Feuersgefahr so viel möglich gesichert gefunden. Die Schränke sind mit Handhaben, so verfertiget, daß 2 Mann jeden gleich fortschaffen können, allemal 3 über einander gesetzet, auswärts genau rubriciret, und nach einer gewissen Ordnung in Gängen rangiert. Weil das große Zimmer von allen Seiten frei stehet, so ist es auch in den Gängen überall helle und luftig genug. Daß solches nicht im untern Stock auf der Erde, sondern oben angelegt ist, gefällt mir wohl, indem alle Archive, die im untern Stock aufbewahret werden, wie ich die mehresten gefunden, größtentheils nicht luftig genug, sondern etwas feucht und dumpfig sind, worin die Urkunden allemal, wenn sie auseinander gefaltet werden, einen dumpfigen Geruch haben, so in der Länge der Zeit ihnen allemal Schaden thut. Wenigstens werden sie oben in einem hellen luftigen Zimmer, worin die Sonne hinein scheint, und die Luft durchstreicht, gewiß ein Paar hundert Jahre länger erhalten, wie unten in einem feuchten dumpfigen Gewölbe, wo Luft und Sonne nicht recht zukommen kann [...]*«[87].

Zweckbau ohne legitimatorische Basis

Dass Archive sicher sein müssen und das Archivgut vor allem gegen Feuer und Wasser zu schützen haben, war für die Archivtheorie des 18. Jahrhunderts eine Selbstverständlichkeit[88]; umgesetzt wurde dies aber nur in den wenigsten Fällen. In Moskau hatte man eiserne Fußböden einsetzen lassen, in Gotha 1719 eisenbeschlagene Schließvorrichtungen der Fenster und eine eiserne Tür[89]. In Frankreich erregte man Aufsehen, indem man mit Gewölbekonstruktionen ohne Holz, nur aus Stein und Putz arbeitete. Auch war die gute Durchlüftung eines solchen Gebäudes, um das Archivgut vor Feuchtigkeit und Schimmel zu schützen, allgemein akzeptiert[90]. Die Gattung eines Archivzweckbaus aber im eigentlichen Sinn war noch nicht geschaffen oder im 18. Jahrhundert gerade erst im Entstehen[91]. Archive blieben in einem hohen Maße beweglich[92] und wurden »oft als beliebig verschiebbare Verfügungsmasse bei den Planungen der Obrigkeiten« angesehen[93]. Genau hier setzt aber die Bedeutung des Dillenburger Archivbaus ein, bei dessen Errichtung im Übrigen niemals nach ähnlichen Vorhaben an anderem Ort gesehen wurde.

---

[87] Ph. W. GERCKEN, Reise durch Schwaben, Baiern, die angränzende Schweiz, Franken, die Rheinischen Provinzen und an der Mosel in den Jahren 1775–1785 [...], Stendal 1786, S. 452.

[88] Vgl. Philipp Ernst SPIESS, Von Archiven, Halle 1777, S. 73–74. Der Bericht ediert in R. PONS, Nassau und Oranien in Europa. Lebenswelten einer frühneuzeitlichen Dynastie (Veröffentlichungen der historischen Kommission für Nassau 91), S. 689–698 (im Druck).

[89] Vgl. M. FRIEDRICH, Die Geburt des Archivs. Eine Wissensgeschichte, München 2013, S. 161; HESSE (wie Anm. 38), S. 86.

[90] Vgl. K. KRIMM, Das erste Staatsgebäude. Archiv- und Verwaltungsbau in Karlsruhe um 1800, in: RÖDEL (wie Anm. 27), S. 373–417, hier: S. 385.

[91] Vgl. FRIEDRICH (wie Anm. 89), S. 165–168.

[92] Vgl. ebd., S. 184.

[93] Vgl. ebd., S. 171.

Dass dem Archivgebäude angesichts der Kriegssituation eine besondere Bedeutung beigemessen wurde, liegt auf der Hand. Viel stärker als anderswo hatte die Landesverwaltung in Dillenburg erleben müssen, wie das eigene Territorium, wie das Archiv mit seinen rechtlich relevanten Unterlagen in Gefahr geriet und wie man sich politisch keineswegs aus der Gefahr befreien konnte. Trotz der eigenen Neutralität war man zwischen die Fronten geraten, und eine Wiederholung dieser Ereignisse in absehbarer Zeit war nicht auszuschließen. Viel stärker als andernorts kam der Bewahrung des Archivs eine besondere Relevanz zu, zumal man in Dillenburg das Stammschloss des Fürstenhauses eben nicht retten konnte und wollte, um die eigene Sicherheit zu gewährleisten.

Allerdings gilt es zu fragen, von wem der Neubau des Archives ausging, wem also besonders daran gelegen war. Der Herrscher selbst aus dem Haus Nassau-Oranien war noch minderjährig und spielte während der ganzen Bauzeit keine Rolle. Die Initiative ging nicht von ihm aus. Auch die Vormundschaftsregierung in Braunschweig war nicht direkt aktiv geworden, sondern hatte die Entscheidung den Räten vor Ort überlassen, die für den Neubau plädierten. Mit der Ausführung allerdings war man dort überfordert. Das macht die Einschätzung heute schwierig, denn man scheint ein innovatives Bauprojekt befördert zu haben, ohne sich dieses Meilensteins recht bewusst gewesen zu sein. Schon gar nicht aber scheinen sich die Räte des Baus als Zeichen der staatlichen Verbundenheit mit dem in den Niederlanden residierenden Herrscher bedient zu haben. Das mag auch daran liegen, dass (fast) alle von ihnen nicht aus Nassau-Dillenburg selbst stammten, viele kamen sogar von recht weit her[94], und auch erst nach Dillenburg gekommen waren, als es ohnehin nur noch ein Anhängsel zur oranischen Herrschaft war. Der einzige persönliche Konnex der Verwaltungsbeamten war die Treue zum Herrscher aus dem Haus Oranien, so dass ein Erinnerungsort wie das Schloss von außenstehenden Beamten nüchtern als Kriegsgefahr angesehen werden konnte, das Archiv selbst wiederum nicht zum Erinnerungsort wurde, sondern zum einfachen Zweckbau, der sicher zu sein hatte und kostengünstig. Dass die Sicherheit in den gefährdeten Zeiten natürlich besonderes Augenmerk verlangte, liegt auf der Hand. Dass aber gerade ein Archivbau fast ahistorisch betrachtet wurde, verwundert.

Nur bei der Grundsteinlegung blitzte so etwas auf, was nicht nur als Zeichen der eigenen Loyalität und Verbundenheit gegenüber dem Haus Nassau gewertet werden kann, sondern das neue Gebäude für den jahrhundertealten Inhalt in eine langjährige Tradition rückte. Hier wird das untergehende Schloss in direkte Verbindung gebracht zum Archivgebäude. Aber im Grunde kann auch dies zeichenhaft gedeutet werden: Aus dem altehrwürdigen Dillenburg Schloss, eine der größten Befestigungsanlagen Deutschlands und dem Stammschloss einer Dynastie, war ein Verwaltungszweckbau geworden, der das Schriftgut des Annex eines größeren Landes gewordene Fürstentum Nassau aufnahm. Ein Zeichen zu setzen dafür, dass dort die mehrhundertjährige Geschichte des Landes lagerte und damit auch die gesamten Wurzeln des in den Niederlanden regierenden Herrschers, wurde nicht in den Blick genommen. Das ist doppelt bemerkenswert, denn die Verehrung »gegenüber den baulichen Überresten adliger Baukultur als materielle Zeugnisse für den aus der Geschichte erwachsenen Status und das Prestige eines

---

[94] Rauschard aus Quedlinburg, Koppelow aus Mecklenburg, Erath aus Braunschweig, Meusbach aus Sachsen, Terlinden aus Wesel, Spanknabe aus Hessen.

Adelshauses« war allgemein immer noch groß[95]. Dass man also sowohl auf das Dillenburger Schloss aus zweckdienlichen Gründen verzichten zu können glaubte als auch das Archivgebäude nach dem Verlust des Stammsitzes nicht als adäquates historisches Zeughaus und legitimatorisches Fundament repräsentativ auszugestalten versuchte, belegt eine rein nach Nützlichkeitserwägungen angelegte Sicht der Verwaltungsbeamten vor Ort. Das mag an der Ortsfremde dieses Personenkreises gelegen haben, an der Unvertrautheit mit symbolischer Sprachkraft, aber womöglich auch an einem rein zweckorientierten Denken, das aus der Aufklärung gespeist war und die historische Legitimierung allenfalls nachgeordnet in Betracht zog[96]. Der Bau hatte damit eine symbolische Ausprägung verpasst, war aber zugleich wohl ein umso deutlicherer Spiegel für das Wesen und Verhalten der nassau-oranischen Verwaltung in der 2. Hälfte des 18. Jahrhunderts geworden. Und dass daraus einer der frühesten Archivzweckbauten Deutschlands erwuchs, ist allemal Wert genug, an die Baugeschichte zu erinnern.

---

[95] M. MÜLLER, Fürstinnenschloss im Benediktinerinnenkloster. Der Neubau von Schloss Oranienstein bei Diez als Sinnbild für fürstlichen Rang und dynastische Tradition, in: F. JÜRGENSMEIER (Hg.), Nassau-Diez und die Niederlande. Dynastie und Oranierstadt Diez in der Neuzeit (Veröffentlichungen der Historischen Kommission für Nassau 82), Wiesbaden 2012, S. 242–265, hier: S. S. 245.

[96] Die Nutzung historischer Gebäude von Herrschern wurde eben auch von aufklärerisch eingestellten Schriftstellern schon sehr früh als unpassend zurückgewiesen, wenn diese nicht repräsentativ oder wohnlich genug waren, vgl. R. PONS, »Wo der gekrönte Löw hat seinen Kayser-Sitz«. Herrschaftsrepräsentation am Wiener Kaiserhof zur Zeit Leopolds I. (Deutsche Hochschulschriften 1995), Egelsbach / Frankfurt / München / New York 2001, S. 260–261. In diesen Zusammenhang gehört auch das Anwachsen der Zahl neuer Residenzbauten im 18. Jahrhundert.

der stat briefe mit laden zu ordenen. Beispiele reichsstädtischer Archivbauten und Archiveinrichtungen[1]

VON JOACHIM KEMPER

Vom Wert und der (Nicht)Nutzung eines ehemals reichsstädtischen Archivs

Der vorliegende Beitrag rückt das Archiv der früheren Reichsstadt Speyer in den Fokus, namentlich dessen seit dem Mittelalter belegbare Geschichte und Entwicklung sowie den im 18. Jahrhundert beim Wiederaufbau der Stadt errichteten bemerkenswerten Archivraum. Dieser ist zwar heute in Speyer als Trausaal des Standesamtes in Nutzung (bis 1995 beherbergte der Archivraum übrigens den Lesesaal des neuzeitlichen Stadtarchivs, *Abb. 1 und 2*), seine frühere Funktion als Archiv/Registratur ist aber fast unbekannt. Außerhalb der Stadtgrenzen ist der frühere Speyerer Archivraum selbst in Fachkreisen wenig bekannt. Ihm werden hier noch einige weitere reichsstädtische Archivräume bzw. -einrichtungen in knapper Form zum Vergleich an die Seite gestellt, die aber sicherlich noch vertiefte Darstellungen verdienen.

Die im 17. und noch im frühen 18. Jahrhundert in insgesamt vier Auflagen gedruckte Chronik des Speyerer Stadtschreibers Christoph Lehmann (1568–1638) konnte bei ihrer Erarbeitung noch auf den nahezu kompletten Aktenbestand des alten reichsstädtischen Archivs der Stadt Speyer zurückgreifen. Der Wert der »Lehmannschen Chronik« ist, auch wenn sie gerne bis heute für anekdotenhafte und vielfach in späteren stadtgeschichtlichen Publikationen weiter tradierte »Stories« herangezogen wird, entsprechend hoch anzusetzen. Nicht umsonst gilt sie in gebildeten Kreisen des Speyerer Bürgertums als Werk, das in der eigenen Bibliothek vorhanden sein sollte (im Original!)[2].

Das alte reichsstädtische Archiv hat in Speyer relativ wenige Verluste hinnehmen müssen; selbst die für das Stadtbild verheerende Zerstörung des Jahres 1689 hat das Archiv nur zum kleinen Teil getroffen. Im Zweiten Weltkrieg, der für Speyer wiederum

---

[1] Zur Vortragsfassung dieses Beitrags vgl. auch die Folien der slideshow: http://de.slideshare.net/StadtASpeyer/der-stat-briefe-mit-laden-zu-ordenen-beispiele-reichsstdtischer-archiv-bauten-und-einrichtungen (aufgerufen am 19.12.2015).
[2] Mehrere Nachweise digitalisierter Ausgaben finden sich unter: http://archiv.twoday.net/stories/5765568/ (Autor: K. GRAF; aufgerufen am 19.12.2015).

Abb. 1 Reichsstädtischer Archivraum Speyer, Nutzung als Lesesaal des Stadtarchivs, 1991

nahezu keine größeren Zerstörungen zeitigte, wurden »lediglich« einige Dutzend reichsstädtischer Urkunden durch Diebstahl entwendet[3].

Albert Pfeiffer, in der ersten Hälfte des 20. Jahrhunderts langjähriger Archivar am damals bayerischen Kreisarchiv bzw. Staatsarchiv Speyer (dem heutigen Landesarchiv Speyer), hob im Jahr 1912 den folgenden Umstand hervor: »Für die Geschichte der Stadt Speier aber haben wir das stolze Bewusstsein, daß das archivalische Material in einer Vollständigkeit erhalten ist, wie kaum für eine andere Stadt Deutschlands«[4]. Pfeiffer, der damals erst seit kurzem nebenamtlich auch die Archivalien der Stadt Speyer betreute, richtete diesen bemerkenswerten Satz im Kontext einer umfassenden Denkschrift an die Stadtverwaltung. Es muss hierbei berücksichtigt werden: Das vergleichende Wissen über den Erhalt, die Erschließung und den Umfang von Archivbeständen ist in der Jetztzeit dank des Internets und den Möglichkeiten der Digitalisierung wesentlich einfacher zu erhalten, als es zu Beginn des 20. Jahrhunderts vorstellbar war. Daher wäre man, auch aus Speyerer Perspektive, heute vor solchen wohlklingenden Übertreibungen hoffent-

---

[3] A. DOLL, Vermißte Archivalien des Stadtarchivs Speyer, in: Der Archivar 3 (1950), S. 99.
[4] A. PFEIFFER, Das Archiv der Stadt Speier, Speyer 1912, S. 8. Onlineversion: http://de.slideshare.net/StadtASpeyer/albert-pfeiffer-das-archiv-der-stadt-speier-1912-10088242 (aufgerufen am 19.12.2015).

Abb. 2 Reichsstädtischer Archivraum Speyer, Nutzung als Lesesaal des Stadtarchivs bzw. Ausstellungsraum, 1995

lich »geschützt«. Treffender wäre sicherlich eine Aussage bezüglich des alten reichsstädtischen Archivs, die auf die Diskrepanz verweist, dass die Bestände zum einen ziemlich geschlossen überliefert, aber in vielen Fällen noch so gut wie gar nicht für Forschungen herangezogen worden sind.

Zurück zur Chronik des Christoph Lehmann: Sie bietet auch immer wieder Hinweise zur Archivgeschichte. Beispielsweise führt der Chronist an, dass das im damaligen Ratshof verwahrte Archiv bereits zu Zeiten Kaiser Maximilians I. bekannt gewesen sei. Maximilian habe brieflich den Speyerer Rat gebeten, ihm aus ihrem Archiv die ältesten deutschen (dies meint: deutschsprachigen) Urkundentexte zuzusenden; der Herrscher versicherte, die Schreiben zurücksenden zu wollen. Leider ist diese Bitte Maximilians, deren genaues Datum Lehmann anführt (1498 Dezember 18), lediglich in seiner Chronik überliefert. Aber es gibt nun auch wenig Grund, Lehmann hier nicht Glauben zu schenken[5].

---

[5] Dazu auch: PFEIFFER (wie Anm. 4), S. 7. Das Schreiben ist auch bei den Regesta Imperii nicht verzeichnet bzw. nachweisbar (freundlicher Hinweis von Herrn Dr. Manfred Hollegger, Arbeitsstelle Regesten Maximilians I, Graz, vom 21.12.2015).

Zur Speyerer Archivgeschichte

Das herangezogene Schreiben Maximilians I. ist eine der relativ frühen Erwähnungen des Archivs der Freien Reichsstadt Speyer. Immerhin verfügt das Archiv aber über Nachweise, die noch einmal gut 150 Jahre zurückführen. Bereits in den ältesten Amtsbüchern sind Hinweise auf die Existenz von Urkundentruhen zu finden – als Anfänge der kommunal-bürgerlichen Archivierungspraxis. In der Ratsverordnung vom Dezember des Jahres 1332 wird berichtet, dass drei Ratsherren einen Schlüssel zu den in einer Truhe liegenden Privilegienurkunden und zum großen Stadtsiegel besaßen. Es wurde festgelegt, dass nach der Entnahme von Urkunden diese innerhalb von zwei Tagen wieder in die Lade zurückgelegt werden sollten[6]. Im 14. Jahrhundert, also zur Zeit der genannten Ratsverordnung, umfasste das Archiv der Stadt neben einer ganzen Reihe von Urkunden auch bereits erste Verwaltungsbücher (Amtsbücher), denen wenige Jahrzehnte später Serien von Amtsbüchern und Akten folgten[7]. Ein mehrfach erwähntes Gewölbe des Rathauses diente als sicherer Verwahrungsort der städtischen Privilegien und Archivalien. Für die wertvollsten Stücke war eine »Rote Lade« reserviert, zu deren Obhut im Jahr 1487 eine eigene Ratskommission eingesetzt wurde. Von einer Neuordnung der städtischen Urkunden in Laden wird schließlich im Jahr 1452 gesprochen. Bereits viele Jahrzehnte früher (1349) war das Urkundenarchiv der Speyerer Münzer und Hausgenossen nach deren faktischer Entmachtung an den von den Zünften beherrschten Rat abgegeben worden. Über die Unterbringung dieses patrizischen »Sonderarchivs« berichtet auch eine undatierte Notiz im städtischen Ratsbuch (nach 1347). Danach wurden die Urkunden in eine Truhe im Gewölbe des Ratshofes transportiert. Diese war mit sechs Schlössern versehen, konnte also nur bei Anwesenheit von sechs Ratsherren geöffnet werden[8].

Das älteste ausführliche Verzeichnis (*Repertorium*) des Archivs, angelegt im Jahr 1579, zeigt, dass der Urkundenbestand in *Laden* unterteilt war, die jeweils fortlaufend mit Buchstaben untergliedert waren (*A* bis *Z* und *AA* bis *RR*)[9]. Jede dieser Laden umfasste bestimmte Sachgruppen. Es handelte sich um eine gängige Form der Ablage und Gliederung. Seit 1557 war ein eigener Registrator für das Archiv abgestellt. Christoph Lehmann konnte also auf ein geordnetes Archiv zurückgreifen, als er seine Chronik bearbeitete – es wird berichtet, er habe nicht erst *viel nachsuchen* müssen, sondern *nur extrahieren dürfen*.

Die Katastrophe des Jahres 1689 änderte auch hinsichtlich des Archivs viel: Damals war zwar das Archiv kurz vor der Zerstörung der Stadt beschlagnahmt und abtransportiert worden (und somit auch gerettet)[10], aber nach der Rückkehr der Archivalien

---

[6] A. HILGARD, Urkunden zur Geschichte der Stadt Speyer, Straßburg 1885, Nr. 411. Onlineversion (Digitalisat): http://monasterium.net/mom/DE-StaASpeyer/1U/0239_e/charter (aufgerufen am 19.12.2015).

[7] Ein aktueller Überblick zu den Beständen des Stadtarchivs Speyer sowie der reichsstädtischen Überlieferung findet sich online unter www.stadtarchiv.speyer.de (dort unter: Nutzungshinweise / Beständeübersicht) (aufgerufen am 19.12.2015).

[8] Stadtarchiv Speyer, Bestand 1A Nr. 50 fol. 16v-17r.

[9] Stadtarchiv Speyer, Bestand 1A Nr. 83.

[10] H. OBERSEIDER, Das Archiv der Stadt Speyer zur Zeit der Zerstörung der Stadt durch die Franzosen (1689), dessen Flüchtung und Wiederheimführung (1698/99). Mit einem Anhang:

brauchte es Jahrzehnte, bis wieder eine Neuordnung und Neueinrichtung durchgeführt werden konnten. Der Umstand, dass es überhaupt dazu vor dem Ende der reichsstädtischen Periode kam, ist an sich schon bemerkenswert genug, gilt doch das 18. Jahrhundert nicht gerade als Blütezeit der Reichsstadt Speyer (was auch generell für die meisten anderen Reichsstädte behauptet werden kann). Auf die Neueinrichtung des reichsstädtischen Archivs wird gleich noch zurück zu kommen sein.

Es folgt zunächst ein kurzer Blick in das 19. und 20. Jahrhundert: Die Geschichte des Stadtarchivs war in bayerischer Zeit bis 1945 eng verbunden mit dem neu errichteten »Kreisarchiv«, dem heutigen Landesarchiv Speyer. Die rein nebenamtliche Betreuung des Archivs schränkte natürlich das eigenständige Wachstum ein, auch wenn die positiven Aspekte sicherlich überwiegen. Ein frühes Beispiel: Bereits der Kreisarchivar Peter Gayer (1793–1836) sorgte um 1833/1834 für eine Verzeichnung der reichsstädtischen Archivalien und ließ die Archivalien wieder aus dem Speicher des Rathauses in den Archivraum bringen. Seine Erschließungsarbeiten dienen bis heute als Grundlage für Recherchen in den reichsstädtischen Beständen[11].

Eine durchgehende Betreuung durch die Kreisarchivare fand dann ab 1892 statt, beginnend bei Johann Mayerhofer (+1900), über den bis heute in der pfälzischen Landesgeschichte sehr präsenten Franz Xaver Glasschröder (1864–1933) und Otto Riedner (1879–1937) bis hin zu Albert Pfeiffer (1880–1948), der fast vierzig Jahre im Stadtarchiv tätig war; auf ihn folgte Anton Doll (1919–2009), der bis 1963 nebenamtlicher Leiter des Archivs blieb. Albert Pfeiffer war es, der mit seinem gedruckten Tätigkeitsbericht »Das Archiv der Stadt Speier« für eine erste umfangreichere Darstellung der Geschichte des Archivs sorgte[12]. Neben der älteren Archivgeschichte thematisierte Pfeiffer besonders die jüngste Vergangenheit und unmittelbare Gegenwart: Das Archiv konnte unter der Ägide Pfeiffers 1909 in neue Räumlichkeiten rechts vom Rathauseingang umziehen. Pfeiffers Schrift blieb, abgesehen von kleineren Texten und Manuskripten[13], über fast 100 Jahre der letzte öffentliche Tätigkeitsbericht – und ebenfalls nach annähernd 100 Jahren nahm sich auch eine Ausstellung im Rahmen des Speyerer Salierjahrs 2011 der reichen und langen Geschichte des Archivs an[14].

Den räumlichen Rahmen der Präsentation des Jahres 2011 bildete der historische Archivraum des 18. Jahrhunderts, der bis 1995 als Lesesaal des Stadtarchivs diente, ehe er zum Trausaal umfunktioniert wurde und das Archiv samt Magazinen Räumlichkeiten in der ehemaligen Landesbibliothek in der Speyerer Johannesstraße bezog. Die Ausstellung

---

Übersicht über den gegenwärtigen Bestand des Speyerer Stadtarchivs, in: Archivalische Zeitschrift NF 13 (1906), S. 160–218.

[11] Gayer war im Kreisarchiv wegweisend durch die Erarbeitung zahlreicher Findmittel, hatte auch als Künstler bzw. Zeichner historischer Gebäude und Örtlichkeiten einiges Talent. Seine Zeichnungen befinden sich heute im Historischen Museum der Pfalz in Speyer.

[12] PFEIFFER (wie Anm. 5).

[13] Z.B. D. MENRATH, »Gedächtnis« der Stadt. Archiv hegt auf 1500 Regalmetern wertvolle Historie, in: Speyer. Das Vierteljahresheft des Verkehrsvereins in Zusammenarbeit mit der Stadtverwaltung, Winter 1994, S. 3–19.

[14] Texte und Exponate sind digital abrufbar (mit Quellennachweisen usw.): https://www.flickr.com/photos/stadtarchiv_speyer/sets/72157627399357266/with/6028434247/ bzw. http://de.slideshare.net/StadtASpeyer/ausstellung-der-stat-briefe-mit-laden-zu-ordenen (aufgerufen am 19.12.2015).

Abb. 3   Reichsstädtisches Archiv Mühlhausen

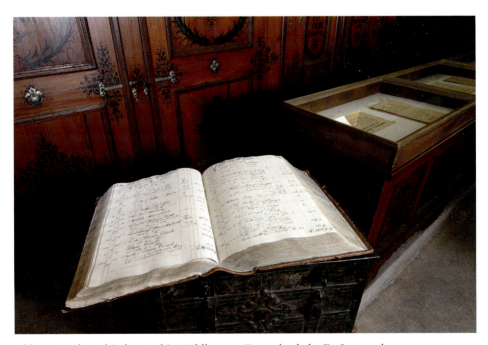

Abb. 4   Reichsstädtisches Archiv Mühlhausen, Kontorbuch der Fa. Lutteroth

von 2011 bot den willkommenen Anlass einer historischen Rückbesinnung auf die Tradition des »Gedächtnisses« der Stadt Speyer. Wünschenswert wäre sicherlich, den Archivraum noch mehr in den Blickpunkt zu nehmen (etwa bei Führungen) bzw. mit Hinweistafeln usw. auszustatten. Immerhin bietet die Möglichkeit, im Historischen Ratssaal des Rathauses Veranstaltungen abhalten zu können, dem Archiv immer wieder die Option, im »Rahmenprogramm« den alten Archivraum öffnen und präsentieren zu können.

Eine solche Rückbesinnung, die auch das ehemalige reichsstädtische Archiv oder ehemalige Archivräume mit einbezieht, ist in einigen anderen (ehemaligen) Reichsstädten auch gegeben – in manchen Kommunen wird sicherlich noch dezidierter als in Speyer an das reichsstädtische Archiv erinnert: Archivräume können auch in das Kultur- und Tourismuskonzept einer Stadt mit einbezogen werden. Einen solchen Weg geht das Stadtarchiv Mühlhausen (Thüringen). Die Stadt bezieht sich ganz erheblich auf ihre reichsstädtische Vergangenheit; das Stadtarchiv ist bekanntlich auch Motor eines Arbeitskreises zur Reichsstadtgeschichtsforschung und hat bisher bereits mehrere Tagungen zum Thema veranstaltet[15]. Die sehr bemerkenswerten Archivräume im Rathauskomplex (*Abb. 3 und 4*) wurden im Jahr 1615 eingerichtet. Sie verfügen noch über die komplette Inneneinrichtung aus der ersten Hälfte des 17. Jahrhunderts – Laden, Schränke und Truhen. Die Fenster und Türen zeigen Renaissance-Malereien mit Pflanzen, Köpfen, Engeln und Tieren. Die lateinischen und griechischen Inschriften an den Schränken und Wänden weisen auf das Verhältnis der Bürger zum Staat, auf das Archiv und die archivischen Tätigkeiten hin. Mit den Buchstaben des Alphabets und den astronomischen Zeichen Sonne, Mond, Mars, Merkur, Jupiter, Stern, Venus und Saturn sind die Akten signiert worden. Das Stadtarchiv Mühlhausen bietet eine feste tägliche (!) Führung durch die Räume an[16].

Auf über 400 Jahre Nutzung als Archiv kann, und damit kehren wir wieder in den Südwesten zurück, das Gebäude des Archivs der Stadt Esslingen zurück blicken. Die ehemalige Friedhofskapelle an der großen Stadtkirche war zu Beginn des 17. Jahrhunderts mit der reichsstädtischen Kanzlei im Nachbargebäude verbunden worden – eine pragmatische Entscheidung, da die Kapelle im Zuge der Reformation ihre Bedeutung verloren hatte und das Gebäude andererseits neben der Stadtkanzlei lag (*Abb. 5*). Aber unweit davon befand sich auch der älteste und wertvollste Teil des Archivs: das Archivgewölbe im Südturm der Stadtkirche. Hier lagerten vom 15. Jahrhundert bis zum 19. Jahrhundert die wertvollsten Privilegien der Stadt, während die Alltagsgeschäfte der Stadt seit 1610 spätestens im bis heute genutzten Gebäude des Stadtarchivs stattfanden; dort war auch die Registratur untergebracht[17].

Es folgt noch ein kurzer Blick in das Elsass. Auch wenn man über die älteste Kanzlei und das Archiv in Hagenau relativ wenig weiß, so sollte doch der am Ende des 15. Jahr-

---

[15] Übersicht: http://reichsstaedte.de/ (aufgerufen am 19.12.2015).
[16] Ich danke Herrn Kollegen Dr. Helge Wittmann (Mühlhausen) herzlich für Fotos der Archivräume.
[17] J. HALBEKANN, Vom knöchernen zum papiernen Gedächtnis. 400 Jahre Stadtarchiv Esslingen in der Allerheiligenkapelle. Druck des öffentlichen Vortrags im Rahmen der 49. Arbeitstagung des Südwestdeutschen Arbeitskreises für Stadtgeschichtsforschung 2010 (Sonderdruck). Ich danke Kollegen Dr. Joachim Halbekann herzlich für das Foto des Archivgebäudes.

Abb. 5 Reichsstädtisches Archivgebäude Esslingen

hunderts (1484) errichtete Archiv- und Kanzleibau an dieser Stelle erwähnt werden. Das Gebäude wird heute von einem historisch-volkskundlichen Museum genutzt. Das Gesamtgebäude umfasste in der Frühen Neuzeit neben dem Archiv auch die Kanzlei, dann (was typisch ist) auch die Wohnung des Kanzleisekretärs und den Schatzraum. Beeindruckend gut erhalten hat sich die wohl originale Tür des Archivraums, die man auf 1484 datieren kann[18].

Der reichsstädtische Archivraum in Speyer

Der im Stadtbrand von 1689 weitgehend zerstörte und später komplett abgerissene Ratshof von Speyer beherbergte nicht nur die Ratsstube und andere Amtsräume der Stadt, sondern auch die Kanzlei mitsamt den Gewölben; auch das Reichskammergericht hielt ja bekanntlich dort seine Sitzungen ab und benötigte einiges an Fläche für seine Gerichtsakten. Nachdem diese vor der Stadtzerstörung in mehreren hundert Mehlkisten und Fässern verpackt abtransportiert worden waren, erfolgte von Seiten der französischen Besatzung auch der Abtransport des reichsstädtischen Archivs – und zwar nach

---

[18] Ich danke in diesem Fall Frau Dr. Laurence Buchholzer-Remy (Straßburg) für weiterführende Informationen sowie einen Auszug des »Inventaire du patrimonie« zum Hagenauer Gebäude (B. PARENT, 1983).

Abb. 6   Reichsstädtischer Archivraum Speyer, Nutzung als Trausaal des Standesamts

Straßburg. Dieser Großteil der Archivalien der Stadt kehrte dann auch später wieder nach Speyer zurück. Der Aufbewahrungszustand scheint danach kein guter gewesen zu sein; man lagerte die Mehlkästen anscheinend zum großen Teil erst einmal auf dem Speicher des neuen Rathauses. Das Rathaus selbst war erst 1726 im spätbarocken Stil fertig gestellt worden. Die Archivalien wurden dann einige Jahre nach der Errichtung des Rathauses vom Speicher herunter in den dann als Archivraum dienenden Raum im Erdgeschoß gebracht. Werfen wir einen kurzen Blick auf diesen neuen Archivraum: Er ist vom Grundriss her quadratisch und fast durchweg an den Wänden mit Aktenschränken ausgestattet, die bis zur Decke reichen. Die oberen Schränke sind über eine Galerie zugänglich, die auf Holzsäulen ruht und durch zwei Wendeltreppen erschlossen ist. Der gesamte Archivraum ist teils mit Schnitzereien verziert, teils farblich in einer Art Marmorierung ausgeschmückt worden (*Abb. 6 und 7*). Dass die Laden bzw. Schränke für den Transport geeignet gewesen wären – dies versteht sich fast von selbst. Sie sind mit Buchstaben-Zahlen-Kombinationen ausgestattet, was sich an den damals vorhandenen Repertorien orientierte. Anders als in vielen Reichsstädten, scheint man in Speyer im 18. Jahrhundert dem Archiv nochmals einiges an Aufmerksamkeit geschenkt zu haben. Dies lag sicherlich auch darin begründet, dass die Stadt des 18. Jahrhunderts eine Stadt im Neuaufbau war – Neubauten begünstigen organisatorische Veränderungen. Gleich nach der Neuunterbringung des reichsstädtischen Archivs im Erdgeschoß des Rathauses nahm man eine Bestandsaufnahme vor. Auch wenn man in der Folgezeit bis zum Ende der Reichsstadt im Archiv nicht mehr dazu kam, umfassende Repertorien (wie

Abb. 7 Reichsstädtischer Archivraum Speyer, Galerie, 2011

bereits im 16. Jahrhundert) anzulegen oder ein neues Werk im Stile der Lehmannschen Chronik zu verfassen, so kann man doch konstatieren: Im damaligen Stadtarchiv wurde emsig gearbeitet. Es wurden Akten über das Archivwesen angelegt; es wurden Versuche unternommen, neue Großrepertorien zu erstellen und diese Repertorien im Stile von frühen Regestenwerken zu gestalten.

Der Beitrag endet mit einem letzten Blick auf die Archivgeschichte des 19. Jahrhunderts – sowie des 21. Jahrhunderts. Die Neuanlage von Repertorien erfolgte, wie berichtet, nicht mehr im 18. Jahrhundert, sondern dann erst einige Jahrzehnte nach dem Ende der Freien Reichsstadt Speyer, in königlich-bayerischer Zeit. Wie langlebig Verzeichnungen sein können, zeigt sich gut am Speyerer Fall: Die grobe Verzeichnung der reichsstädtischen Archivalien in Speyer durch den bereits genannten Peter Gayer jedenfalls ist im Stadtarchiv weitgehend noch nach 180 Jahren in Verwendung – und sie hat über die Werkzeuge der Digitalisierung auch Eingang in Online-Portale wie die »Deutsche Digitale Bibliothek« gefunden.

Pfennigturm am Rathaus und Stadtkanzlei.
Zwei Archivbauten aus reichsstädtischer Zeit
in Überlingen

VON WALTER LIEHNER

Das Überlinger Rathaus mit seinen diversen An- und Erweiterungsbauten bringt auch heute noch Bedeutung, Macht und Reichtum der ehemaligen Reichsstadt eindrucksvoll zum Ausdruck. Dabei lassen sich an dem Gebäudekomplex nicht nur mehrere wichtige Phasen der Stadtentwicklung ablesen. Ins Auge springendes Merkmal des Ensembles ist der Rathausturm, Pfennigturm genannt, in dem über vier Jahrhunderte das Archiv feuersicher untergebracht war. Nicht weit davon entfernt, ursprünglich durch einen Bogengang mit dem Rathaus verbunden, steht die Stadtkanzlei in beherrschender Stellung auf dem Münsterplatz. Der ehemalige Amtssitz des Stadtschreibers birgt seit 1913 das Stadtarchiv, das mit seiner historisierenden Archiveinrichtung ganz bewusst an reichsstädtische Zeiten anknüpfen will. Beide stadtbildprägenden Gebäude stehen für die Fürsorge und den sorgfältigen Umgang mit dem reichsstädtischen Archiv in Überlingen.

Ausgangspunkt für die Entwicklung Überlingens zur Reichsstadt war eine Fährstelle, die nur wenige hundert Meter südlich der alamannischen Siedlung Überlingen lag. Der hier nur rund zwei Kilometer breite See ermöglichte eine relativ gefahrlose Überfahrt nach Wallhausen und Weiterreise nach Konstanz. Die günstige Lage lenkte Verkehrsströme um, so dass sich die Fährstelle wohl noch unter den Grafen von Pfullendorf, spätestens aber nach dem Erbfall an die Staufer 1181 unter der Regentschaft Friedrich I. Barbarossas zum Marktort entwickelte. Der Schritt zur Stadt war nicht weit und dürfte während Friedrichs II. erstem Deutschlandaufenthalt (1212 – 1220) erfolgt sein. Eine förmliche Privilegierung liegt zwar nicht vor, doch hielt sich Friedrich nachweislich 1213 und 1216 in Überlingen auf. Nach dem Aussterben der Staufer begann der langjährige Entwicklungsprozess von der königlich staufischen Stadt zur Reichsstadt[1].

---

[1] Vgl. A. SCHNEIDER, Überlingen (Archäologischer Stadtkataster Baden Württemberg 34), Esslingen am Neckar 2008, S. 36–43. Im Kapitel Historische Topographie sind die wichtigsten archivalischen Fundstellen und Literaturhinweise zum Rathaus mit Vorgängerbauten, S. 207–210 und Kanzlei, S. 210–211 aufgeführt. A. SEMLER, Sitz der reichsstädtischen Regierung. Zur Umgestaltung der Ueberlinger Rathausfassade – Ein Blick auf die Baugeschichte, Südkurier 125, 2. Juni 1955.

Verwaltet wurde die Stadt von einem Ammann, der die Geschäfte im Auftrag des Königs ausübte. Schon früh sind bei Rechtsgeschäften Überlinger Bürger als Zeugen anwesend, die 1241 erstmals auch als Ratgeber »consiliarii«[2] bezeichnet werden. Das älteste heute noch erhaltene Überlinger Stadtrecht datiert aus der Zeit um 1300 und wurde vom Ammann, dem Bürgermeister und dem Rat sowie den Zunftmeistern der Stadt verkündet[3]. Schließlich wird in einer Urkunde von 1328 der Bürgermeister erstmals noch vor dem Ammann genannt[4]. Ein Hinweis darauf, dass das Ammannamt an Bedeutung verloren hatte und nun ein Bürgermeister an der Spitze der Stadt stand[5].

Das alte Rathaus

In die Zeit des Übergangs der Verwaltung vom Ammann an den Bürgermeister fällt die erste Erwähnung eines Rathauses. 1332 bestätigten Bürgermeister, Ammann, Rat und Zunftmeister, *das für uns kamen, uf das rathus, da wir an dem rat sassent*[6] Frau Clara, eheliche Wirtin des Herrn Rudolf von Regentsweiler, gemeinsam mit Heinrich von Heudorf und Burkhard von Wolfurt und erlaubten ihr, ihren Zehnten zu Andelshofen, Reute und Rengoltshausen an das Spital Überlingen verkaufen zu dürfen. Sechs Jahre später 1338 verkauften die Brüder Ulrich und Heinrich Gremlich einen Teil ihrer Hofstatt, die *stosset an den kilchof vnd das rathus, der burg[er] ze Vberlingen*[7]. Laut Rückvermerk wurde die gekaufte Hofstatt als Kirchhof verwendet, der rings um das heutige Münster lag. Das anstoßende erste Rathaus lässt sich damit genauer lokalisieren. Es lag bereits am Rand des Kirchhofs und dürfte mit dem westlichen Teil des heutigen Rathauses identisch sein. 1371 war es zu klein geworden und zur Erweiterung stellten Bürgermeister, Rat und Bürger *umb den ort unsers rathus*[8] einen Revers gegen den Mitbürger Heinrich Rienolt aus. Rienolt erlaubte, das Rathaus bis an sein Haus, das am Kirchhof gelegen war, *zu murent vnd ze sezzent*[9], jedoch so, dass das Dachwasser sein Haus nicht beschädigte.

Noch zwei weitere Mal wird das Rathaus in den Quellen erwähnt, so 1394, als der Priester Hans Rentz *in dem rat hus derselben statt, und in der stuben des selben huses*[10] mit dem Mesneramt belehnt wurde, und 1420, als ein Streit um den Weinzins des Spitals Konstanz in Überlingen *in der rättstuben*[11] verhandelt wurde.

Die Verwaltungstätigkeit des Rats nahm kontinuierlich zu. Während sich für das 13. Jahrhundert nur wenige Urkunden erhalten haben, was mit einem in einer Urkunde

---

[2] Stadtarchiv Überlingen (=StadtA ÜB), Reichsstadt A 2226.
[3] StadtA ÜB, Reichsstadt A 129/1.
[4] StadtA ÜB, Spital 21.
[5] SCHNEIDER (wie Anm. 1), S. 44.
[6] StadtA ÜB, Spital 196.
[7] Erzbischöfliches Archiv Freiburg (=EAF), UH 113.
[8] EAF, UH 114.
[9] EAF, UH 114.
[10] K. H. ROTH VON SCHRECKENSTEIN, Zur Geschichte der Stadt Überlingen, Regest 39, in: ZGO 22 (1869), S. 432.
[11] Zitiert nach SCHNEIDER (wie Anm. 1), S. 208.

für die Franziskaner 1279[12] erwähnten Stadtbrand zusammenhängen könnte, ist für das 14. Jahrhundert bereits ein reicher Urkundenbestand überliefert[13]. Mit dem beginnenden 15. Jahrhundert setzen nun auch die Amtsbuchserien ein. Von 1422 datiert das erste Bürgerannahmebuch und von 1424 das erste Stadtbuch. Die Serie der Steuerbücher beginnt 1444 und von 1446 an sind die Ratswahlbücher erhalten. Die Registratur war 1492 bereits systematisch geordnet. So wurde die Kopie des Antwortschreibens auf die erste Bitte des Königs um eine geistliche Pfründe für den Sohn des Stadtschreibers von Stuttgart *im casten in der lad der keyserlichn brieffe*[14] abgelegt. Dieser Archiv- oder Registraturschrank stand vermutlich im Rathaus, doch konnte mangels einer eingehenden bauhistorischen Untersuchung noch kein Hinweis auf dessen Standort oder gar einen eigenständigen Archivraum im alten Rathaus nachgewiesen werden. Eventuell stand er aber auch im Kanzleigebäude, das sicherlich bereits vorhanden war, aber erst für das Jahr 1541 ausdrücklich bezeugt ist[15].

Erweiterung des Rathauses und Bau des Pfennigturms

Ende des 15. Jahrhunderts stand die Reichsstadt Überlingen in voller Blüte ihrer Machtentfaltung. Der Getreidemarkt war zum bedeutendsten Kornmarkt am See herangewachsen, dessen Hauptabnehmer Händler aus der getreidearmen Nordschweiz und aus Vorarlberg waren. Darüber hinaus besaß die Stadt mit rund 278 Hektar Anbaufläche das größte Rebwerk am Bodensee. Die beiden Haupterwerbsquellen Getreidehandel und Weinbau machten die Stadt reich. Mit Hilfe ihres Spitals hatte sie zudem ein weitläufiges Territorium aufgebaut, das bis vor die Tore von Stockach und Pfullendorf reichte. Jetzt zahlte sich auch die besondere Treue und Verbundenheit zu Kaiser und Reich aus. Friedrich III. belohnte die Stadt für ihre Verdienste 1482 mit dem Privileg, zur Besserung ihrer Mauern, Gräben und Türme in ihrem ganzen Gebiet Reichssteuern und sonstige An- und Auflagen erheben zu dürfen. Dies löste einen wahren Bauboom aus. Wohl schon in sicherer Erwartung des Privilegs hatten Bürgermeister und Rat 1481 von dem Überlinger Bürger Martin Klett d. Ä. und den Brüdern Hans Klett und Martin Klett d. J. deren *huß, hoffraitin vnd gesäß zu Vberlingen an dem rätthus gelegen*«[16] um 400 Pfund Pfennig gekauft. 1484 waren die Planungen so weit fortgeschritten, dass der *anschlag des buws am nuwen rauthuß*[17] feststand. Im Einzelnen wurde bestimmt: *Item die höchin des vndren gemachts XV schuoh, das mittel gemach XV schuoh, das dryt gemach XIII schuoh. Die stub mitsampt den muren XLV schuoh in alleweg. Der gang hinder der stuben XV schuoh. Die vorder mur wirdt heruß geruckt XIII schuoh bis an das tächlin*[18].

---

[12] EAF, UH 362.
[13] Vgl. G. KOBERG, Zur Geschichte des Stadt- und Spitalarchivs Überlingen, Manuskript, Stadtarchiv Überlingen, ungedruckt [1976]. A. SEMLER, Überlingen. Bilder aus der Geschichte einer kleinen Reichsstadt, Singen 1949, S. 186–189.
[14] StadtA ÜB, Auszüge aus den Ratsprotokollen 1470–1495, S. 346.
[15] SCHNEIDER (wie Anm. 1), S. 210.
[16] EAF, UH 116.
[17] StadtA ÜB, Auszug aus dem Ratsprotokoll 1470–1495, S. 263.
[18] StadtA ÜB, Auszug aus dem Ratsprotokoll 1470–1495, S. 263.

Abb. 1   Überlingen, Ansicht des Rathauses mit Freitreppe, Erweiterungsbau und Pfennigturm 1634. Ausschnitt aus dem Votivbild für die Kirche in Einsiedeln, Kopie von 1670

Auf der schmalen, aber tiefen Parzelle von rund 19 x 15 Metern Grundfläche entstand nun, in Verlängerung des alten Rathauses nach Osten, ein nahezu quadratischer Repräsentationsbau, der deutlich von der Straßenflucht zurückwich. Für die Schauseite zur Hofstatt hin wählte der Magistrat ein für die damalige Zeit hochmodernes Rustikaquaderwerk, das sich an der Fassade des Reichlin-von-Meldegghauses, einem 1462 errichteten Patrizierhaus in Überlingen, orientierte[19]. Kernstück des neuen Rathauses aber war der von Bildschnitzer Jakob Ruß 1491 – 1494 ausgestattete Ratssaal im ersten Obergeschoss. Ihn schmückt auch heute noch ein Fries mit vollplastischen Figuren, die den Ständezyklus des Reichs in Anlehnung an das Quaternionenschema darstellen.

Vor dieses neue Rathaus wurde nun in dominierender Stellung der so genannte Pfennigturm an der Südostecke angebaut. Der Überlinger Chronist Georg Han überliefert als Baudatum: *Anno 1493. Ward alhie der thurm an dem rathhauß erpawen*[20]. Eine bei der Dachstuhlsanierung 1995 genommene Bohrprobe zur dendrochronologischen Untersuchung ergab eine Winterfällung 1493/94, wobei allerdings eine Zweitverwendung des Balkens nicht ganz ausgeschlossen werden konnte. Der Pfennigturm dürfte dem-

---

[19] Vgl. M. PIANA, Die Rustikafassade des Reichlin-von-Meldegghauses in Überlingen. Vorbild und Nachfolge, in: M. BRUNNER / M. HARDER-MERKELBACH (Hgg.), 1100 Jahre Kunst und Architektur in Überlingen (850–1950), Petersberg 2005, S. 171–184.
[20] Leopold-Sophien-Bibliothek Überlingen, Ms. 98, Bl. 284 v.

nach 1493/94 errichtet worden sein. Er nimmt die Bauflucht des alten Rathauses wieder auf und verbindet so die beiden Baukörper. Der Eindruck wurde mittels einer nur bis zum ersten Obergeschoss reichenden Mauer mit Tor noch verstärkt. Sie bildete mit dem Rathaus einen kleinen Hof und wurde im 19. Jahrhundert abgebrochen. Der Turm ist ebenfalls in Rustikaquaderung ausgeführt und überragt die Fassade des Rathauses um ein Vollgeschoss. Um die Außenwirkung noch zu steigern, war das Dach noch bis zur Mitte des letzten Jahrhunderts mit grünglasierten Ziegeln gedeckt. So nimmt der Rathausturm eine beherrschende Stellung in der Münsterstraße ein. Auf der Nordseite der Hofstatt schließt er den Platz ab und nimmt gleichzeitig das Motiv der beiden stadtbildprägenden Münstertürme wieder auf. *(Abb. 1)* Das Rathausensemble ist damit sowohl im Äußern als auch im Innern ganz auf Außendarstellung und Repräsentation angelegt. Es führt auch heute noch Ansehen, Macht und Reichtum der Reichsstadt eindrücklich vor Augen. Der Bau steht dabei ganz in Tradition und »direkter Abhängigkeit zu den Schweizer Rathäusern«[21]. Er fand aber auch überregionale Beachtung, indem die Stadt Rottweil für ihr geplantes Rathaus 1518 vier Werkleute nach Überlingen schickte, um das *lusstig wolgemacht rathuws*[22] zu besichtigen und Ratschläge einzuholen.

Prägendes architektonisches Element des Rathauses ist der Pfennigturm. *(Abb. 2)* Er birgt auf einer Grundfläche von 5 auf 5 Metern in seinem Innern vier, zwischen 10 und 18 Quadratmeter große Räume, die alle mit gotischen Gewölben überspannt sind. Erschlossen werden sie im Erdgeschoss durch eine Außentür, in den übrigen Geschossen durch Verbindungstüren zum Rathaus. Da Rathaus und Turm verschiedene Geschosshöhen aufweisen, sind teils Treppenstufen nötig. Alle Zugänge waren ursprünglich mit doppelten Türen gesichert. Im dritten Obergeschoss sind noch die bauzeitlichen Türen vorhanden, eine eiserne außen und eine hölzerne innen, deren Seite zum Rathaus hin zusätzlich mit Blech beschlagen ist. *(Abb. 3)* Auch im Erdgeschoss und ersten Obergeschoss sind noch die blechbeschlagenen inneren originalen Eichentüren eingebaut. Belichtet werden die Räume in den ersten drei Stockwerken nur von jeweils zwei Fenstern – die Westseite zum Rathaus hin weist keine Öffnungen auf – wobei das erste und zweite Obergeschoss jeweils durch ein erhöhtes Mittelfenster auf der Südseite ausgezeichnet sind. Das oberste Geschoss besitzt drei schmale Fenster, an zweien davon sind noch die bauzeitlichen eisernen zweiflügligen Läden erhalten. Die Fensteröffnungen der unteren beiden Etagen sind zusätzlich mit eisernen Gittern gesichert. Jeder Raum für sich war also hermetisch von der Außenwelt abschließbar. Feuersicherheit hatte höchste Priorität, so dass der Turm auch heute noch eher wie ein Tresor wirkt.

Das Erdgeschoss wurde vermutlich im Zusammenhang mit der großen Markthalle im Rathaus zur Aufbewahrung wertvoller Handelsgüter genutzt. Das erste Obergeschoss beherbergte das so genannte *Stüblin*. Es war der Sitz der städtischen Finanzverwaltung. Hier wurden die Rechnungsbücher geführt und die städtischen Einnahmen aufbewahrt. Aus dieser Funktion als Stadtkasse und diebstahlsicherem Aufbewahrungsort der städtischen Gelder dürfte die umgangssprachliche Bezeichnung *Pfennigturm* herrühren. Das Stadtarchiv war hauptsächlich im zweiten Obergeschoss, zum Teil

---

[21] S. ALBRECHT, Mittelalterliche Rathäuser in Deutschland. Architektur und Funktion, Darmstadt 2004, S. 245.
[22] EAF, UH 167.

Abb. 2   Rathaus mit dem 1493/94 errichteten Pfennigturm

im Gewölbe darunter und vermutlich auch im dritten Geschoss darüber untergebracht, so dass der Pfennigturm aufgrund seiner Bauweise und Funktion durchaus als erster Archivzweckbau der Reichsstadt angesehen werden kann. *(Abb. 4)*

Die Aufsicht über die städtischen Schriften führte wohl zunächst der oberste Zunftmeister. Insbesondere über die Handhabung des *Stattbuch*[23] wurde im Ratsprotokoll von 1496 bestimmt, dass *das dasselbig von dem obersten zunfftmaister allweg behallten*

---

[23]   StadtA ÜB, Ratsprotokoll 1496- 1518, S. 24.

Abb. 3 Zugang zum Gewölbe im
dritten Obergeschoss des Pfennigturms

und nyemands hinauß gegeben werden soll dann ainem gesworenen knecht[24]. Auch sollten Eintragungen nur durch einen gesworenen Schreiber und nur in Gegenwart des obersten Zunftmeisters erfolgen. Nach dem ersten erhaltenen Bestallungsbrief eines Stadtschreibers wurde aber spätestens von 1543 an das Stadtarchiv vom Stadtschreiber verwaltet. Zu seinen Aufgaben gehörte *waz mir auch für brieff von gemeiner stat zu behaltn oder zuversorgn bevolhen werdn, die soll ich trewlich behaltn*[25].

1560 wurde damit begonnen, ein erstes Registraturverzeichnis anzulegen und der *Statt Uberlingen Ordnungen, Freyhaiten, Brieven vnd Handlungen, so zu behaltn notwendig sein*[26] auszusondern und zu verzeichnen. Laut der auf den Buchdeckeln der dabei entstandenen zwei Repertorien aufgeprägten Jahreszahl waren die Arbeiten bereits 1565 abgeschlossen. Das umfangreiche Registraturgut verteilte sich in den Gewölben des Pfennigturms auf 151 Laden, die mit einem sich sechsfach wiederholenden Alphabet von

---

[24] StadtA ÜB, Ratsprotokoll 1496–1518, S. 24.
[25] StadtA ÜB, Reichsstadt C 815.
[26] StadtA ÜB, Reichsstadt C 2531.

Abb. 4　Ehemaliger Archivraum im zweiten Obergeschoss des Pfennigturms

A bis *EEEEE* signiert waren. Im unteren Gewölbe des Pfennigturms befanden sich noch weitere 21 mit Nummern versehene Laden. An der Auswahl und Registrierung des Archivs beteiligten sich je zwei Mitglieder des Rats und des Gerichts sowie der Spital- und der Gerichtsschreiber. In der Aufzählung fehlt der Stadtschreiber, der außerhalb des Rathauses in seinem Amtssitz, der Kanzlei, eine eigene Registratur führte.

Die alte Kanzlei

Das Kanzleigebäude wird erstmals 1541 erwähnt, als die Pest in einem Haus *zwischen der Cantzlei vnnd Jacob Schüßlerns Hauß*[27] ausbrach. Es stand östlich vom Rathaus und war von diesem durch die Pfennigturmgasse und das Haus mit Garten des Herrn Heuß-

---

[27]　StadtA ÜB, Reutlinger Kollektaneen Bd. I, S. 176.

lin getrennt. 1555 beschloss der Rat, dass *mit dem ganng inn die Canntzlei unverlengt fürgeschritten*[28], d.h. vom Rathaus aus ein Verbindungsgang durch das Haus des Heußlin oder darum herum in die Kanzlei geführt werden sollte. Auf der Stadtansicht von Merian 1643 ist die geschlossene und mit einem Dach versehene Brückenkonstruktion deutlich zu erkennen. Auch der Überlinger Lateinschulmeister Johann Georg Schinbain erwähnte in seiner Beschreibung der Reichsstadt Überlingen von 1597 diesen Übergang in die Kanzlei und machte zugleich eine Anmerkung zum Archiv. *Das städtische Archiv ist mit dem Rathaus verbunden und der erste Ratschreiber versieht zugleich das Amt des Stadtarchivars. Als solcher hat er freien Zugang zum Archiv durch einen Bogengang, der sich über das dazwischen liegende Gäßchen schwingt*[29].

Schinbain, der als Lateinschulmeister und damit städtischer Bediensteter die Verhältnisse in Überlingen gut gekannt haben dürfte, setzt hierbei das Archiv mit der Kanzlei gleich. Dem ist aber nach Ausweis der Quellen nicht so. Nach dem Tod des Stadtschreibers Veit Spon holte 1574 auf Anordnung des Rats Jakob Reutlinger[30] gemeinsam mit dem Stüblin-, dem Gerichts- und Spitalschreiber die Schriften und Briefe aus der Kanzlei und registrierten, was bisher noch nicht verzeichnet war[31]. Sie überführten also die Registratur des Stadtschreibers in das Archiv im Rathaus bzw. in den Pfennigturm. Der Nachfolger im Amt des Stadtschreibers, Oswald Hermann, führte von 1573 bis 1590 ein Verzeichnis über den Inhalt der Kanzleiregistratur, das insgesamt nur 15 Laden umfasste und nur jüngeres Schrifttum auflistete[32]. Auch 1593 erhielt Jakob Reutlinger wiederum Geld dafür, dass er *neben den Herren im Stüblin vnnd Stattschreibern gemainer Statt Schrifften vnnd Sächen auch vorige Registratur übersähen vnnd ergäntzen helffen*[33]. In den beiden 1560–1565 angelegten Registraturbüchern des Rathauses finden sich dann auch viele Nachträge und Ergänzungen von Reutlingers Hand über Schriftstücke aus den 1570er bis 1590er Jahren.

Die neue Stadtkanzlei

An der Wende vom 16. zum 17. Jahrhundert erbaute die Reichsstadt einen neuen herrschaftlichen Amtssitz für den Stadtschreiber[34]. Die Stadtkanzlei in dominierender Stel-

---

[28] StadtA ÜB, Ratsprotokoll 1552–1556, Bl. 139 rf.
[29] A. TRUNZ, Johann Georg Schinbains Beschreibung der Reichsstadt Überlingen vom Jahre 1597, in: Birnauer Kalender 1924, S. 61.
[30] Jakob Reutlinger (1545–1611), Überlinger Chronist und Sammler der Reutlinger Kollektaneen, durchlief in seiner Karriere mehrere Ämter innerhalb der Stadtverwaltung bis zum Bürgermeister, Vgl. A. BOELL, Das grosse historische Sammelwerk von Reutlinger in der Leopold-Sophien-Bibliothek in Ueberlingen, in: Zeitschrift für die Geschichte des Oberrheins, 34 (1882), S. 31–65, 342–392. Die Reutlinger Kollektaneen werden heute im Stadtarchiv Überlingen verwahrt.
[31] StadtA ÜB, Reutlinger Kollektaneen Bd. 16 I, Bl. 168 v.
[32] StadtA ÜB, Reichsstadt C 2527/2.
[33] StadtA ÜB, Reutlinger Kollektaneen, Bd. 16 II, Bl. 302 v.
[34] Vgl. W. ZAUMSEIL, Die Stadtkanzlei zu Überlingen, Eine baugeschichtliche Untersuchung für das Institut für Baugeschichte an der Universität Stuttgart, 1976, Manuskript, Stadtarchiv Überlingen.

Abb. 5   Stadtkanzlei auf dem Münsterplatz, seit 1913 Sitz des Stadtarchivs; rechts anschließend der moderne Magazinbau

lung auf dem östlichen Münsterplatz gehört zu den wichtigsten und bedeutendsten Repräsentationsbauten der Reichsstadt und zählt heute mit zu den schönsten Renaissancegebäuden im Bodenseeraum. Weit ausladend aus der Häuserzeile auf den Münsterplatz herausgerückt und die benachbarten Häuser deutlich überragend, bringt sie das reichsstädtische Selbstbewusstsein Überlingens als einer der wichtigsten Handelsplätze am See eindrucksvoll zum Ausdruck. *(Abb. 5)*

1597 wurde mit den Planungen begonnen, ein Kostenvoranschlag erstellt und noch im selben Jahr ein Werkvertrag mit den beiden Steinmetzmeistern Martin Hummel und Hans Brielmayer ausgehandelt[35]. Da der Neubau 16 Schuh weit in den 1569 aufgelassenen Friedhof hinein gebaut werden sollte, war zuvor noch das Einverständnis des Bi-

---

[35]   EAF, NA 1/45.

schofs von Konstanz einzuholen[36]. Generalvikar Johann Jakob Mirgel erteilte am 27. Januar 1598 die Erlaubnis und machte der Stadt zur Auflage, dass wenn Gebeine gefunden werden sollten, sie diese beim Beinhaus ehrenvoll beisetzen, die Erde jedoch auf den Friedhof außerhalb der Stadt übertragen lassen sollte[37]. Nach Abschluss eines weiteren Verdings über die Maurerarbeiten mit Hans Brielmayer und dem Stadtwerkmeister Georg Merath sowie über die Schreinerarbeiten mit Michael Hipschenberg wurde 1598 der Vorgängerbau der Kanzlei abgebrochen und der Neubau unter Wiederverwendung älteren Baumaterials errichtet[38]. Im Jahr 1600 war die Stadtkanzlei vollendet, wie im Inneren angebrachte Jahreszahlen bezeugen. 1612 kam noch das prunkvoll gefasste Stadtwappen im Giebelfeld dazu. Es trägt die Jahreszahl 1599, was sich auf die Fertigstellung des Äußeren beziehen dürfte.

Der Massivbau ist im Gegensatz zu der sonst in Überlingen üblichen Bauweise nicht mit der Trauf-, sondern mit der Giebelseite zum Platz hin gekehrt. Die Fassade ist durch rund- und flachbogig gekuppelte Fenster gegliedert und weist neben dem farbigen Stadtwappen als herausragendes Zierelement eine aufwändig gearbeitete Portalumrahmung auf.

Die Stadtkanzlei hat eine Grundfläche von etwa 12 auf 12 Metern und ruht auf einem mit zwei Tonnengewölben überspannten Keller, der über ein Tor von Süden zugänglich ist. Das Hochparterre besteht aus einem Gang mit Tonnengewölbe, einer großen Halle mit Kreuzgewölben und zwei Schreibstuben, die jeweils ein Kreuzrippengewölbe aufweisen. Im größeren Raum ist der Schlussstein mit einem doppelköpfigen Reichsadler geschmückt, im kleineren dagegen mit dem Überlinger Stadtwappen, einem Reichsadler mit schreitendem Löwen im Brustbild. Sämtliche Räume im Erdgeschoss sind mit Wandmalereien dekoriert und auch die Architekturelemente wie der offene Kamin und die innere Portalumrahmung weisen Farbreste auf. *(Abb. 6f.)*

Im Obergeschoss befindet sich ein Vorraum, von dem zwei Türen im Renaissancestil abzweigen. Durch die nördliche Tür gelangte man ursprünglich in einen Saal, der aber bereits im 18. Jahrhundert in zwei Teile getrennt wurde. Das nordöstliche Zimmer davon weist ebenfalls noch Reste einer Wandmalerei auf. Die östliche Tür im Vorraum führt in ein Nebenzimmer.

Erschlossen ist die Kanzlei auf der Schauseite vom Münsterplatz her über eine Eingangstür mit Portalumrahmung und auf der Rückseite vom Hof bis in das Dachgeschoss über einen Treppenturm mit einer aufwändigen Wendeltreppe ohne Spindel. Auf der Südseite sind zusätzlich das Hochparterre und erste Obergeschoss über eine offene Loggia mit dem Nachbarhaus in der Münsterstraße verbunden. Vermutlich handelt es sich bei diesem Vorderhaus um das ehemalige Wohnhaus des Stadtschreibers[39].

Nach Fertigstellung der Stadtkanzlei wurde zwar ein Großteil des städtischen Schriftverkehrs über den neuen Amtssitz des Stadtschreibers geführt, das dazu gehörende Archiv verblieb aber im Wesentlichen weiterhin im Pfennigturm und erhielt laufend Zuwachs. Bald schon herrschte Platzmangel, so dass Teile des Archivs an andere

---

[36] StadtA ÜB, Reutlinger Kollektaneen, Bd. 9, Bl. 221 v. und Bd. 16 II, 320 v.
[37] EAF, UH 120.
[38] StadtA ÜB, Reichsstadt C 141/1, Bl. 200 v.; Reutlinger Kollektaneen, Bd. 16 II, Bl. 324r.
[39] Vgl. SCHNEIDER (wie Anm. 1), S. 211.

Abb. 6–7 Kamin und Türportal mit Resten der ursprünglichen Farbfassung in der Eingangshalle der Stadtkanzlei

Abb. 8   Kanzleischrank von 1598 im Foyer vor dem Ratssaal. In ihm wurden bis 1913 Teile des reichsstädtischen Archivs aufbewahrt

Orte im Rathaus ausgelagert werden mussten. So wurde 1664 ein Verzeichnis derjenigen Akten und Schriften angelegt, *welche auf der Oberen Lauben vor dem RentAmbt hinauß in selbigen Kässten oder rubricirten Laden sich befünden vndt ligen sollen*[40]. Auch 1691 mussten Akten aus dem *Vnderen Gwelb*[41] im Pfennigturm *in den großen Kasten vor der Neüen Raths-Stuben transferiert*[42] werden. Der heute noch vorhandene große Kanzleischrank in der Eingangshalle des Rathauses wurde 1598 dort aufgebaut und steht seither unverrückt. *(Abb. 8)* 1790 waren Archiv und Ratsbibliothek noch im dritten Stock des Rathauses untergebracht und wurden von der Stadtkanzlei betreut, zu deren Personal *der Syndikus, Kanzleiverwalter, Kanzley-Substitut, Archivar, Kanzlist, Registrator und die Kanzley-Acceßisten*[43] gehörten.

---

[40]   StadtA ÜB, Reichsstadt C 2529.
[41]   StadtA ÜB, Reichsstadt C 2534/2.
[42]   StadtA ÜB, Reichsstadt C 2534/2.
[43]   Anhang zum zweyten Theile des Lesebuches. Etwas von Uiberlingens Geschichte, o. O., [1790], S. 17, 24.

Auflösung des reichsstädtischen Archivs

Nach dem Übergang der Reichsstadt 1802/03 an das Kurfürstentum und spätere Großherzogtum Baden wurden 1808 auch in Überlingen nach landeseinheitlichem Verfahren Urkunden und Akten aus dem Archiv entnommen und in die Archive nach Karlsruhe und Freiburg versandt. Bei der Aushebung wurde recht großzügig verfahren und auch weite Teile der Archiveinrichtung mitgenommen. Für den Verlust von 26 Archivkästen reklamierte die Stadt eine Entschädigung von 5 Gulden 30 Kreuzer je Stück, was mit dem Bemerken abgelehnt wurde, *daß die gedachten Archivkästen als zugehörde der von Landesherrschaft wegen zu übernehmenden Akten zu betrachten, und dafür um soweniger ein Ersatz zu leisten seye, als die Stadt bei der Rentenabtheilung mit aller Schonung und Billigkeit behandelt worden sey*[44].

Weitere schwere Verluste für das Archiv brachte 1817 ein Gebäudetausch zwischen Stadt und Staat mit sich. Die Stadt erwarb das Franziskanerkloster für Schulzwecke und trat dafür mehrere Gebäude, darunter den Westteil des Rathauses und die Stadtkanzlei, an die großherzogliche Verwaltung ab. Alle städtischen Akten wurden nun im verbliebenen östlichen Rathausteil im vierten Stock des Pfennigturms, auf der Rathausbühne und in Schränken auf den Rathausfluren zusammengeworfen. Nach Stiftung der Leopold-Sophien-Bibliothek wurden 1833 Teile des Archivs an die Bibliothek abgegeben und 1843 eine Ordnung der Bestände vorgenommen. Als aber Christian Roder im Auftrag der badischen historischen Kommission 1884 damit begann, das Stadtarchiv zu ordnen und zu repertorisieren, konnte er nur noch feststellen, dass nach der *gewissenlosen Verwüstung und Plünderung durch unberufene einheimische »Geschichtsliebhaber« ... das Ganze in eine völlige Verwirrung gerathen*[45] war. Nach nur zwei Jahren waren 1886 alle Urkunden und Akten des Stadtarchivs wieder zusammengeführt, verzeichnet und in 172 nummerierten Laden im Pfennigturm sicher verwahrt. Protokolle und Amtsbücher kamen in die Schränke vor und neben den Ratssaal, Rechnungen auf den Rathausspeicher.

Im selben Zeitraum von 1884/86 verzeichnete Christian Roder auch das Spitalarchiv. Es war ursprünglich im Spitalgebäude auf dem heutigen Landungsplatz untergebracht. Über den genauen Aufbewahrungsort gibt die 1582 angelegte *Ordnung der Registratur*[46] Auskunft: *Zuwissen, das inn der Kürchen inn dem Spital ist ein sonndere behaltnuß, darinnen werden erfunden syben grosser vnnd syben khlain Laden, darinn seyen gelegt wie aigenntlichen volgt*. Nach Abbruch des Spitals wurde das Archiv mehrfach umgezogen, so dass es Roder ebenfalls in ziemlicher Unordnung vorfand. 1884 wurde es im Spitalverwaltungsgebäude in der Krummebergstraße in einem eigens dafür hergerichteten Raum dauerhaft untergebracht.

---

[44] StadtA ÜB, D1/21/2 Bl. 7r.
[45] C. RODER, Bericht über die Ordnung und Repertorisierung des Stadt- und Spitalarchives zu Ueberlingen, in: Mitteilungen der badischen historischen Kommission 6 (1885), S. 309.
[46] StadtA ÜB, Spital 1364/1, Bl.1 r.

Die Stadtkanzlei als Sitz des Stadtarchivs

Die Stadtkanzlei, 1817 zum Tauschobjekt geworden, ging 1822 in Privatbesitz über und konnte erst nach mehrfachem Besitzerwechsel und unterschiedlichen Nutzungen u. a. auch als Mietshaus durch den Staat zurück erworben werden. 1893 trat die Großherzogliche Staatsverwaltung das Amtsgerichtgebäude (Grundstück Nr. 118) und Amtsgefängnis (Grundstück Nr. 538) an den Spital- und Spendfonds Überlingen ab und erhielt dafür die Stadtkanzlei sowie ein Aufgeld von 2000 Mark zum Tausch[47]. Jetzt wurde der hohe bau- und kunstgeschichtliche Wert der Kanzlei gewürdigt. Der Großherzogliche Konservator der öffentlichen Baudenkmale, Direktor Kircher in Karlsruhe, beschrieb in seinem Tätigkeitsbericht für das Jahr 1898 die Kanzlei ausführlich und bezeichnete sie *für Ueberlingen eine Zierde, aber auch als mustergiltiges Beispiel deutscher Renaissance eines der werthvollsten kleineren Bauobjekte unseres Landes*[48]. Da das Gebäude restauriert werden sollte, war die Kanzlei bereits 1897 von der Gewerbelehrer-Abteilung der Großherzoglichen Baugewerkeschule Karlsruhe aufgenommen und die dabei entdeckten Wandmalereien von Zeichenlehrer Steinhart in aquarellierten Zeichnungen dokumentiert worden[49]. *(Abb. 9)* Im Jahr darauf erfolgte unter der Leitung von Steinhart die gänzliche Freilegung der Malereien, eine Arbeit, die von der lokalen Presse als *aufs Beste gelungen*[50] gefeiert wurde. Solange aber eine dem Rang des Gebäudes angemessene Nutzung nicht in Aussicht stand, dümpelte eine dringend notwendige Außen- wie Innenrestaurierung noch jahrelang vor sich hin. *(Abb. 10)* Die Stadtverwaltung drängte auf Abhilfe, *da das Gebäude in einem äußerst verwahrlosten Zustande sich befindet und in diesem die öffentliche Kritik herausfordert*[51]. Doch erst 1905 wurde mit den Arbeiten an der Hoffassade begonnen, im darauffolgenden Jahr die Loggia im Hof instand gesetzt und mit den Seitenfassaden begonnen. Jetzt hatte man auch genügend Erfahrung gesammelt, um 1907 die Hauptfassade in Angriff zu nehmen. Das Wappen im Giebelfeld erhielt seine ursprüngliche Farbigkeit zurück und zum Abschluss der Arbeiten fertigte die Firma Mezger 1908 noch eine Kopie des Portals, um es austauschen zu können, sobald das Original vollends verwittert sein sollte[52].

1909 hatte die Stadt das Reichlin-von-Meldegghaus erworben, um darin das Städtische Museum unterzubringen. Für die Erstellung des dazu nötigen Raumkonzepts konnte Prof. Max Wingenroth, Konservator der Städtischen Sammlungen in Freiburg, gewonnen werden, der das Haus eingehend untersuchte und auch der Frage einer möglichen Unterbringung des Archivs im Raum über der St. Luzius-Kapelle nachging. In seinem Gutachten vom 31. Dezember 1910 schlug Wingenroth nicht das Museum, son-

---

[47] Tauschvertrag vom 24. März 1893. GLA Karlsruhe 237/19877.
[48] StadtA ÜB, Der Seebote Nr. 27 vom 4. Februar 1899. Auszug aus dem in der Karlsruher Zeitung veröffentlichten Tätigkeitsbericht Kirchers für das Jahr 1898.
[49] Großherzoglich Badische Baugewerke-Schule Karlsruhe, Schüler-Arbeiten der Gewerbe-Lehrer-Abteilung, Aufnahme von vaterländischen Baudenkmalen, Herausgabe: Wintersemester 1897/98, VII Die ehemalige Stadt-Kanzlei zu Ueberlingen 1599, Karlsruhe 1898.
[50] StadtA ÜB, Der Seebote Nr. 242 vom 26. Oktober 1898.
[51] 14. März 1904, StadtA ÜB, D3/502.
[52] GLA Karlsruhe, 237/19877–19878.

Abb. 9 Wandmalereien und Reste der Holztäfelung im Erdgeschoss der Stadtkanzlei, Aquarell aus der Bauaufnahme der Großherzoglichen Baugewerkeschule, 1897

dern stattdessen die alte Kanzlei als künftigen Aufbewahrungsort für das Archiv vor[53]. Das Ministerium für Kultur und Unterricht war bereit, das Gebäude gegen einen jährlichen Betrag an die Stadt abzutreten und so wurde 1911 – 1913 die Stadtkanzlei als künftiger Sitz des Stadtarchivs hergerichtet[54].

Unter der Oberaufsicht des Konservators der öffentlichen Baudenkmale Kircher machte sich nun Victor Mezger sen. mit seiner gleichnamigen Kunstwerkstätte daran, die Stadtkanzlei auch im Innern stilgetreu zu restaurieren. Im Erdgeschoss waren im Flur die Malereien nur noch in schwachen Spuren erhalten, während im westlichen größeren Raum die Deckenmalereien der Zeichnung nach noch vollständig vorhanden und lediglich die Farben verblasst waren. In vorzüglichem Erhaltungszustand befanden sich die *noch völlig farbenglühenden Malereien*[55] im östlichen Zimmer. Diese waren der Übertünchung im 19. Jahrhundert entgangen und mussten lediglich gereinigt und gefestigt werden. Im größeren Zimmer wurden die Malereien ebenfalls gesäubert, die

---

[53] M. WINGENROTH, Die Unterbringung des Archives der Stadt Überlingen im Reichlin-Meldegg'schen Hause, ehemals Birkenmayer'schen Anwesens oder im Gebäude der alten Kanzlei, Überlingen 1910.

[54] Unterlagen zur Restaurierung finden sich in: GLA Karlsruhe, 237/19878; StadtA ÜB, D3/502 und Baurechtsamt Überlingen, Nr. 3353.

[55] 24. Februar 1911, GLA 237/19878.

Abb. 10   Fassade der Stadtkanzlei vor der Restaurierung 1871

Farben aufgefrischt und retuschiert. Der Flur wurde zunächst zurückgestellt und erst zum Abschluss der Restaurierungsarbeiten 1913 die mit flottem Pinselstrich aufgetragenen Rankenmalereien und Rollwerke, wo fehlend, rekonstruiert. Die aufwändigen Türumrahmungen erhielten ihren Naturton zurück und im künftigen Arbeitszimmer wurde eine Kassettendecke eingebaut, *kurz alles wurde wieder, soviel möglich, in den früheren Zustand versetzt und Neues dazu nur soweit als unumgänglich nötig ist, gefertigt*[56].

Für die Unterbringung der Archivalien waren die beiden feuersicheren ehemaligen Schreibstuben im Erdgeschoss vorgesehen. Sie sollten mit Kästen und Sitztruhen in den Fensternischen ausgestattet werden. Da die unterschiedlich großen Schubladen, in denen die Archivalien bisher aufbewahrt wurden, wieder verwendet werden sollten, wurde Victor Mezger sen. mit der Inneneinteilung betraut. Auch sollten die Kästen nach noch

---

[56] V. MEZGER, Die alte Stadtkanzlei zu Überlingen und ihre Wiederherstellung, in: Badische Heimat 1 (1914), S. 158.

Abb. 11–13 Historisierende Archiveinrichtung in der Stadtkanzlei

Abb. 14 Archivkasten mit aus dem Pfennigturm übernommenen originalen Laden des reichsstädtischen Archivs

vorhandenen Anhaltspunkten der ehemaligen Einrichtung der Zimmer angepasst werden, wofür er erste Entwurfszeichnungen lieferte. Letztlich wurden die Entwürfe aber *im Einverständnis und nach teilweisen Angaben des großh. Konservators*[57] vom Stadtbauamt gefertigt und die Arbeiten an einheimische Schreiner vergeben. Dabei wurden vorhandene Architekturelemente berücksichtigt. So nehmen die einfach gehaltenen Kästen den Konsolenfries und das Zahnband der Holzvertäfelung wieder auf. Konservator Kircher gelang es, eine historisierende Archiveinrichtung zu schaffen, die harmonisch Räume und Mobiliar zusammenfügte, so dass *neben der Zweckbestimmung auch noch die feine Raumwirkung erhalten blieb*[58]. *(Abb. 11 ff.)*

Als am 3. Mai 1913 die Städtischen Sammlungen eröffnet wurden, besichtigten die Ehrengäste Ministerpräsident von Bodman, Kulturminister Böhm und Oberbaurat Kircher auch die neu renovierte Stadtkanzlei und nahmen mit ihrem Besuch und ihrem wohlwollenden Urteil über die Restaurierung die Einweihung der Kanzlei als nunmehriger Sitz des Stadtarchivs vorweg[59]. In den folgenden Wochen wurden die originalen Laden aus dem Pfennigturm in die Archivkästen übertragen und die Amtsbücher und Protokolle im Obergeschoss in eigens gefertigte Bücherregale eingestellt. *(Abb. 14)*

---

[57] 28. Januar 1913, StadtA ÜB, D3/502.
[58] MEZGER (wie Anm. 51), S. 159.
[59] StadtA ÜB, Der Seebote Nr. 103 vom 6. Mai 1913.

Abb. 15   Pulttisch mit 36 Laden zur Unterbringung und Präsentation von Archivalien

Schließlich konnte die Stadt auf Nachfrage des Bezirksamts am 4. September 1913 vermelden, *daß das Archiv in der alten Stadtkanzlei untergebracht [sei]*[60].

Am 20. November 1913 meldete sich der Direktor des Generallandesarchivs Karlsruhe, Karl Obser, gegenüber dem Ministerium des Kultus und Unterrichts zu Wort. Er war im Juli 1913 zur Besichtigung des neu eingerichteten Stadtarchivs eingeladen worden und äußerte sich im Allgemeinen recht positiv über die räumlichen Verhältnisse. Sein Missfallen erregten aber die Archivschränke zur Aufbewahrung der Urkunden und Aktenbestände. *Nicht genug damit, daß man die Archivalien in Holzschubladen belassen, hat man diese Schubladen um dem Ganzen ein wohlgefälliges Ansehen zu geben, wiederum in massive Eichenschränke gestellt, so daß weder Luft noch Licht den geringsten Zutritt zu den Archivalien haben. Das wiederspricht den elementarsten Grundsätzen des heutigen Archivwesens und wird notgedrungen dazu führen, daß die Archivalien Schaden leiden. Nachdem das Übel einmal geschehen ist und die teuern Schränke beschafft sind, läßt sich Abhilfe nur auf einem Wege treffen, indem man in Schubladen und Schränke möglichst viele Öffnungen schneiden lässt, durch welche die Luft eindringen kann*[61]. Die Kritik wurde von Konservator Kircher sogleich aufgegriffen. Er ließ statt der oberen vollen Türfüllungen hölzerne Gitter einsetzen, die sich stilistisch am

---

[60]   StadtA ÜB, Ratsprotokoll 1913, S. 321f.
[61]   20.November 1913, GLA Karlsruhe 237/19878.

Gitter der Verbindungstür zwischen den beiden Archivräumen orientierten sowie weitere kleinere Öffnungen aussägen und auf der Rückseite mit feinmaschiger Drahtgaze schließen. Die Sitzbänke wurden ebenfalls mit zahlreichen eingeschnittenen Löchern versehen, die eine Luftzirkulation erlauben sollten. Anlässlich einer Nachschau der Abschlussarbeiten im Stadtkanzleigebäude 1919 konnte Konservator Kircher zufrieden feststellen, *dass die nachträglich in Arbeit gegebenen Lüftungsfüllungen an den Archivschränken nicht nur ihren Zweck erfüllen, sondern auch dekorativ von bester Wirkung sind*[62].

1935 überführte Victor Mezger sen., der neben seinem Amt als Konservator des Museums seit 1916 die ehrenamtliche Leitung des Archivs übernommen hatte, auch das Spitalarchiv in die Räume der Stadtkanzlei. Dazu ließ er zum Stil der bestehenden Einrichtung passendes Mobiliar anfertigen, insbesondere einen raumgreifenden, allein schon 36 Schubladen umfassenden Pulttisch, der sich zudem für die Präsentation von Archivalien anbot. *(Abb. 15)*

1961 ging die Stadtkanzlei vom Staat in den Besitz der Stadt über. Als 1991 auch noch das Nachbarhaus zwischen Rathaus und Kanzlei von der Stadt erworben werden konnte, bot sich die einmalige Gelegenheit, das aus allen Nähten platzende Stadtarchiv am alten Standort mitten in der Altstadt zu erhalten und eine großzügige, zukunftsorientierte Erweiterungsmöglichkeit zu schaffen. Auf der Parzelle entstand ein hochmodernes Magazingebäude mit einem Ladengeschäft im Erdgeschoss. Zugleich wurden auch die ehemaligen Weinkeller in der Stadtkanzlei für Archivzwecke ausgebaut. Am 14. Oktober 1993 konnten die neuen Magazine offiziell in Betrieb genommen werden. Sie beherbergen seither sämtliches Archivgut von Stadt und Spital Überlingen sowie der eingemeindeten Stadtteile.

In Überlingen ist es gelungen, Vergangenheit und Gegenwart harmonisch miteinander zu verbinden. Auf der einen Seite steht die denkmalgeschützte Stadtkanzlei. Sie ist der Öffentlichkeit zugänglich und verfügt in zuletzt 1998/99 restaurierten und modernisierten Räumen über optimale Arbeitsbedingungen für die wissenschaftliche Auswertung der reichhaltigen Bestände. Zugleich bietet die Stadtkanzlei aber auch den stimmungsvollen Rahmen für kleinere Archivausstellungen und Führungen. Auf der anderen Seite wurde mit dem feuersicher gegen die Stadtkanzlei abgeschotteten Magazintrakt ein moderner, funktionaler Archivzweckbau geschaffen, der ganz in der Tradition und Verpflichtung der reichsstädtischen Archivbauten steht. Er ist Garant dafür, dass die Überlinger Überlieferung auch für künftige Generationen erhalten bleibt.

---

[62] 3. Oktober 1919, GLA Karlsruhe 237/19878.

Abkürzungen

EAF	Erzbischöfliches Archiv Freiburg
GLA	Generallandesarchiv Karlsruhe
FFA DS	Fürstlich Fürstenbergisches Archiv Donaueschingen
HHStAW	Hessisches Hauptstaatsarchiv Wiesbaden
HZAN	Hohenhohe Zentral Archiv Neuenstein
KHA	Königliches Hausarchiv (Den Haag)
StadtA ÜB	Stadtarchiv Überlingen
UB	Universitätsbibliothek
ZGO	Zeitschrift für Geschichte des Oberrheins
ZWLG	Zeitschrift für württembergische Landesgeschichte

Mühleisen

Abb. 1 f., 7 ff., 11, 14 f., 17 ff., 28, 29 ff., 34	Aufn. Dorothea Scherle; alle anderen der Verf.

Wiese

Abb. 1	Landesmedienzentrum-Baden Württemberg, Aufn. Arnim Weischer
Abb. 2	Landesmedienzentrum Baden-Württemberg, Aufn. Robert Bothner 1929
Abb. 3	Universitätsbibliothek Heidelberg
Abb. 4–5	Landesmedienzentrum-Baden Württemberg, Aufn. Arnim Weischer
Abb. 6	Stadtarchiv Füssen, Aufn. Achim Bednorz
Abb. 7	GLA 98/207
Abb. 8	Aufn. Verf. 2015
Abb. 9	Aufn. Verf. 2015
Abb. 10	R. TILLESSEN, Das Grossherzogliche Schloss zu Mannheim. Ausgewählte Innendekorationen, Mannheim, 1897, Abb. 61
Abb. 11–14	Landesmedienzentrum Baden-Württemberg, Aufn. Arnim Weischer
Abb. 15	Bayerische Schlösserverwaltung, Aufn. Kaufmann/Maria Custodis, München)
Abb. 16	Das Ornamentwerk des Daniel Marot, in 264 Lichtdrucken nachgebildet, Berlin 1892
Abb. 17	Aufn. Harald Schmid, Lilienfeld
Abb. 18	Klosterarchiv Waldsassen
Abb. 19	H. KREISEL/G. HIMMELHEBER, Die Kunst des deutschen Möbels, Bd. II, München 1970, Abb. 220
Abb. 20	Landesmedienzentrum Baden-Württemberg, Aufn. Arnim Weischer
Abb. 21	Aufn. Joachim Moll, Schussenried
Abb. 22–24	Landesmedienzentrum Baden-Württemberg, Aufn. Arnim Weischer

Krimm

Abb. 1	https://de.wikipedia.org/wiki/St._Galler_Klosterplan#/media/File:Codex_Sangallensis_1092_recto.jpg* (Aufruf 24.5.2018)
Abb. 2	https://de.wikisource.org/wiki/Archiv_der_Hansestadt_L%C3%BCbeck#/media/File:MarienTrese.JPG (Aufruf 24.5.2018)
Abb. 3	D. JAKOBS, Sankt Georg in Reichenau-Oberzell. Der Bau und seine Ausstattung, Tafelband, Stuttgart 1999, Tafel 31 S. 41 (Ausschnitt)
Abb. 4	GLA 98/103 (Ausschnitt)
Abb. 5	GLA G St. Peter 122,2 (Ausschnitt)
Abb. 6	GLA G St. Peter 122,4 (Ausschnitt)
Abb. 7	GLA 65 Nr. 540, pag. 1077a (Ausschnitt)
Abb. 8	GLA G-S Salzmann 1 (Ausschnitt)
Abb. 9	Ignaz Gumpp, Der Sonnen Auf- und Niedergang, i. e. Ortus et occasus monasterii S. Blasii, Stiftsarchiv St. Paul Hss. 204/6, nach L. SCHMIEDER, Das Benediktinerkloster St. Blasien, Augsburg 1929, Abb. 15
Abb. 10	GLA G-S Salzmann 6 (Ausschnitt)

Abb. 11	GLA G Salem 72 #V (Ausschnitt)
Abb. 12 – 14	Aufn. J. Kolesch, Salem
Abb. 15	GLA G Salem 46 (Ausschnitt)
Abb. 16	GLA G Ettenheimmünster 4 (Ausschnitt)
Abb. 17	M. MERIAN, Topographia Helvetiae, Rhaetiae et Valseiae, Frankfurt 1642, nach S. 58 (Ausschnitt)
Abb. 18	Stadt Klingnau
Abb. 19 – 20	Aufn. F. Lang, Klingnau
Abb. 21	GLA G Mainau 4(Ausschnitt)
Abb. 22	GLA G Gengenbach 3 (Ausschnitt)
Abb. 23	GLA G Allerheiligen 2 (Ausschnitt)
Abb. 24	GLA G Allerheiligen 3 (Ausschnitt)
Abb. 25	GLA G Petershausen 21 (Ausschnitt)
Abb. 26	Gumpp (wie Abb. 9), nach L. SCHMIEDER, a. a. O., Abb. 30
Abb. 27	Aufn. H. Steiner, Winterthur
Abb. 28 – 29	Aufn. J. Kolesch, Salem
Abb. 30	Aufn. H. Haselbach, St. Gallen
Abb. 31 – 33	Aufn. J. Kolesch, Salem
Abb. 34 – 36	Aufn. H. Steiner, Winterthur
Abb. 37	W. VOGLER/H.M.GUBLER, Der St. Galler Stiftsbezirk in den Plänen von P. Gabriel Hecht 1720–1726, Tafelband, Rorschach 1986, Tafel XVII (Ausschnitt)
Abb. 38	Aufn. H. Haselbach, St. Gallen

Dirks

Abb. 1	Staatliche Schlösser und Gärten Baden-Württemberg (SSG), Aufn. Arnim Weischer
Abb. 2	Hohenlohe Zentralarchiv Neuenstein
Abb. 3	SSG, Schlossverwaltung Weikersheim
Abb. 4	SSG, Aufn. Arnim Weischer
Abb. 5	Aufn. Verfn.
Abb. 6 + 7	SSG, Schlossverwaltung Weikersheim
Abb. 8	Bildarchiv Foto Marburg fm188740 Raum, Königsberg, Schloss. Aufn. Karl Heinz Clasen, um 1930/1945

Wilts

Abb. 1	Aufn. Erwin Reiter, Oy-Mittelberg
Abb. 2	Schloss Donaueschingen
Abb. 3	Schloss Donaueschingen
Abb. 4–11	Fürstlich Fürstenbergisches Archiv Donaueschingen
Abb. 12–13	Aufn. Verf.
Abb. 14	Aufn. Ralf Brunner, Hamburg
Abb. 15	Aufn. Verf.
Abb. 16	Aufn. Günter Ludwig, Königsfeld
Abb. 17	Aufn. Ralf Brunner, Hamburg

Abb. 18–19	Aufn. Verf.
Abb. 20	Aufn. Ralf Brunner, Hamburg
Abb. 21–23	Aufn. Günter Ludwig, Königsfeld
Abb. 24	Fürstlich Fürstenbergisches Archiv Donaueschingen

Pons

Abb. 1	Hessisches Hauptstaatsarchiv Abt. 3008/1
Abb. 2	Nassauische Lebensbilder 3 (1950), S. 55
Abb. 3	Hessisches Hauptstaatsarchiv Abt. 172 Nr. 142
Abb. 4	Königliches Hausarchiv Den Haag Inv. C 20 Nr. B 24
Abb. 5	Königliches Hausarchiv Den Haag Inv. C 20 Nr. B 18
Abb. 6	Königliches Hausarchiv Den Haag Inv. C 20 Nr. B 21

Kemper

Abb. 1	Aufn. Hans J. Reichart
Abb. 2	Aufn. Stadtarchiv Speyer
Abb. 3–4	Stadtarchiv Mühlhausen, Fotosammlung; Aufn. Tino Sieland 2013
Abb. 5	Stadtarchiv Esslingen, Aufn. Krishna Lahoti 2003
Abb. 6	Aufn. H. Michael Paul, Photowerk Speyer
Abb. 7	Aufn. Stadtarchiv Speyer

Liehner

Abb. 1–9	Aufn. Stadtarchiv Überlingen
Abb. 10	Aufn. Foto-Archiv Lauterwasser Überlingen
Abb. 11–15	Aufn. Stadtarchiv Überlingen

Orts- und Personenregister

Adelmann von Adelmannsfelden, Johann Christoph 129
Admont 70, 104
Albuccio, Giuseppe Antonio 54
Alexandria 51
Allendorf bei Haiger 214
Allerheiligen 153
Alpirsbach 136
Altdorf, Ettenheim 13, 14, 17, 21
Amberg 100
Ambrosius 95
Amerika 80
Andelshofen 238
Androuet du Cerceau, Jacques 39
Arnold, Johann Heinrich 61
Augsburg, Bischöfe von 140

Bacon, Francis 105
Baden-Baden 60, 63, 183
Baden, Markgrafen/Großherzöge
    Caroline Luise 67
    Friedrich II. 66
    Karl Friedrich 59, 61, 67
    Karl Wilhelm 61
Baden, Markgrafschaft/Großherzogtum 59, 60
Bagnato, Johann Caspar 151, 156
Basel 61, 67, 183
Basilius der Große 94
Batzendorf, Jakob Friedrich von 61
Baumeister, Gregor 134
Bayern, Herzöge
    Maximilian III. Joseph 59
    Maximilian IV. Joseph 59
    Max IV. Joseph 59
Bebenhausen 135
Beda Venerabilis 82
Beer
    Franz 98, 109, 145
    Johann Michael 141
Beger, Lorenz 44
Beheim, Michel 29
Beilstein 209–211
Bélidor, Bernard Forest de 216
Benedikt von Nursia 97
Berau 147

Berg, Herzogtum 55
Berlin 47, 175, 213, 215
Bernhard von Clairvaux 98
Bertuch, Friedrich Justin 129
Beuggen 151
Bibiena, Alessandro Galli 50
Bierbrauer, Bergdirektor in Dillenburg 219, 222
Birnau 72, 92, 103
Bissingen 70
Blondel, Jacques Francois 129, 216
Blum, Hans 38, 39
Bodman, Heinrich von 255
Boethius, Christoph 42
Böhmen 87
Böhm, Franz 255
Brandenburg, Albrecht von, Kardinal 117
Branden, Matthäus van den 52, 54
Braunschweig 25, 184, 205–207, 210, 213–215, 218, 219, 225
Braunschweig-Lüneburg, Herzöge 184
Braunschweig-Wolfenbüttel, Herzöge
    Ferdinand 207, 209
    Karl 205, 209, 213, 214, 218–221
    Ludwig Ernst 205, 210
Braunschweig-Wolfenbüttel, Herzöge 206
Breunig, Johann Adam 44
Brielmayer, Hans 246, 247
Brinkmann, Philipp Hieronymus 54
Buchau 18, 20, 135, 138, 155
Bürgi, Ulrich 92, 94, 134

Cadenet 18
Carl, Peter 45
Carpaccio, Vittore 117
Charrasky, Heinrich 43, 44
Chippendale, Thomas 129
Chullot, Franz, Abt zu St. Blasien 141, 156
Cicero 87
Clairvaux 134
Clemant, Claude 70, 129, 130
Cloos, Nikolaus 84, 85
Cluny 83, 136
Coburg 114
Coester, Cornelius 222, 223
Colin, Alexander 37

Colmar 13, 14, 21
Como 38, 98

Dapping, Wilhelm Ludwig 223
Darmstadt 45
Delafosse, Jean-Charles 19
Den Haag 205, 207, 210, 213, 220
Desbillons, Francois-Joseph 55, 60
Diez 205, 213
Dillenburg 184, 203, 205–207, 209–214, 217–221, 223–226
Dillingen 70, 84, 185
Donaueschingen 181, 184, 186, 187, 192, 203
Dornstetten 134
Düring, Otto Moritz von 209
Durlach 60, 61, 183
Düsseldorf 52, 55

Egell, Augustin 52, 54
Einsiedeln 158
Ellingen 20
Emele, Jakob 83
Engelhart
    Hans 34
    Laurentius 48
England 67, 185, 206, 209
Epfig 20, 21
Erath, Anton Ulrich von 206, 207, 210–212, 225
Erb, Johannes
    Abt des Klosters St. Peter 134
Ettenheimmünster 147, 151
Etzgen 148

Ferdinand II., König 80
Feuerthalen 197
Fischingen 158, 160
Flavius Josephus 87, 94
Florenz 107
Fouquier, Jacques 34
Frankenthal 55
Frankreich 35, 43, 67, 149, 185, 206, 209, 224
Freiburg 19, 149, 179
Friedrich I. Barbarossa, Kaiser 237
Friedrich II., Kaiser 31, 32, 237
Friedrich III., Kaiser 239
Froschauer, Christoph 38
Fugger, Anton Ignaz 130
Fürfeld 183
Fürstenberg, Grafen/Fürsten von 181
    Anna, geb. von Waldstein 186
    Froben 156
    Froben Ferdinand 185, 186
    Josef Wilhelm Ernst 185–189, 195
    Prosper Ferdinand 185
Fürstenhoff, Johann Georg Maximilian von 47
Füssen 111

Gail, von 17
Gambs, Benedikt 70
Gayer, Peter 231, 236
Geminus, Thomas 38
Gengenbach 151, 153
Gerbert, Martin 19, 20, 116
Gercken, Philipp Wilhelm 49, 59, 224
Gernsbach 45
Gießen 209
Gilbert de la Porrée 98
Glasschröder, Franz Xaver 231
Goethe, Johann Wolfgang von 86
Gogel, Xaver 201
Goslar 25
Götz, Gottfried Bernhard 70
Gregor der Große, Papst 80, 94
Gregor von Nazianz 94
Gremlich
    Heinrich 238
    Ulrich 238
Grützmann, Obristleutnant aus Braunschweig 219
Gumpp, Ignaz 141, 155, 156

Hafner, Joseph Anton 98
Hagenau 233
Hamberger, Meinrad 76
Han, Georg 240
Hannover 184, 203, 213
Hardt, Michael von der 34
Harer, Peter 24
Hauntinger, Johann Nepomuk 95, 96, 103
Hechingen 18, 20
Hecht, Gabriel 155, 162
Heidelberg 23–25, 27, 29–31, 35–37, 39, 44, 45, 47, 48, 50, 55, 58, 114
Heiligenberg 185
Heinrich III., König von Frankreich 35
Helmstatt, von 183
Herberger, Dominikus Hermengild 76
Herborn 220
Herford, Johannes 38
Herkomer, Johann Jakob 111
Hermann
    Franz Georg 70
    Franz Ludwig 70
    Oswald 245
Hermann der Lahme 94, 100

Hermann;Franz Georg 84
Hessen 225
Heudorf, Heinrich von 238
Heußlin, zu Überlingen 245
Hipschenberg, Michael 247
Hirsau 107, 136
Hohenlohe, Grafen von 165
    Albrecht 167
    Georg Friedrich 167, 179
    Karl Ludwig 165, 167, 168, 180
    Siegfried 167
    Wolfgang II. 167, 168, 179
Hohenzollern-Hechingen, Fürsten von
    Joseph Wilhelm 18
Hummel, Martin 246

Italien 185
Ixnard, de
    Jean Pierre 18
Ixnard, Michel de 13–15, 17–21

Johannes Chrysostomus 94
Jonas, Fronschreiber in Dillenburg 221
Jülich, Herzogtum 55

Karlsruhe 23, 45, 49, 60, 61, 66–68, 116, 185, 250, 251, 256
Kassel 44
Kesslau, Albert Friedrich von 61
Kirchberg, Grafen von 76
Kircher, Philipp 251, 252, 255–257
Klett;Hans 239
Klett;Martin 239
Klingnau 148
Knobelsdorff, Georg Wenzeslaus von 215
Koblenz 20
Koch von Alst, Peter 38
Köln 25
Königsberg 179
Königseggwald 18
Konstanz, Bischöfe
    Rodt, Marquard von 133
Konstanz, Bischöfe von 247
    Rodt, Marquard von 147
Koppelow, Georg Wolrad von 212, 225
Krahe, Johann Lambert 52–54
Kuen, Franz Martin 76, 81
Kurpfalz 23

Lafreri, Antonio 39
La Guêpère, Philippe de 118
Lamey, Andreas 58
Landshut 25, 30, 35
La Roche, Sophie von 59

Lechler, Lorenz 39, 46
Legau 76
Lehmann, Christoph 69, 98, 106, 108, 227, 229, 230, 236
Leopoldshafen 62
Leydensdorff, Franz Anton 54
Lilienfeld 121
Livius 87
Lothringen 56
Lübeck 134
Ludwigsburg 118, 126
Ludwig XIV., König 85, 88, 186
Lühe, Karl Heinrich von der 210, 213, 214

Maillot de la Treille, Nicolas 56, 58
Mainau 151
Mannheim 44, 49–52, 54–56, 58–61, 67, 68, 116, 117
Marazzi, Francesco 98
Marburg 209, 222
Marculinum, Franciscus 38
Mariette, Jean 116, 117
Marot, Daniel 115, 121
Martini, Archivar in Dillenburg 210
Maximilian I., Kaiser 229, 230
Mayerhofer, Johann 231
Mecklenburg 225
Meister, Frowin 147
Melk 77
Merath
    Caspar 115
    Georg 247
Merian
    Matthäus 245
Merk, fürstenbergischer Archivar 189, 198
Meßkirch 156, 185, 188, 191, 201
Meusbach, Gottlob Georg Justus von 212, 225
Mezger, Viktor 251–253, 257
Michelangelo 108
Minden 209
Mirgel, Johann Jakob 247
Mohr, Caspar 87
Molter;Friedrich 65, 67
Molter;Friedrich Valentin 64, 65, 68
Montefeltre, Federigo da 117
Moßherr, Maler in Salem 113
Mühlhausen (Thüringen) 233
München 33, 48, 52, 55, 56, 59, 60, 121, 185
Münster, Sebastian 29, 114

Nassau-Diez, Fürsten von 204, 205
Nassau-Dillenburg, Fürsten von 203, 205
    Christian 203

Nassau-Hadamar, Fürsten von 205
Nassau-Katzenelnbogen 205
Nassau-Oranien, Fürsten von 184, 203, 205, 206, 209, 210, 213, 220, 225
  Anna, geb. von Großbritannien 205, 206
  Isabella Charlotte 212
  Wilhelm I. 209
  Wilhelm III. 204
  Wilhelm IV. 203, 205
Nassau-Siegen, Fürsten von 205
  Karl Heinrich Nikolaus 205
Naudé, Gabriel 129
Neresheim 70, 108, 109
Neßtfell, Johann Georg 123
Neuburg an der Donau 37
Neuburg, Herzogtum 55
Neudorfer, Johann 39
Neuenstein 165, 167
Neufforge, Jean Francois de 19, 20
Neumann, Balthasar 61
Nicolai
  Ferdinand Friedrich 45, 46
  Friedrich 116, 158
Nicolai, Friedrich 19
Niederlande 203, 205, 206, 210, 225
Nîmes 18
Norbert von Xanten 87, 98
Nürnberg 25, 35, 45

Obermarchtal 85
Obser, Karl 256
Ochsenhausen 70, 104
Öhringen 167
Österreich 140, 147, 149, 158, 186, 206
Ottobeuren 92, 110, 139

Palladio, Andrea 128
Paris 18, 19, 116, 125
Petershausen 155
Peyre, Antoine Francois, le jeune 20
Pfalzgrafen
  Carl Theodor 51, 54, 55, 57–59
  Charlotte, geb. Landgräfin von Hessen 44
  Elisabeth Auguste 52, 54, 67, 117, 119
  Friedrich II. 31, 32, 34, 45
  Friedrich III. 35
  Friedrich V. 48
  Johann Kasimir 35
  Karl II. 44
  Karl Ludwig 58
  Karl Philipp 49, 55
  Karl Theodor 50–52, 54–56, 58, 59
  Ludwig III. 28
  Ludwig V. 31, 39–41
  Ludwig VI. 28
  Ottheinrich 28, 32, 36–39, 45, 55, 58
  Philipp 58
  Ruprecht 58
Pfau
  Albert Heinrich von 213
  Johann Heinrich von 210, 213–215, 218–222
Pfeiffer, Albert 228, 231
Pforzheim 60
Pfullendorf 239
Pfullendorf, Grafen von 237
Picinelli, Filippo 70
Pigage, Nicola de 19, 51, 52, 54, 61, 116, 117
Platon 105
Polen, Könige 35
Pommersfelden 123
Prag 121, 186
Preußen 206

Quedlinburg 225

Rastatt 60, 61, 63
Rau, Georg Johann Eberhard 220
Rauschard, Georg Adam von 221, 225
Regensburg 186
Regentsweiler
  Clara 238
  Rudolf von 238
Reichenau-Oberzell 134
Reichlin von Meldegg 240, 251
Reinhard, Johann Jakob 61
Rengoltshausen 238
Rentz, Hans 238
Reute 238
Reutlinger, Jakob 245
Ribbele, Moritz 141, 142
Riedesel, von 184, 196, 203
Riedner, Otto 231
Rienolt, Heinrich 238
Rijswijk 49
Ripa, Cesare 70
Robin, Georg 168
Roder, Christian 250
Rodt, Marquard von 133, 147
Roggenburg 70
Rom 38, 55, 81
Rot an der Rot 161
Roth, Werkmeister in Altdorf 17
Rotterdam 209
Rottweil 241
Ruprecht, König 27, 28
Ruß, Jakob 240

Sachsen 225
Säckingen 133, 134, 146, 148, 153
Salem 70, 109, 111, 116, 124, 135–137, 140, 142, 145, 146, 151, 158, 160
Salzmann, Franz Joseph 191, 194, 197
Schenk von Castell, Maria Cleopha 147
Schenk von Kastell
  Maria Cleopha 133
Schinbain, Johann Georg 245
Schmid, Joseph 34
Schmidt, Gerhard 179
Schneider, Johann Heinrich 126
Schneller, David Andreas 215, 217–220, 222, 223
Schoch, Johannes 45
Schönborn, Grafen von 123
Schöpflin, Daniel 58
Schröck 62
Schubart, Christian Daniel 59
Schübler, Johann Jakob 116
Schussenried 69, 70, 72, 74, 79, 83, 91–95, 97, 98, 100, 102, 104, 110, 123, 124
Schüßler, Jakob 244
Schuttern 146
Schwarzmann, Johann Jakob 83
Schwetzingen 51, 55, 119, 124
Sckell, Johann Friedrich 221, 222
Seele, Johann Baptist 126
Seiz, Johannes 20
Serlio, Sebastiano 36, 38, 39
Servandoni, Jean 18
Soubise, Charles de 116, 209
Spanien 80
Spanknabe, Johann Eckhard 212, 225
Speyer 227, 228, 230, 231, 233, 234, 236
Spieß, Philipp Ernst 181
Spon, Veit 245
Sporer, Fidelis 84, 89
St. Blasien 18, 20, 74, 76, 116, 140–142, 147, 149, 151, 154, 155, 158
Steinhart, Franz Xaver 251
Steyrer, Philipp Jakob 70, 92, 94, 103
St. Florian 78, 81, 100
St. Gallen 70, 95, 106, 133, 136, 155, 161, 164
Stockach 239
Stockholm 125
St. Peter 69, 70, 72–74, 89, 92, 93, 97–99, 102–104, 111, 134, 138, 146, 149, 153
St. Pölten 123
Straßburg 15, 20, 21, 45, 58, 185, 215, 235
Stromair, Leonhard 38
Stühlingen 187
Stuttgart 18, 45, 116, 118, 183–185, 190, 239

Tacitus 87
Tanchelm 87, 98
Terlinden, Franz Moritz 213–215, 219–223, 225
Tessin, Ulrika Lovissa Gräfin von 125
Thumb, Peter 72, 92, 98, 162
Trier, Kurfürsten von 20
Troger, Paul 77
Türckheim, von
  Johann 15, 21

Überlingen 237–241, 245–247, 250, 251, 257
Urach 34
Utrecht 185

Versailles 19
Verschaffelt, Peter Anton von 51, 52
Vianden 25
Vitruv 72
Voltaire, François-Marie 59

Wachter, Peter 43
Waldsassen 122
Waldstein, Anna von 186
Weikersheim 126, 165–168, 170, 171, 173, 174, 179, 180
Weilburg 222
Weimar 69, 129
Weinbrenner, Friedrich 64, 65
Weislinger, Johann Nikolaus 55
Weissenau 69, 70, 98, 100
Weißenhorn 76, 95
Wenzinger, Johann Christian 84, 91
Wertheim 136
Wesel 213, 225
Wessobrunn 108
Wetzlar 45, 46, 209
Wiblingen 69, 70, 72, 74, 76, 78, 80, 83–85, 91–93, 95, 97, 102, 104, 110
Wiedemann
  Christian 76
  Johann Baptist 76
Wieland, Johann Georg 112
Wien 45, 70, 185, 186
Wierth, Nikolaus 85
Wildenstein 197
Windhaag 116, 121
Wingenroth, Max 251
Winkelmann, Johann Joachim 19
Wolfenbüttel 207
Wolfurt, Burckart von 238
Württemberg 70, 147, 168
Württemberg, Herzöge
  Carl Eugen 118

Christoph 183, 190
Christoph II. 34
Karl Eugen 18
Württemberg, Herzöge 184

Zeller, Franz 52
Zimmermann, Dominikus 83

Zimmermann, Johann Baptist 110
Zobel, Elias 110
Zuleger, Wenzeslaus 35
Zum Lamm, Marcus 24, 26, 45
Zutphen 121
Zwettl 77
Zwingli, Huldreich 117

Mitarbeiter

Lea Dirks, Goslar

Prof. Dr. Erich Franz, Münster

Dr. habil. Julian Hanschke, Karlsruhe

Dr. Joachim Kemper, Frankfurt

Prof. Dr. Konrad Krimm, Karlsruhe

Walter Liehner, Überlingen

Prof. Dr. Hans-Otto Mühleisen, St. Peter i. Schw.

Dr. Rouven Pons, Wiesbaden

Dr. Ludger Syré, Karlsruhe

Dr. Wolfgang Wiese, Karlsruhe

Dr. Andreas Wilts, Donaueschingen